서울예고 졸업 그 후
인생을 연주하는 음악가의 기록

서울예고

인생을 연주하는 음악가의 기록

졸업 그후

백선기·조정민·김민경·이승희·이수란
조원진·황인수·이주영·윤성원·김대경

키출판사

(추천의 글)

서울예술고등학교 10회 졸업생인 저는 1962년에 입학했습니다. 그 이래 한 번도 음악 외의 길을 걷지 않았습니다. 한때 문학과 연극을 음악보다 더 열심히 한 적도 있었지만 다시 음악으로 돌아오곤 했습니다. 다행히 그 외도(?)는 후에 또 하나의 자양분이 되어 오페라 분야에서 일을 할 수 있는 토양이 되기도 했습니다.

  음악은 어린 시절에 시작합니다. 음악이 너무 좋아서, 또는 어떤 음악가가 너무 멋있어서 시작하고 그렇게 음악에 빠져서 살게 됩니다. 일찍 하나의 길만을 바라보고 가다 보니 어느 순간 "이것이 과연 내 일생의 길인가."를 물으며 돌아볼 때 당황스러워지기도 합니다. 이런저런 길을 다녀 보기도 하고 방황하기도 하면서 선택한 것이 아니었으니 확신이 어려운 것이지요.

  아마 그렇게 물어오는 후배들이 많았는지 예고 44회 졸업생들 열 명이 이 책을 묶었습니다. 열 편의 글을 읽어 보면 자신의 반생(저자들 나이가 마흔이 넘었습니다.)을 되돌아보는 내용과 함께 자상하게 음악 인생의 길을 안내해 주고 있습니다. 조금씩 다르긴 하지만 이 책의 저자들은 한목소리로 말합니다. "길은 많아요. 작곡가나 연주가도 있지만 가다 보면 옆길도 많고 우회하는 길도 있고 또 새로운 길도 있지요. 중요한 건 자신만의 길이에요. 그 길만이 자신을 행복하게 해 줍니다."

일전 어떤 서예가의 전시회에서의 일이 생각났습니다. 서예가가 서산대사의 유명한 글귀를 큰 붓으로 현장에서 썼습니다. '눈 덮인 들판을 함부로 걷지 마라. 오늘 걷는 발자국은 뒷사람의 이정표가 되나니.' 그날 저녁 식사를 하는 중에 한 원로 선생님이 말했습니다. "그래도 막 가야 한다. 막 가야 길이 생긴다." 그 또한 맞는 말입니다. 자신만의 길을 찾기 위해 보이지 않는 길을 찾아 헤쳐나가야 하는 것이겠지요.

자신이 애써 걸은 눈밭 길을 남겨 주려는 저자들의 지혜와 애정에 감사하며 이 책을 통하여 후배들이 힘차게 자신의 길을 헤쳐나갈 힘을 얻기를 바랍니다.

이건용
(現 한국예술종합학교 명예교수, 前 서울시오페라단 단장, 前 한국예술종합학교 총장)

어느 고등학교가 안 그랬을까 싶지만, 서울예고로 가는 길은 쉽지 않았습니다. 계곡으로 유명한 청운동과 부암동을 지나고 터널 또는 굽이진 산길을 지나 초록 신호를 몇 번 더 받고 나야 학교가 나타났는데, 그 학교마저 마지막 관문인 야트막한 언덕을 넘어야만 들어갈 수 있었습니다. 특수목적고등학교였기 때문에, 학교에 가까이 사는 친구는 많지 않았습니다. 이른 새벽밥을 먹고 각종 교통수단을 동원해 학교에 당도한 학생들의 머리는 부스스했고, 산속의 학교는 겨울이면 추웠습니다.

학교에 들어서면 물감 냄새가 났습니다. 오후가 돼 평창동 산자락에도 빛이 들면 피아노 건반이 두들겨지고, 각종 악기가 조율되고, 목청 가다듬는 소리가 메아리쳤습니다. 주변에 예술을 하는 친구뿐이어서, 예술이 온 세상인 줄 알았던 우리는 이 학교가 다닐만한 곳이라 여겨 매일 아침 그 부산을 떨었습니다.

1999년 음악과를 졸업한 열 명의 인생을 읽으면서 서울예고로 향하던 그 길을 떠올렸습니다. 3년 매일 꼬박 산길로 등교한 이들은 스스로 지도를 그려가며 상상하지 못했던 곳으로 뻗어 나갔습니다. 졸업 20년 후 미국 오케스트라의 단원, 공립학교 음악 교사, 한국의 산업통상자원부 서기관, 스타트업의 일원, 목사, 독일 오페라 극장 단원 등이 돼 있었습니다.

음악은 평창동 산길보다도 더 어려운 길이었습니다. 매일 연습하고 배우고도 좌절하고 다시 연습하고 배워야 했습니다. 어떤 이들은 그 어려운 일을 꼬박 20년을 더 했고 또 어떤 이들은 음악 했던 근육을 자유자재로 사용하며 다른 분야에서 눈부신 성장을 이뤄냈습니다. 학교로 가는 그 어렵던 길에, 또 음악을 하느라 들였던 힘든 시간에 그럴만한 가치가 있었다는 걸 증명합니다. 서울예고 음악 전공생들의 유학, 졸업, 취업, 활동 이야기이기도 하지만 결국에는 인생에 대한 이야기라는 걸 확인시킵니다. 빼곡하고 친절하며 흥미진진한 각주가 있는 졸업 앨범을 들여다보는 것 같은 책입니다.

김호정
(중앙일보 문화부 기자, 서울예술고등학교 45회 졸업생)

(차례

004 추천의 글
012 프롤로그

♪ 로키산맥 기슭에서 안분지족을 꿈꾸는 음악 유목민 백선기, 바이올리니스트

019 미국 오케스트라 단원의 일상
024 현실과 이상의 경계에서 중심 잡기
033 미국 오케스트라 단원이 되는 방법

♪ 오케스트라의 맥박을 책임지는 연주자 조정민, 더블베이시스트

049 광화문으로 출근하는 베이시스트
055 더블베이스를 전공한 것은 어쩌면 운명
063 따뜻한 음악을 연주하기 위한 루틴의 힘
071 한국과 독일에서 오케스트라 오디션 준비하는 방법

♪ 무대 위의 동반자, 반주 전문 피아니스트   김민경, 피아니스트

085   반주자의 의미와 역할
094   프리랜서로 균형 있게 일하기
097   적극적인 도전으로 꿈 찾기
100   미래의 내 동료들에게
103   슬기로운 연주 준비 방법

♪ 9개월은 교수님, 3개월은 작곡가   이승희, 작곡가

117   대학에서 학생을 가르치며 알게 된 것들
127   미국 시민이자 음악가로서의 삶
139   미국 유학을 전략적으로 준비하는 방법

♪ 연주도 잘하는 미국 공립학교 음악 선생님   이수란, 피아니스트

155   미국 초등학교의 음악 교사
165   미국에서 아이 셋 워킹 맘으로 살기
168   미국 문화와 교육 이해하기
173   꿈을 조율할 수 있는 용기
176   미국 공립학교 음악 교사가 되는 방법

♪ 천의 얼굴을 지닌 뉴욕의 프리랜서   조원진, 클라리네티스트

195   프리랜서이면서 오케스트라 단원
205   보다 많은 사람에게 음악을 전하자
211   새로운 것을 시도해 보자
216   전문성을 갖춘 연주자가 되는 방법

♪ 세계 거장들과 일하는 독일 공무원   황인수, 성악가

231   베를린 국립 오페라 극장 종신 단원
237   생각이 바뀌니 음악이 바뀌다
242   우연과 필연의 연결이 만든 외국인 음악가의 생활
247   독일에서 유학하고 취업한 나만의 방법

♪ 음악을 사랑하는 대한민국 관료   이주영, 산업통상자원부 서기관

259   예고 출신 쌍둥이 엄마가 경제 부처에서 일하는 이야기
268   최선의 선택을 통해 삶의 균형을 찾아가기
276   젊은 음악가들에게 주는 가벼운 조언
278   각종 필기시험을 효율적으로 준비하는 방법

♪ 스타트업 직장인이 된 바이올리니스트   윤성원, 스타트업 직장인

292   직진만 하던 바이올리니스트 인생이 커브를 그리다
295   넓은 세상이 주는 더 넓은 기회, 어떤 경험도 두렵지 않다
299   두 번째 커리어 피봇, 스타트업에서 만나는 예술가 기질
304   당신을 채용해야 하는 이유, 이력서 작성 방법

♪ 피아노 치는 목사   김대경, 목사

315   음악과 목회 사역
325   세상을 어루만지는 음악
328   음악인으로 살다 힘들 때 마음 관리하는 방법

(프롤로그)

음악은 우리 삶을 풍요롭게 한다. 그래서 많은 사람이 음악을 전공하고 연주를 하며, 혹은 관객으로서 음반을 듣고 연주회 영상을 보고 음악회에 찾아가곤 한다. 그런데 음악인이 된다는 것은 어떤 입학시험에 한 번에 딱 합격하거나 어떤 자격증 시험을 위해 정해진 시간을 공부해서 붙는 것이 아니다. 실력을 키우기 위해서는 시간의 절대량이 필요하기 때문이다. 그리고 그 시간들은 한 번에 몰아서 쓸 수 있는 게 아니고 매일매일 삶 속에서 우리가 숨 쉬는 것과 같은 노력을 들여야 한다. 생각해 보면 지금의 내가 있기까지 '모든' 시간이 음악인이 되기 위한 시간들이었던 것 같다.

특히 예원학교나 서울예술고등학교와 같은 예술학교를 다니는 학생들이거나 한국에 있는 대학에서 음악을 전공하는 학생들은 위에서 말한 대로 수많은 시간을 통해 연습을 실천하면서 음악인이 되어 가는 준비를 한다. 또 그 과정 동안 자연스레 자신들이 커서 콘서트 아티스트concert artist가 되길 꿈꾸게 된다. 어렸을 때부터 영재 교육을 받으며 그 길 외에는 다른 길을 마주한 적이 없기 때문에, 당연히 조수미, 사라 장과 같은 세계적인 연주자가 되기를 희망하게 된다.

그러다가 진정한 음악의 가치를 알고 음악을 사랑하게 된 학생들이 세계적인 음악가를 꿈꾸며 정진하다가 어떤 현실과 마주하는 순간, 무슨 선택을 해야 할지 몰라서 방황하는 경우가 종종 있다. 콘서트 아티스트들은 거의 매일 세계를 여행하며 연주하는 그들만의 특별한 삶을 살고 있는데, 우리는 그들의 무대 위 모습만 기억할 뿐 그들의 무대 뒤 삶은 모르기 때문이다. 게다가 음악을 직업으로 삼는 일이 얼마나 어려운 일인지 학생 때에는 잘 알지 못한다.

인생의 전성기인 40대에 들어선 지금 나는 문득 궁금해졌다. 나와 같은 음악인들은 어떤 생각을 가진 채 살아가고 있는지 말이다. 나의 동기, 나의 동료, 서울예고 음악과 44회 친구들은 졸업 후 20여 년이 지난 지금, 과연 그들의 인생에서 어떻게 음악을 이어 오고 있을까 무척 궁금해졌다. 출판사와 책 이야기가 오고 갈 때쯤 친구들에게 연락하기 시작하면서 느낀 점은 '아! 내 친구들이 정말 잘 컸구나. 대견하다! 뿌듯하다! 어쩜 이렇게 잘 살고 있을까? 그들도 참 많은 선택을 하며 살았구나.'였다. 그들은 더 이상 고등학교 때의 그 어린 학생들이 아니었다. 삶의 연륜이 있는 어른의 삶을 살고 있었다.

우리는 대화하면서 '그 누군가가 나에게 미리 귀띔이라도 해 주었더라면 좋았을 텐데….'라고 생각했던 지점들을, 공동 저자들 모두 공통적으로 생각하고 있다는 사실을 발견했다. 그래서 우리가 몸소 겪고 체험하여 알게 된 사실들을 우리 세대에서 그 누군가는 다음 세대의 후배들에게 알려 줘야 한다고 생각해 이 책을 집필하게 되었다.

공동 저자들이 한국, 미국, 독일의 각 지역에 살고 있었기 때문에 다섯 개의 서로 다른 시간대에서 온라인 회의에 접속했고 그야말로 대륙을 오간 섭외부터 출판까지의 과정을 거쳤다. 책을 내는 과정은 마치 독주회를 준비하는 과정과 비슷했다. 새로운 레퍼토리를 고르고 기획하고 그 곡을 완성시킬 그날을 기다리는 설렘을 가지고 치밀하게 연습에 정진하는 그 느낌과 꼭 같았다. 내 음악을 무대 위에 올리기까지 온 마음을 다하는 시간과 같았으며 우리의 책이 세상에 나올 그날을 기다리며 끊임없이 퇴고하는 과정 모두가 기쁨이었다.

자랑이나 과장을 하지 않고 후배 음악인들에게 방향을 제시해 주는 데에 초점을 맞췄으며 음악인의 다양한 진로를 보여 줌으로써 모든 음악인 후배들에게 조금이나마 도움이 되고자 노력했다. 각기 개성 넘치는 열 명의 작가들이 일, 삶, 꿈에 대한 글을 쓰고 후배들에게 전하고 싶은 조언, 나만의 비결 등을 내용으로 담으려고 했다.

이 책은 지금 인생의 전성기를 보내고 있는 서울예고 44회 음악과 졸업생들의 실제 다양한 직업을 소개하여 음악인들이 갈림길에 서 있을 때 어떤 선택을 할 수 있는지 알려 준다. 음악인이라는 선택지 안에 어떤 항목들이 있는지 몰라 헤매고 시간을 소비한 나와 우리 세대와는 다르게, 다음 세대 음악인들은 음악을 전공하고 나면 이런저런 직업의 선택 항목이 있음을 일찍 알아서 시행착오를 덜 겪기를 바란다. 저자들이 수없이 고민했던 생각들, 경험하지 않고는 알 수 없는 그들의 '일'과 '삶'과 '꿈'을 '미리보기'함으로써 음악인 후배들이 그들의 인생을 계획하는 데에 도움이 되었으면 한다.

마지막으로 아쉽게 이 책에서 소개하지 못한 많은 친구의 삶도 응원한다. 각 음악대학의 교수와 강사진으로, 오페라 가수로, 음악치료학 교수로, 음악교육과 교수로, 전문 기악 반주자로, 곳곳에서 활약하는 음악인들로, 군악대를 이끄는 17년차 여성 소령으로, 여성 파일럿으로, 승무원으로, 예술학교의 음악과 선생님으로, 인문학 강사로, 영어 강사로, 회계사로, 금융계 회사원으로, 사업가로, 혹은 세상에서 가장 중요한 각자의 가정을 돌보는 일로 세상의 빛이 되고 있는 우리 서울예고 44회 음악과 동기들에게 응원을 보낸다.

대표 저자 **이수란**

VIOLINIST

백선기

대한민국의 수도 서울 한복판에서 아스팔트 위로 솟아난 높다란 빌딩들을 올려다보며 시계추처럼 학교와 집을 오가는 학창 시절을 보냈다. 예원학교, 서울예술고등학교, 서울대학교 음악대학에서 바이올린을 전공하고, 태평양 건너 까마득하게 높은 빌딩들이 숲을 이루고 있는 뉴욕의 맨해튼으로 유학을 떠났다. 줄리아드 음악학교The Juilliard School에서 석사 과정을 마치고, 맨해튼 음악학교Manhattan School of Music에서 전문 연주자 과정Professional Studies Certificate을 수료한 후, 인디애나 음악대학Indiana University Jacobs School of Music에서 연주자 디플로마Performer Diploma와 박사 학위를 취득했다.

SUSAN PAIK

평생지기와 함께 시카고에 둥지를 틀고 프리랜서와 오케스트라 객원 주자 활동을 병행했다. 2016-17시즌부터는 콜로라도 심포니의 단원으로 발탁되어 현재 해발고도 1600m 하늘 가까이에 위치한 콜로라도 덴버에 거주 중이다. 눈이 시리도록 푸른 하늘, 시야에 모두 담기지 않을 정도로 넓게 뻗은 지평선, 광활한 로키산맥의 수목 한계선 너머에서도 움트는 생명의 신비에 감탄하며, 앞으로의 삶과 음악 또한 얽매임 없이 자연의 경이로움을 닮아 가기를 바라는 마음으로 하루하루를 보내고 있다.

로키산맥 기슭에서
안분지족을 꿈꾸는 음악 유목민

2003년 여름, 석사 유학을 위해 인천발 뉴욕행 비행기에 오른 것을 기점으로 나의 미국 생활은 시작되었다. 미국에 와서 느꼈던 가장 큰 이질감은 일상 속에서 나에게 주어진 무한한 선택의 자유와 더불어 그에 따르는 책임의 무게였다. 부모님의 경제적 지원에 힘입어 그저 바이올린을 더 잘하기 위한 통과의례라는 생각 정도로 유학을 떠났던 나에게는 신선한 충격이었다. 어려서부터 자유로운 의사 결정과 경제적 자립에 익숙한 미국 학생들이 스스로 돈을 벌어 학비와 생활비를 충당하며 최선을 다해 자기가 원하는 것을 추구하고 그 결과 역시 책임지는 모습은 무척 인상적이었다. 궁핍할지언정 떳떳하고 자유로운 삶을 열정적으로 살아가는 주위의 친구들을 보며 뒤늦게나마 자립과 주체적인 삶에 대한 의지를 품게 되었고, 이는 경제적으로 나 자신을 책임질 수 있는 음악가로 성장하는 계기가 되었다.

낯선 환경에서 이방인이라는 사실에 주눅 들기보다는 새로운 세상에 대한 호기심이 더 컸기 때문에, 동부의 뉴욕에서부터 인디애나의 블루밍턴에 이르기까지 다양한 환경 속에서 견문을 넓힐 수 있었다. 결혼과 함께 남편의 직장이 위치한 미국 중부의 대표적인 대도시 시카고로 이주하여 서너 해 동안 프리랜서 생활도 경험해 보았다. 미국에서 음악가로서 안정적인 삶을 꾸리기 위해서는 정규직에게 제공되는 여러 가지 혜택이 필수적이라는 판단으로 오케스트라 취업을 진로로 택했고, 현재 콜로라도주 덴버에서 오케스트라 단원으로 활동하고 있다.

♪ 미국 오케스트라 단원의 일상

미국 콜로라도주의 주도state capital인 덴버의 퍼포밍 아츠 콤플렉스에 위치한 보에처 콘서트홀Boettcher Concert Hall은 2700여 석의 규모로, 음악회장으로는 보기 드문 독특한 원형 무대를 갖추고 있다. 360도 전방위에 걸쳐 모든 관객에게 최대한 가까이 다가가려는 설계를 담아낸 것이다. 나는 이 무대 위에서 연간 43주에 걸쳐 매주 최소 3회씩 매 시즌 150회 이상의 연주회를 통해 30만여 명에 이르는 다양한 청중들을 만난다.

콜로라도 심포니의 평단원 바이올리니스트

보에처 콘서트홀의 상주 오케스트라인 콜로라도 심포니의 평단원으로 80여 명의 동료와 함께 무대에 오르는 일상도 이제 햇수로 5년째에 접어들고 있다. 나는 오케스트라 내에서도 가장 많은 머릿수를 자랑하는 바이올린 섹션의 일원이다. 오케스트라에 따라 다르기는 하지만, 콜로라도 심포니는 수석 주자들을 제외한 바이올린 섹션의 자리를 정기적으로 바꾸는 로테이션 시스템을 운영하고 있다. 그래서 로테이션에 따라 악장 바로 옆자리에서 온 촉각을 곤두세우고 연주하는 주가 있는가 하면, 제2 바이올린 섹션의 가장 마지막 자리에서 넓은 시야로 섹션 전체를 관망하며 살짝 느긋하게 연주하는 주도 있다. 2주 정도의 기간을 두고 자리가 바뀌는데, 로스터roster(연주자 명단)가 발표될 때마다 무대에서 내가 앉게 될 위치를 파악하고 나와 함께 보면대를 공유하는 동료가 누구인지도 확인한다. 연주 성향이 서로 비슷하고 열정이 넘치는 동료와 짝을 이루는 주에는 출근길이 한층 더 신난다. 수십 년 경력의 노련한 베테랑 할아버지 연주자와 합을 맞추다 보면 축적된 실전 경험에서 비롯된 마술 같은 핑거링fingering(운지법)을 배우게 될 때도 있다.

넓은 무대의 어느 지점에 앉게 되느냐에 따라 음향 차이가 크기 때문에, 음향의 사각지대에 자리가 배정되는 주에는 마음의 준비를 단단히 해야 한다. 관악기나 타악기 섹션에 가까이 앉게 되는 주에는 청력을 보호하기 위한 연주자용 귀마개도 챙긴다. 또한 섹션 내에서 세부적으로 분할이 많은 곡을 연주하게 되는 경우, 로스터를 꼼꼼하게 확인하고 내가 어느 라인을 연주하게 될지 일찌감치 체크해야 한다. 협주곡 등의 편성으로 인해 현악기 숫자를 줄이는 때는 간혹 비번에 당첨되는 소소한 행복을 누리기도 하지만, 시즌 내내 매주 바뀌는 프로그램을 쉴 새 없이 준비하며 금요일부터 일요일까지 황금 같은 주말을 무대에 헌납하는 것이 오케스트라 단원의 일상이다.

미국의 오케스트라에 정규직으로 취업하는 것은 오디션에서 상상을 초월할 정도의 경쟁을 뚫어야 한다는 어려움이 있다. 하지만 다른 한편으로는 참가자의 신상을 심사 위원에게 공개하지 않고 오디션의 전 과정을 진행함으로써 인종, 성별, 나이 등의 음악 외적인 요소를 최대한 배제하기 때문에 채용 과정이 비교적 공정하다는 장점이 있다.

일단 오디션의 관문만 통과하고 나면 종신 단원이 되기 위한 심사 과정을 거쳐 평생직장을 보장받게 되며, 미국 생활에서 꼭 필요한 의료 보험을 비롯해 다양한 사회 보장 혜택을 제공받을 수 있다. 직장 내에서의 관계는 수평적인데, 엄정한 오디션을 통해 선발된 실력이 쟁쟁한 동료들은 일상생활에서 귀감이 될 뿐만 아니라 성장의 동력이 되어 준다. 훌륭한 지휘자나 협연자와 함께하는 무대가 음악적으로 얼마나 큰 영감을 주는지에 대해서는 더 말할 필요도 없다.

미국 오케스트라의 시즌 운영

보통 9월 중순에 시작하여 이듬해 5월 말까지 계속되는 미국 오케스트라의 정규 시즌은 정기 연주회와 비정기 연주회로 구성된다. 정기 연주회는 일반적으로 생각하는 전통적인 클래식 프로그램이다. 비정기 연주회로는 청소년 음악회나 가족 음악회 등 입문 및 교육 목적의 음악회가 있고, 핼러윈이나 크리스마스, 새해 전야처럼 특정 절기를 기념하는 음악회, 그리고 영화 음악이나 대중음악과의 컬래버레이션 등을 꼽을 수 있다.

오케스트라 단원이라고 해서 시즌 내내 콘서트홀에서 교향악만 연주하는 것은 아니다. 오케스트라 내에서 소그룹을 구성해 실내악을 연주하게 되는 경우도 있고, 지역 사회를 위해 병원, 도서관이나 미술관, 박물관, 식물원, 동물원 등과 연계하여 연주회를 기획하기도 한다. 기금 모금 행사나 후원자들과의 관계를 다지기 위한 프로그램도 단원들의 적극적인 참여로 다양하게 운영된다.

대다수의 오케스트라가 6-8월 동안 여름 시즌을 운영하는데, 콜로라도 심포니의 경우 콜로라도 천혜의 자연환경을 활용한 레드록스 음악당 Red Rocks Amphitheatre에서의 야외 공연, 덴버시와 연계한 독립기념일 연주 등 가볍고 대중 친화적인 공연을 하거나 시즌 프리뷰 콘서트 등을 통해 다음 시즌을 홍보하는 데 주력한다.

월요일은 휴무, 칼퇴는 기본

오케스트라 단원들은 시즌 내내 서로 다른 성격의 연주들을 동시다발적으로 소화해야 하는 부담이 있다. 그렇지만 기본적으로 음악인 노동조합의 강력한 자체 내규를 토대로 하여 노동자로서의 권리를 보호받기 때문에 각 단원이 리허설이나 공연에 배정되는 시간은 매우 엄격히 지켜진다. 음악가 역시 예술가이기에 앞서 고용된 노동자이며 노동자의 권리는 마땅히 보호받아야 한다는 신념이 기본적으로 깔려 있다. 한번 결정된 리허설과 연주 일정은 전체 단원들과의 조정 및 표결 과정 없이 함부로 바꿀 수 없다. 리허설 시간 엄수는 물론, 연주 시간이 초과되는 경우 분 단위로 계산해서 초과 수당을 받는다. 심지어 공연 중 협연자가 앙코르 곡을 여러 개 연주하는 바람에 연주 종료 시각이 늦어지는 경우에도 오케스트라는 초과 수당을 받게 된다. 지휘자마저도 리허설 종료 시간을 30초 정도 앞두고는 매니저로부터 마무리하라는 신호를 받게 되는데, 노련한 지휘자일수록 주어진 시간 내에 리허설을 효과적으로 마치는 여유를 보여 준다.

최소 43주의 공연 기간을 토대로 계획되는 콜로라도 심포니의 일 년 시즌에는 크리스마스와 부활절 기간을 위한 2주일의 유급 휴가와 연주자들의 부상 예방을 위한 2주간의 유급 휴가가 포함된다. 화요일부터 일요일에 걸쳐 5회의 리허설과 3회의 공연을 기본으로 하는 스케줄 특성상 월요일이 휴무일로 엄수되며, 화요일 오후 시간 역시 프리미엄 타임으로 지정하여 오전 리허설 이외에는 일정을 잡지 않는 것을 원칙으로 하고 있다.

♪ 현실과 이상의 경계에서 중심 잡기

아이러니하게도 학창 시절 내내 독주나 실내악에 더 흥미를 느꼈던 나는 한국에서는 물론이고 유학하는 동안에도 오케스트라에 대해서는 정작 큰 관심이 없었다. 하지만 박사 과정 수료를 두 학기 남겨두고 졸업 후 진로에 대해 고민하면서 오케스트라 취업도 고려하기 시작했다.

오케스트라 단원이 되기 위한 고군분투

한국에서든 미국에서든 연주자로서 경제적으로 자립을 할 수 있을지가 관건이었다. 유학 생활 동안 맛본 미국의 음악계는 비교적 수평적이고 합리적이며 자유로워 보였기 때문에 졸업 후 서둘러 한국으로 돌아가기보다는 미국에서 경력을 쌓고 싶은 마음이 컸다. 세계 정상의 음악인들이 이끌며 우수한 중간층이 두텁게 버티고 있는 미국 음악 시장의 안정성 또한 매력적으로 다가왔다. 뛰어난 실력을 지닌 음악인들의 수에 비해 풀타임 정규직의 숫자는 극히 적은 한국의 음악계에서 화려함을 담보로 계약직의 삶을 영위하기보다는, 내 노동에 대한 정당한 대가와 권리를 보장받으며 안정적으로 실리를 추구하는 것에 기질적으로 더 끌렸다.

자연스럽게 미국의 정규직 오케스트라full-time professional orchestra라는 옵션이 눈에 들어왔다. 하지만 경제 위기가 깊게 할퀴고 간 미국의 취업 시장에서 안정적인 직업을 찾으려는 열기는 한껏 달아올라 있었고, 오케스트라에 들어가고 싶은 사람은 나뿐만이 아니었다. 국제 콩쿠르에 나갈 준비를 하던 사람들마저도 오케스트라 오디션으로 방향을 틀던 시기였다. 아주 기본적인 오케스트라 엑섭excerpt(오디션을 목적으로 주요 교향곡들의 특정 부분을 발췌한 과제곡)도 익숙하지 않은 나에게 실제 오디션 곡목들은 도무지 넘지 못할 산처럼 다가왔다.

어찌어찌 오디션 과제곡들을 겨우 익혀 참가한 뉴욕 필하모닉, 샌프란시스코 심포니 등 굵직한 오케스트라들의 오디션에서는 당연히 1차에서 떨어지는 고배를 마셨고, 나는 구체적으로 어떤 점이 어떻게 부족한지 감조차 잡기 힘들었다. 다행히 얼마 지나지 않아 디트로이트, 토론토, 휴스턴, 신시내티 심포니 등의 오디션에서 준결선에 올라가기 시작했고, 어떻게 연주해야 오디션에서 좋은 평가를 받을 수 있는지에 대한 이해가 내 안에 자리 잡기 시작했다. 시카고 그랜트 파크 오케스트라를 비롯하여 밀워키, 인디애나폴리스 심포니의 오디션에서는 마침내 최종 결선에 오를 수 있었고, 준결선이나 결선까지 올라갔던 오케스트라들의 객원 주자 명단에 내 이름을 올릴 수 있게 되었다. 그럼에도 불구하고 여전히 오디션의 최종 합격자는 내가 아니었다. 자신감이 생기는 만큼 조바심도 커졌다.

 인생은 예측불허라고 누가 말했던가. 최종 실내악 라운드까지 올라갔던 캔자스시티 심포니와 최종 결선까지 올라갔던 볼티모어 심포니의 오디션에서 연달아 원하는 결과를 얻지 못하여 의욕을 상실하고 몇 주간 방황하던 중이었다. 억지로라도 다시 연습을 시작할 동기를 부여하려 별생각 없이 참가한 콜로라도 심포니의 오디션에 나는 덜컥 합격해 버렸다.

음악가 부부의 딜레마

상상 속에서는 마냥 기쁘고 신날 것만 같았던 취업의 이면에서 마주하게 된 것은 고용 계약서에 표기된 날짜부터 시작될 우리 부부의 두 집 살림이었다. 당시 남편은 시카고 소재의 루스벨트 대학교 Roosevelt University 음악대학의 조교수(미국의 전임 교수 임용 시스템은 조교수로 시작하여 종신 심사를 통과하면 부교수가 되고, 이후 추가 심사에 따라 정교수에 이르게 되는 구조이다.)로 재직 중이었는데 그때는 종신 교수 최종 심사를 1년 앞둔 시점이었다. 시카고에서 콜로라도 덴버까지의 거리는 1000여 마일, 대략 1600km이다. 교통 체증 없이 화장실도 들르지 않고 쉼 없이 달린다 쳐도 자동차로 꼬박 15시간이 걸리는 거리이다. 항상 염두에 두고는 있었지만 제대로 실감하지 못했던 생이별의 무게감이 느껴지기 시작했다.

내가 오케스트라 취업을 결정한 순간부터 줄곧 우리 두 사람 모두 머리로는 잘 알고 있는 사실이었다. 미국 전역을 통틀어 교향악단, 오페라 오케스트라, 발레 오케스트라 등 복수의 풀타임 오케스트라를 운영할 수 있는 도시는 대도시 중에서도 손가락에 꼽힐 정도인 데다, 종신직으로 운영되는 정규직 오케스트라는 언제 얼마나 단원을 뽑을지 가늠할 수 없다. 남편의 교수직 역시 마찬가지이다. 채용 인원은 한정되어 있는 데다, 종신 교수 심사 과정에 여러 해가 소요되므로 다음 이직까지의 기간도 무척 많이 남았다. 바이올리니스트인 아내와 음악이론과 교수인 남편이 같은 도시에서 풀타임 직장을 구할 수 있을 확률이 과연 얼마나 될까. 음악가 부부의 딜레마는 여기서 시작되었다.

부부의 연을 맺기 전 학생 때부터 한결같이 상대방의 음악에 대한 꿈과 음악가로서의 성장을 든든하게 지지해 준 우리였기에 각오는 되어 있었다. 다른 무엇보다도 서로의 신념과 가치관, 꿈에 대한 존중과 신뢰가 있었기에 선택한 결혼이었다. 2016년 8월, 나는 그 결혼 생활을 담보로 내 경력에 집중할 수 있게 되었다. 같은 음악계 종사자로서 취업과 꿈에 대한 고민, 오디션의 어려움에 대해 너무나도 잘 이해하고 있었던 남편의 지원이 있었기에 가능한 일이었다.

이사를 마치고 덴버 국제공항에서 홀로 시카고로 돌아가는 남편의 뒷모습을 바라보는 내 마음속에, 벌써 묵직한 저울추 하나가 뻐근하게 자리 잡기 시작했다. 이제 나의 첫 직장에서 경험하게 될 모든 일은 좋든 싫든 이 질문의 저울대에 오르게 될 것이다. 과연 모든 것을 무릅쓰고 이 일을 할 가치가 있는가.

남편과 나는 서로의 일정이 허락하는 범위 내에서 최대한 자주 두 도시를 오가기로 했다. 시카고에서 금요일 오후 수업을 마친 남편이 저녁 비행기로 밤늦게 덴버 공항에 도착하면 연주를 마친 내가 공항으로 마중을 갔다. 그렇게 토요일과 일요일 이틀 동안을 보통의 부부처럼 지내다 월요일이 오기 전에 헤어지는 우리 부부의 일상이 시작되었다. 남편의 사정이 여의치 않을 때는, 월요일이 휴무인 오케스트라 일정을 활용해 내가 시카고로 날아갔다. 드물게 연주가 없는 일요일이나 리허설이 비는 화요일이 낀 주간을 이용하면 이틀 정도는 또 함께 보낼 수 있었다. 드넓은 미국 땅에서 그나마 국내선으로 두 시간 반만 비행기를 타면 되는 거리에 있음에 감사했다. 시차 역시 한 시간 밖에 나지 않아 심야나 새벽 시간대를 활용하면 일상생활에 주는 지장을 최소화하면서 오갈 수 있는 거리인 것을 위안으로 삼았다. 시카고와 덴버 모두 직항 노선 수가 충분히 확보된 허브 공항을 갖추고 있어 다행이라고 안도하며, 우리 부부는 그렇게 차곡차곡 항공사 마일리지를 쌓아 갔다.

내가 원하는 삶을 위해 기꺼이 감내하는 고된 일상이지만 혼자 덴버로 돌아가는 비행기에 오를 때면 어쩔 수 없이 마음속의 저울을 끄집어내게 된다. 사람들이 말하는 '보편적인 결혼 생활'에서 한참 벗어난 삶. 어느 누군가의 시선으로는 온전히 이해되지 않을 일상.

밖으로 보이는 모습을 신경 쓰다 보면, 마음은 난기류를 만난 듯 흔들리게 된다. 이렇게 마음속이 덜컹거릴 때는 다음 날 리허설에 가져갈 악보들을 들여다본다. 음표에 집중하며 내가 인정할 수 있는 삶을 살면 된다고 나 자신을 타이르다 보면 마음속의 양팔저울도 서서히 균형을 잡아 가곤 한다.

신입 단원에서 종신 단원으로, 오케스트라의 명과 암

프로페셔널 오케스트라의 첫 시즌은 폭풍처럼 몰아쳤다. 쉬지 않고 매주 바뀌는 프로그램을 빈틈없이 준비하려니 혼이 쏙 빠지는 것 같았다. 더구나 신입 단원으로서 매 리허설과 연주가 시험대나 마찬가지인 테뉴어 심사 기간(오케스트라에서 오디션을 통해 발탁한 신입 단원에게 종신직을 수여할지 심사를 통해 결정하는 기간) 동안에는 아무리 꼼꼼히 준비를 해도 혹여나 실수가 나올까 봐 잔뜩 마음을 졸이며 무대에 서게 된다. 그래서 연주를 마치고 늦은 밤 집에 돌아와서는 바로 다음 프로그램을 연습하기 위해 약음기(악기에 붙여 음을 약하게 하거나 부드럽게 하는 장치)를 끼우고 다시 악기를 잡는 일상이 반복되었다.

1년 남짓한 심사 기간을 무난히 통과하고, 나는 단원 투표 결과 만장일치로 콜로라도 심포니의 종신 단원이 되었다. 테뉴어 심사 기간은 나의 자질을 평가받는 시간이기도 했지만, 나 역시 '평생직장'으로서의 오케스트라를 평가하는 기간이기도 했다. 과연 오케스트라 단원이라는 직업은 나의 이상과 얼마나 부합하는가. 오케스트라는 기악 음악의 꽃이다. 소수의 예외는 있지만, 대다수의 작곡가는 교향악 편성을 염두에 둔 채 가장 정제되고 완성된 기량을 쏟아내기 위해 평생을 바쳐 분투하고 심혈을 기울인다. 음악가로서 바이올린이라는 특정 악기에 국한되지 않고 기악 음악의 정수를 만끽하고자 한다면 오케스트라보다 더 이상적인 직장은 없을 것이다. 하지만 모든 일에는 명암이 있다. 오케스트라 단원으로서의 기악 주자, 그중에서도 특히 현악 주자는 거대한 조직의 일원일 뿐 지휘자도 음악 감독도 아니다. 음악을 해석하고 효과적으로 표현하며 무대에서 청중과 교감하는 특별한 순간, 음악가로서 가장 짜릿한 순간을 창조해 내는 특권은 지휘자의 몫이 되어 버린다. 결국 오케스트라 단원은 개인의 예술혼을 펼친다기보다는 정교하고 충실하게 지휘자의 지시에 따라 일사불란하게 움직이는 유기적인 집합의 한 부분이 되어 묵묵히 그 소임을 다하는 것에 만족해야 하는 것이다.

한 가지 더 아쉬운 점은, 주정부state government의 지원 없이 후원과 티켓 판매에 의존하는 미국의 오케스트라들은 수익을 창출하기 위해 현실적인 타협이 불가피하다는 것이다. 자본주의 시장에서 수익 창출을 최대화하기 위해 대중의 기호에 맞춰 좌지우지되는 상업주의적인 기획은 종종 예술적 가치를 뒷전으로 미루기 일쑤이다. 결국 단원 개개인의 '예술가'로서의 능력과 이상이 아무리 높더라도 현실에서는 수익을 창출해야 하는 공연 예술 '노동자'인 것이다. 무대 위에서 음악을 연주하는 것은 오케스트라이지만, 정작 그 공연을 기획하는 권한은 매니지먼트에 있는 것 또한 오케스트라 단원이 감내해야 하는 한계이다.

직업인을 넘어서 음악가의 삶으로

현장에서 오케스트라라는 조직의 생리를 이해하게 되면서, 음악가로서의 자아실현은 직업과는 별개로 평생 계속되는 영원한 숙제라는 것을 깊이 깨닫게 되었다. 오디션 준비에만 매달리던 시절, 나는 음악가로서의 꿈과 취업을 동일시하는 착각에 빠져 있었다. 사실 직업은 그것이 무엇이 되었든 간에 꿈을 향해 나아가는 과정의 하나일 뿐이다. 직업을 통해 생계를 보장받아 내 삶에 대한 경제적 책임을 질 수 있고 더 나아가 내가 가진 기술을 연마할 수 있지만, 그것이 음악가의 궁극적인 목표일 수는 없다. 직업이란 언제든 바뀔 수 있으며 필요에 의해 합리적으로 선택한 것일 뿐이다. 그것이 나 자신의 본질도 자아실현의 종착지도 아니다. 음악을 연주하는 일을 업으로 삼았다는 것은 특권이자 축복이지만, 그 직업 자체로 음악가로서의 나를 규정할 수는 없는 것이다.

그러나 음악가로서의 성취를 추구하는 것이 윤택하고 순탄한 삶에는 별반 도움이 되지 못할 수도 있다. 남편과 나, 두 사람 모두 음악인으로서 각자의 분야에서 최선을 다했고 안정된 직장에서 종신직까지 받았지만 음악 안에서 삶을 순조롭게 끌어갈 답을 찾지는 못했다. 2018년 시카고 루스벨트 대학교의 종신직 교수였던 남편은 부부 중 한 사람이라도 조금 더 이직의 가능성이 큰 직장에서 일하는 것이 좋겠다는 판단으로 MBA를 시작했다. 그리고 불과 1년 만인 2019년 여름에 작곡가도 음악이론과 교수도 아닌 버짓 애널리스트 budget analyst(예산 분석가)로서 콜로라도로 이주하게 되었다. 그렇게 우리 부부는 3년간의 두 집 살림에 종지부를 찍고 극적으로 살림을 합칠 수 있었다. 음악가 부부로서는 그렇게도 풀기 힘들었던 숙제가 한 사람이 직종을 바꾸니 너무나도 쉽고 빠르게 해결되고 만 것이었다. 타 직종에 비해 말도 안 되게 높은 진입 관문, 어려운 이직, 그에 비해 봉급은 적은 음악가의 삶. 남편은 과감하게 그 삶에 작별을 고했고, 나는 아직 그 삶을 살고 있다. 음악가라는 '타이틀'에서 벗어난 남편은 업무 외의 시간을 쪼개 피아노를 치고 작곡을 하며 여전히 음악가로서 하고 싶은 일들을 계속하고 있다. 이 모든 어려움에도 굴하지 않고 음악은 '직업으로서' 혹은 '직업을 뛰어넘어서' 추구할 가치가 있는가? 정답은 없다. 다만 그만큼 절실히 원해야 한다.

  음악 자체가 지닌 무궁무진하고 다양한 속성에 비해 현실에서는 선택의 폭이 턱없이 좁은 직업군. 직업을 선택함으로써 뒤따르는 희생에도 불구하고 직업이라는 범주로는 미처 포용할 수 없는 음악가로서의 꿈과 이상. 내가 원하는 독립적인 주체로서의 삶과 음악가로서의 이상적인 삶 사이에서 균형을 잃지 않으려면 어떻게 해야 할까. 내가 처한 현실에서 실용적이고 합리적인 생계의 수단을 마련하되 지켜야 할 예술적 가치를 잃지 않는 것이 중요하다. 삶의 수단과 본질적 가치 추구 사이의 경계를 분명히 인지하고 상생을 꾀해야 한다.

♪ 미국 오케스트라 단원이 되는 방법

누구나 그렇듯 과거의 결정들에 의문이나 아쉬움이 남을 때가 있다. 나는 한국으로의 귀국과 교수직 지원을 염두에 두고 박사 학위를 취득하려는 일과 오케스트라 오디션에 지원하는 일을 무리하게 병행했던 시기의 결정에 아쉬움이 남는다. 콜로라도 심포니와 고용 계약이 체결된 직후에 첫 시즌 시작 전의 공백을 이용하여 급히 박사 논문을 완성하고 학위를 마무리 짓기는 했지만, 오케스트라 주자로 활동하고 있는 지금 되돌아보면 과연 박사 학위 자체가 나에게 꼭 필요한 것이었는지에 대한 의문이 생긴다. 물론 공부하는 과정에서 얻은 지식과 경험은 그 자체만으로 무엇과도 바꿀 수 없는 값진 것이다. 하지만 처음부터 과감하게 진로를 선택해 목표를 뚜렷하게 했다면 조금은 수고를 덜하면서 보다 효율적으로 지금의 위치에 오지 않았을까 하는 생각도 든다.

이상적인 오케스트라 주자의 자질에 대한 기본적인 이해가 부족한 채로 전략 없이 무모한 노력과 도전만 했던 초반 오디션에 대한 아쉬움도 남는다. 오케스트라 오디션을 준비할 때 가장 철저하게 준비해야 하는 요소들인 스트로크stroke(현악기에서 활을 다루는 기술을 일컫는 표현)나 아티큘레이션articulation(음과 음 사이를 끊거나 연결함에 있어 그 의도와 효과를 최대한 명료하게 하는 것), 리듬과 박자 분할에 대해서는 상당히 느슨하게 연습하면서, 더 좋은 소리나 더 음악적인 프레이징phrasing(악구와 악절에 논리, 개연성, 방향성 등을 부여하여 유기적으로 표현하는 것)에만 몰두해 심혈을 기울였던 시절을 생각하면 실소를 금할 수 없다.

많은 시행착오에도 굴하지 않고 도전을 거듭하면서 음악가로서 더 깊어지고 단단해질 수 있었지만, 그래도 누군가 나와 같은 길을 걷게 된다면 조금 더 효율적으로 덜 고생스럽게 목적지에 도착하길 바라는 마음으로 미국 오케스트라 취업을 준비했던 나의 경험을 나누고자 한다.

미국 오케스트라의 채용 공고

미국의 정규직 오케스트라들은 각 오케스트라의 웹 사이트 채용 게시판, 그리고 북미음악인연합AFM, American Federation of Musicians의 웹 사이트와 공식 월간지인《인터내셔널 뮤지션International Musician》을 통해 오디션을 공고한다. 최소한 두 달에서 그 이상의 여유를 두고 오디션 일정을 발표하게 되는데, 이는 북미 전역을 비롯해 세계 각지에서 몰려드는 오디션 참가자들이 일정을 최대한 조율할 수 있도록 하기 위한 것이다.

크게 세 개의 라운드로 이루어지기 때문에 오디션은 2-3일에 걸쳐 진행되는 경우가 많다. 1차preliminary와 2차semifinal는 오케스트라 단원으로 이루어진 오디션 커미티audition committee(오케스트라 단원들로 구성된 오디션 심사 위원단)의 표결로 당락이 결정된다. 그리고 마지막 3차final에는 음악 감독 혹은 상임 지휘자가 반드시 참석해야 하므로 최종 라운드의 일정이 따로 잡히는 경우도 있다.

오디션 지원 과정

오디션에 응시할 때 제일 첫 번째로 거쳐야 하는 관문은 이력서 제출이다. 한 페이지 분량의 이력서를 오케스트라의 오디션 담당 매니저 앞으로 보내게 되는데, 오디션 커미티가 이를 심사한 후 오디션에 초청할지 여부를 결정하게 된다. 이력서의 분량은 명시된 대로 한 페이지를 넘지 않도록 한다. 기본적으로 학력과 오케스트라 경력을 토대로 항목을 나누어 작성하되 각 세부 항목은 최근 날짜순으로 나열하는 것이 일반적이다.

서류 심사에서 오케스트라 경력을 비롯한 자격 요건들이 부족하다고 판단되는 경우, 예심용 리코딩pre-screening recording을 요구하는 경우가 종종 있다. 서류상으로 볼 때 경력은 부족해 보이지만 연주 영상 심사를 통해 실력을 입증할 수 있으면 오디션에 초청하는 것을 고려하겠다는 취지이다. 응시자가 엄청나게 많이 몰리는 대형 오케스트라의 오디션이나 악장을 비롯한 수석 및 부수석 오디션의 경우에는 서류 심사 단계에서부터 단칼에 초청이 거부되는 경우도 비일비재하다.

이력서가 무사히 서류 심사를 통과되어 실제 오디션에 초청받았다면 정해진 마감 일자에 맞춰 보증금을 보내야 한다. 오케스트라에 따라 다르지만 대개 50-100달러 범위 내에서 책정되는 오디션 보증금은 오디션 날짜와 시간에 대한 확약인 동시에, 결시no-show할 경우 자동으로 잃게 되는 금액이다. 이 보증금은 오디션 당일에 체크인할 때 돌려받게 된다. 오디션의 모든 일정에 소요되는 경비는 참가자 본인 부담이지만, 최종 결선이 따로 열리는 경우 대상자에 한해 오케스트라 측에서 비용을 부담하기도 한다.

라이브 오디션의 공정성과 변별력

1970년대 이래로 미국 내 오케스트라 오디션은 참가자의 신상 정보를 일절 공개하지 않고, 오디션 커미티와 참가자 사이에 가림막을 치고 진행하는 것을 원칙으로 하고 있다. 성별, 인종, 나이 등 음악 외적인 요소는 모두 배제하여 차별 없이 최대한 공정한 심사를 치르기 위한 장치이다. 가림막뿐만 아니라 오디션 참가자가 무대에 들어서는 지점부터 실제 연주하는 위치까지 걸어가는 10m 남짓한 구간에도 철저하게 카펫을 깔아 놓는데, 하이힐과 같이 특정 성별을 암시할 수 있는 신발의 발걸음 소리를 차단하기 위해서이다. 오디션이 진행되는 동안 참가자는 감독관을 통해서만 의사소통을 할 수 있다. 파이널 라운드 이후 슈퍼 파이널 라운드가 추가되기도 하는데, 우열을 가리기 힘든 서너 명의 최종 결선 대상자들만 남은 단계에서는 변별력을 더하기 위해 실내악 라운드가 포함될 수도 있다. 이러한 경우 실내악에서 요구되는 다양한 앙상블 스킬을 평가하기 위해 가림막을 치우고 진행하기도 한다.

오디션 과제곡

미국 오케스트라의 바이올린 오디션에서 주로 요구하는 과제곡들은 솔로 레퍼토리solo repertoire와 오케스트라 엑섭으로 나눌 수 있다. 솔로 레퍼토리로는 모차르트 협주곡 3, 4, 5번의 1악장(카덴차와 2악장이 포함되기도 한다.) 중에서 본인이 선택할 수 있으며, 베토벤을 포함한 낭만 시대부터 20세기에 작곡된 협주곡의 1악장이 카덴차cadenza(협주곡에서 독주자가 혼자서 연주하는 기교적이고 화려한 부분)와 함께 요구된다. 바흐 무반주 소나타와 파르티타partita 중 한 악장이 포함되기도 한다. 일반적으로 모든 라운드를 협주곡으로 시작하게 되는데 응시자의 연주력에 대한 첫인상을 결정짓게 되므로 협주곡을 안정적으로 연주하는 것이 매우 중요하다.

하지만 결국 오디션에서 가장 큰 비중을 차지하는 것은 오케스트라 엑섭이다. 보통 오디션 신청이 마감될 즈음에 통보되는 과제곡 목록은 최소 10곡에서 많게는 25곡 정도 분량의 오케스트라 엑섭들로 구성되며, 각 라운드에서 요구되는 엑섭들은 해당 라운드가 시작되기 직전에 커미티가 결정하게 된다. 가장 보편적으로 요구되는 과제곡들은 다음과 같다. (알파벳 순)

제1 바이올린 엑섭

L. V. Beethoven, Symphony No. 3, 3rd movement

L. V. Beethoven, Symphony No. 9, 2nd and 3rd movements

J. Brahms, Symphony No. 4

J. Brahms, Variations on a Theme of Haydn

A. Copland, Symphony No. 3

C. Debussy, La Mer

G. Mahler, Symphony No. 1, 4th movement

G. Mahler, Symphony No. 5, 1st and 4th movements

F. Mendelssohn, Midsummer Night's Dream, Scherzo

F. Mendelssohn, Symphony No. 4, 1st movement

W. A. Mozart, Symphony No. 39, 1st, 2nd, and 4th movements

S. Prokofiev, Symphony No. 1, "Classical," 1st, 2nd, and 4th movements

F. Schubert, Symphony No. 2, 1st movement

R. Schumann, Symphony No. 2, 2nd movement

D. Shostakovich, Symphony No. 5

R. Strauss, Don Juan, Op. 20

P. I. Tchaikovsky, Nutcracker Overture

제2 바이올린 엑섭

B. Bartok, Concerto for Orchestra, 5th movement

J. Brahms, Piano Concerto No. 1, 3rd movement

W. A. Mozart, Magic Flute Overture

W. A. Mozart, Symphony No. 41, 4th movement

S. Rachmaninoff, Symphony No. 2, 2nd movement

B. Smetana, Bartered Bride Overture

라이브 오디션은 어떻게 진행되는가

보통 길어야 10분 정도의 시간 안에 협주곡과 네다섯 개 정도의 엑섭들을 연주하는 것으로 구성되는 오디션 예선에 빠지지 않고 등장하는 기본 과제곡들로는 리하르트 슈트라우스의 교향시 〈돈후앙〉, 베토벤 〈교향곡 9번〉 3악장, 멘델스존의 〈한여름 밤의 꿈〉 스케르초scherzo, 모차르트 〈교향곡 39번〉, 슈만의 〈교향곡 2번〉 스케르초, 그리고 브람스 〈교향곡 4번〉 등을 꼽을 수 있다. 이 곡들은 미국 오디션에 국한되는 것이 아니라 보편적으로 모든 바이올린 오케스트라 오디션에 통용되는 가장 기본적인 과제곡들이라고 할 수 있다. 다만 미국의 경우 오케스트라 취업 열기에 힘입어 많은 음악대학이 오케스트라 엑섭 수업이나 훈련 과정을 운영하다 보니, 이러한 과제곡들이 음대생들에게 너무나 익숙한 나머지 오디션의 변별력을 상당히 떨어뜨리는 결과를 낳게 되었다는 사실을 간과할 수 없다. 하지만 수많은 참가자가 몰려드는 프로페셔널 오케스트라 오디션의 첫 관문에서 변별력은 오디션의 수준을 판가름하는 가장 중요한 요소이다. 따라서 오케스트라들은 저마다 생소한 과제곡들을 리스트에 포함시키고 의도적으로 제일 첫 라운드에서부터 낯선 과제곡을 요구하여 제대로 준비되지 않은 참가자들을 무자비하게 걸러내는 경우도 있다.

이 관문을 통과하여 준결선에 이르게 되면 대개 열 명 전후의 참가자들이 남게 되는데, 이 시점부터는 각 참가자에게 할당되는 시간도 길어지고 예선에서보다 더 다양하게 엑섭들을 연주하게 된다. 이전 라운드에서 오디션 커미티가 더욱 변별력 있게 듣고 싶었던 과제곡들이 다시 등장하기도 한다. 모든 라운드에 걸쳐 심사 위원장이 참가자에게 요구 사항을 특별히 지시하여 연주를 반복시키기도 하는데, 이런 경우 보통 참가자가 얼마나 민첩하게 음악적 아이디어를 수정해서 적용할 수 있는지 알고 싶어 하는 것이기 때문에 순발력 있게 대처할 수 있어야 한다.

오디션 심사 위원들이 주목하는 것

그렇다면 오디션 커미티는 이렇게 방대한 양의 과제곡들을 통해 어떠한 자질을 지닌 연주자를 선발하고 싶은 것일까? 정해진 준비 기간 안에 주어진 곡들을 얼마나 효율적으로 준비하고 소화해 내는지는 참가자의 역량을 가늠할 수 있는 하나의 지표가 된다. 오디션에 익숙하지 않으면 오디션 곡목은 그 분량에서부터 상당한 부담으로 다가오기 때문이다. 과제곡들을 연습할 때 우선 염두에 둘 것은 각 엑섭의 '출제 의도'를 파악하는 것이다. 보통 특정 테크닉이나 스트로크, 사운드 퀄리티, 다이내믹 등이 과제곡마다 뚜렷하게 나타나기 때문에 명백하게 짚고 넘어가야 할 요소들을 놓치지 않도록 한다.

여러 시대를 아우르는 다양한 레퍼토리들을 넘나들며 민첩하고 유연하게 다양한 음악의 스타일을 이해하고 표현해 내는 능력도 매우 중요하다. 오디션에서 연주하게 되는 엑섭은 말 그대로 오디션 커미티가 원하는 특정 부분만 발췌한 것이다. 짧게는 8마디 정도에서 길게는 한 페이지 남짓한 분량으로, 그 짧은 시간 안에 곧바로 음악에 몰입해서 원하는 대로 표현이 가능해야 한다. 풍성하고 웅장한 사운드의 슈트라우스나 말러를 연주하다가 갑자기 드뷔시의 〈바다 La Mer〉나 멘델스존의 〈한여름 밤의 꿈〉 스케르초와 같이 가볍고 투명한 표현을 요구하는 곡으로 바로 넘어가는 것처럼 말이다. 상반된 스타일에도 거리낌 없이 그에 어울리는 테크닉을 자유자재로 능숙하게 구사할 수 있어야 한다.

기본적으로 좋은 연주자의 덕목이라고 하는 좋은 음색, 정확한 음정, 합리적인 프레이징 등은 오케스트라 오디션에서도 동일하게 적용된다. 하지만 '오케스트라' 오디션이기에 더욱더 까다롭게 심사하는 부분이 있다면 그것은 템포와 리듬에 대한 감각이라고 할 수 있겠다. 공교롭게도 학교 수업이나 레슨에서 가장 뒷전에 놓이기 쉬운 부분이다. 사실 솔로 연주에서는 표현을 극대화하는 과정에서 때에 따라 어느 정도 융통성이 허용되기도 하는 부분이기 때문이다. 많은 연주자가 음정은 까다롭게 연습하지만, 박자에는 상대적으로 관대한 경우가 많다. 조금이라도 템포가 흔들린다거나 리듬의 분할이 정확하지 않다면 오케스트라 오디션에서는 치명적일 수 있기 때문에, 항상 메트로놈을 활용하여 연습하는 습관을 들이도록 한다. 오케스트라 섹션 연주에서 중요한 또 다른 요소는 통일되고 정돈된 스트로크와 호흡이기에 이 부분에서 약점을 보이지 않도록 해야 한다.

　오디션을 준비할 때에는 개인 연습도 중요하지만 어느 정도 준비가 되고 난 후에는 최대한 다양한 장소와 청중 앞에서 모의 오디션을 해 보는 것이 좋다. 실제 오디션에서는 낯선 도시의 연주 홀에서 내가 통제할 수 없는 상황에 맞닥뜨려 최대한 실력을 발휘해야 하기 때문에 여러 가지 변수가 생겼을 때 내 연주가 어떻게 변하는지 사전에 실험해 보고 보완해야 한다. 오디션에 관심 있는 친구나 동료들과 함께 모임을 만들어서 서로의 연주를 들어주고 피드백을 교환하는 것도 큰 도움이 된다. 최소한 본인의 연주를 녹음해서 객관적으로 평가하는 습관을 기르도록 한다.

오디션 합격 후에도 심사는 계속된다

이 모든 과정을 성공적으로 통과하여 오디션에서 최종적으로 합격했다고 하더라도 아직 다 끝난 것이 아니다. 계약서에 서명하고 첫 출근을 하는 그 순간부터 테뉴어 심사 기간이 시작된다. 종신 단원이 되기까지 1년에서 2년 정도의 시간을 두고 바이올린 섹션의 모든 종신 단원들이 나의 음악가로서의 자질을 비롯하여 일에 임하는 태도 등 일거수일투족에 대해 피드백을 제공한다. 이 리뷰 기간 동안에 테뉴어를 받지 못하게 되면 계약 기간이 끝남과 동시에 오케스트라 취업은 다시 원점으로 돌아가게 되는 것이다. 까다롭다고 생각되기는 하지만 일단 종신 단원으로 임명되고 나면 실질적으로 해고가 불가능하기 때문에, 섹션에 조화롭게 기여할 수 있는 연주자를 최대한 신중하게 채용하기 위한 마지막 관문이라고 생각하면 된다.

보통 클래식 프로그램의 경우 4회의 리허설, 그 외의 경우 1-2회의 리허설 후 공연에 임하게 된다. 매주 프로그램이 바뀌는 것은 물론이고 여러 개의 프로그램이 동시에 진행되기 때문에 최대한 체력과 시간 안배에 신경 써야 한다. 초견 능력(악보를 처음 보고 연습하지 않은 채 연주하는 것)이 좋을수록 다양한 프로그램을 효율적으로 신속하게 익히는 데 큰 도움이 된다.

좋은 오케스트라 주자가 되기 위한 자질에는 여러 요소가 있지만 그중에서도 앙상블 스킬의 중요성을 강조하고 싶다. 섹션 안에서 조화를 이루되 적극적으로 기여하려면 연주 능력과 감각을 항상 잘

벼려진 칼날처럼 유지하고 있어야 한다. 지휘자와 수석 주자의 의도를 재빠르게 파악하고 적용할 수 있는 순발력과 유연성은 필수이다. 또한 물리적으로 넓은 공간에서 정교한 앙상블을 이루어 내기 위해서는 귀에 들리는 소리에 현혹되지 않고 시각적인 정보에 주로 의존해서 정확한 타이밍을 계산해 낼 수 있어야 한다.

항상 염두에 두어야 할 것은 좋은 바이올리니스트, 좋은 오케스트라 주자, 그리고 좋은 음악가 사이의 상관관계이다. 악기를 다루는 기량이 뛰어나다고 해서 반드시 좋은 오케스트라 주자가 되는 것도 아니고, 능숙한 오케스트라 주자라고 해서 필연적으로 좋은 음악가가 되는 것도 아니라는 점을 인지해야 한다. 과연 어떠한 자질을 갖춘 음악인이 되고 싶은지 한번 숙고해 보기를 권한다.

DOUBLE BASSIST

조 정 민

예원학교, 서울예술고등학교 졸업 후 서울대학교 음악대학에서 학사를, 독일 쾰른 국립음악대학Musik Hochschule Köln에서 전문 연주자 과정Diplom과 최고 연주자 과정Konzert Examen을 졸업했다. 유학 시절 예후디 메뉴인의 LMN 아티스트를 역임했으며, 귀국 후 한국문화예술위원회 차세대지원예술인 및 서울시문화재단 공연사업지원자로 선정되기도 했다. 악기를 배우기 시작했을 때부터 막연히 독주자를 꿈꾸다 독일 유학 시절 뒤늦게 오케스트라의 매력에 빠져 오케스트라 연주자를 꿈꾸게 되었다. 2008년부터 서울시립교향악단 더블베이스 단원으로 활동 중이며 연세대학교, 세종대학교에 출강 중이다.

JUNGMIN CHO

한때 코즈모폴리턴을 꿈꾸며 유럽에서의 삶을 꿈꿨으나 귀국한 이후 서울에서 초등학생 딸, 그리고 아들 같은 남편과 함께 살고 있다. 저질 체력이지만 만사에 열정이 넘치고 오지랖도 넓어 늘 어딘가에서 도전하고 재주를 넘으며 체력과 불일치하는 삶을 살고 있다. 오케스트라 연주 외에도 독주와 교육 활동, 육아, 요리, 집안일을 마스터하는 중이며 유쾌하고 센스 있는 오지라퍼(?)를 꿈꾼다.

오케스트라의
맥박을 책임지는 연주자

나는 서울시립교향악단(이하 서울시향)의 더블베이스 연주자이다. 연주가 아닌 글로 나의 생각을 표현하는 일은 새로운 경험이다. 이 글을 쓰면서 나의 지난 삶을 돌아보게 되었고, 그간의 삶을 조금이나마 내어놓을 수 있게 되어 기쁘다. 어릴 적부터 선망해 온 독주자로서의 모습은 아니지만, 오케스트라 연주자로서 무대 위에서 마음껏 음악을 만드는 나의 일상은 음악과 동행하고자 했던 그때의 꿈과 많이 닮아 있다. 나보다 몸집이 큰 더블베이스를 배우고 전공한 지 어느덧 30년이 되었다. 지극히 평범한 내가 평범함을 뛰어넘기 위해 오르내림을 반복하면서 끊임없이 성장하며 오케스트라 연주자가 되기까지 지나온 과정과 그 경험들을 이 글에 담았다. 이 글이 오케스트라 연주자라는 직업에 흥미와 관심을 갖는 이들에게 도움이 되길 바란다.

♪ 광화문으로 출근하는 베이시스트

나와 광화문과의 인연은 학창 시절 등굣길에서부터 시작되었다. 예원학교에 입학하게 되면서 새롭게 주어진 미션들 중 가장 어렵게 느껴졌던 것은 서울 시내 한복판에 있는 학교로 등교하는 것이었다. 중학교 입학 전까지만 해도 혼자서 동네를 벗어날 일이 없었기에 한 시간이나 되는 거리를 혼자 등교하는 것은 당시의 나에게는 큰 도전이었다. 등굣길 버스 안에서 혹여 학교 정류장을 지나칠까 긴장하며 바라보던 창밖으로 이색적인 풍경의 남산대로, 숭례문, 시청, 덕수궁, 그리고 광화문이 펼쳐졌다. 그 시절 낯설던 등굣길 풍경이 이제는 익숙한 출퇴근길로 이어졌으니 나는 광화문과 인연이 참 많은 사람이다. 출근길에 광화문 주변의 많은 직장인과 어울려 부지런히 목적지인 세종문화회관을 향해 걷다 보면 가끔은 마치 내가 회사원이 된 듯한 느낌을 받는다. 이런 착각이 드는 이유는 바로 두 손 가벼운 출근길 때문이다. (나는 크고 무거운 더블베이스를 연주한다.) 평소 악기를 보관해 두고 출퇴근하기에 나는 더블베이스 연주자임에도 불구하고 시향의 다른 악기 연주자들보다 가볍게 출근하는 편이다.

나의 일터 서울시향

광화문 세종문화회관 바로 뒤편에는 연습동 건물이 이어지는데 이곳에 나의 일터인 서울시향이 위치한다. 이 건물에는 서울시향 외에도 서울시 합창단, 국악단, 무용단, 뮤지컬단과 같은 여러 서울시 산하 예술단이 함께 상주하고 있다. 아직은 서울시향이 상주하는 홀이 없기 때문에 보통 광화문에서는 리허설이 이루어지고 공연 날에는 예술의전당이나 롯데콘서트홀 등의 다른 공연장으로 출근하곤 한다. 바로 이런 이유 때문에 각 공연장의 음향 특성에 순발력 있게 적응하는 것도 공연 당일의 중요한 미션 중 하나이다.

대한민국의 수도 서울을 거점으로 하며 한국을 대표하는 오케스트라 중 하나인 서울시향은 1948년에 창단되었고 2005년 재단법인으로 독립하면서 큰 변화와 급격한 성장을 겪게 되었다. 나는 서울시향이 개편되고 3년 후인 2008년부터 오케스트라에 합류하게 되었는데 나의 30대가 오롯이 서울시향에 있었다고 해도 과언이 아닐 정도로 귀국 후 이곳에서 내 삶의 대부분을 함께하며 기쁨과 슬픔을 나누었다. 그래서 나에게 서울시향은 월급을 받고 일하는 일터 이상의 의미를 갖는다.

오케스트라 연주자로서 나의 주요 일과는 리허설과 공연이다. 완성도와 케미chemistry의 정도는 지휘자마다 다소 차이가 있지만 지휘자 그리고 동료들과 교감하며 2-3일 동안 이루어지는 리허설과 휴식, 그리고 공연 당일의 무대 리허설과 공연으로 이어지는 전체 과정은 마치 김치를 담글 때 배추를 양념에 버무리고 숙성시키는 과정과 흡사한 것 같다. 각자 머릿속에 저마다 다양한 음악을 가지고 모인 첫 리허설로부터 지휘자의 지휘 아래 매일 단계적으로 촘촘한 짜임새가 만들어지고 함께 시너지를 내며 무대 위에서 우리의 음악이 탄생하기까지 이 흥미진진한 과정을 공연 때마다 경험할 수 있다.

오케스트라에서 베이시스트의 역할

내가 연주하는 더블베이스 섹션은 전체 오케스트라의 맥박과 화성의 기초를 담당한다. 나는 더블베이스가 다른 악기들을 돋보이게 해 주는 레드 카펫과 같은 역할을 한다고 생각한다.

오케스트라에서 베이시스트들은 생각보다 섬세해야 하고 해야 할 일도 많다. 그저 뒤에서 내 선율을 아름답게 연주하는 것에 그치는 것이 아니라 지휘자가 앞에서 건네주는 음악의 방향과 흐름을 읽고 오케스트라를 뒤에서 밀거나 끌어 주는 중요한 미션을 수행해야 한다. 이때 나는 종종 양치기인 지휘자를 도와 울타리 안으로 양들을 모으는 믿음직한 목양견이 된 기분이 들곤 한다.

그 외에도 내가 지금 주선율을 연주하는지, 아니라면 지금은 어떤 악기를 반주하고 있는지, 또 내가 그들과 무대에서 얼마나 시간 및 거리의 간격을 두고 있는지, 얼마만큼 작거나 크게 연주해야 하는지, 화성은 또 어떻게 진행되는지 등을 순간순간 파악해서 연주해야 하는 조화의 노하우가 필요하다. 화려한 멜로디를 독점할 기회는 극히 드물고 수많은 멤버 중 한 명일 뿐이지만 내가 만들어 내는 소리로 더블베이스 섹션과 오케스트라 전체와 영향을 주고받을 수 있다는 것은 오케스트라에서 베이시스트만이 누릴 수 있는 매력이라고 생각한다.

오케스트라 생활의 장단점

서울시향 연주자로서 누릴 수 있는 장점은 우선 보고 듣기만 해도 영감을 주는 세계적인 지휘자, 솔리스트들과 함께 연주할 수 있다는 점이다. 또 다른 장점은 스스로 공연을 기획해야 하는 수고로움 없이 다양한 프로그램을 통해 음악적인 스펙트럼을 넓히며 서울의 주요 공연장에서 꾸준히 공연할 수 있는 안정감이라고 생각한다. 공연 기획과 홍보는 물론이고 퍼스널 매니저, 악보 전문가, 악기 감독님들의 도움을 받을 수 있다. 무엇보다 매달 급여를 받기에 수입이 안정적인 편이다. 가끔씩 해외 공연으로 다른 도시와 나라를 접할 수 있는 기회가 있다는 것도 장점이다. 그러나 오케스트라의 특수성으로 인해 연주가 많은 시즌에는 체력적인 부담이 있고 불규칙한 리허설이나 공연 스케줄과 병행하여 틈틈이 연습을 하고 육아도 해야 하는 어려움이 있다.

바쁜 일상에도 불구하고 우선순위를 내가 아닌 아이에게 두면서 음악 그 자체에만 온전히 집중하기가 정말 만만치 않다. 공연이 많은 시즌에는 가정생활과 일을 병행하는 게 힘들어 쩔쩔매기도 하지만 신기하게도 무대 위에서 몰입하는 순간에 느껴지는 흥분, 박력, 에너지가 주는 짜릿함은 나를 행복하게 만든다. 어쩌면 나는 무대 위에서 몰입하며 고단한 현실을 잠시나마 망각하는 것을 즐기고 있는지도 모르겠다는 생각을 한다. 끊임없이 영감을 찾아 연주자로서 살아갈 원동력을 끌어모으는 나의 일상이 가끔은 고단하지만 하고 싶은 공연과 연주를 마음껏 하며 살아간다는 점에서 이 일은 참으로 소중하고 감사하다.

자칫 고독하기 쉬운 음악 직업군에서 오케스트라 연주자들이 사회생활을 하는 음악가들이라는 점도 하나의 특징이다. 독주를 위해 혼자서 고민하고 외롭게 연습할 때와는 달리 오케스트라에서는 마음을 터놓고 음악에 대해 함께 고민하고 이야기 나눌 수 있는 동료들이 있어 좋다. 좋은 연주자가 되고 싶은 소망은 물론이고, 서울시향을 세계적으로 경쟁력 있는 오케스트라로 만들겠다는 사명감 아래 공감대를 형성하며 공연을 앞둔 무대 뒤에서는 진심 어린 격려를 주고받는 소중한 동료들이다.

앙상블도 일종의 사회생활이라고 할 수 있는데, 리허설과 무대 위에서 서로의 다름을 받아들이고 다양성을 존중하며 강렬한 소통을 이루어가는 앙상블의 기술은 사회생활과 닮았다. 단점이든 장점이든 서로를 존중하고 선하고 좋은 시너지를 내며 조화를 이루는 것 또한 오케스트라 연주자에게 주어진 미션이라고 생각한다.

가르치는 일의 보람

오케스트라 연주와 병행하여 학생을 가르치는 것도 나의 일과 중의 하나이다. 차라리 직접 연주하는 것이 낫겠다 싶을 정도로 가르치는 일은 어렵고 가끔씩 인내심도 필요하다. 하지만 학생들을 가르치고 고민하는 과정에서 새로운 깨달음을 얻는 순간들도 있어 스스로에게 많은 도움이 되기도 한다.

고등학교 3학년 때부터 시작해서 지금까지 꾸준하게 더블베이스를 가르칠 기회가 있었던 나는 전공생은 물론 한 살 연하 후배부터 유명 기타리스트, 재즈 베이시스트, 경제학 교수님 등 다양한 직업군과 연령대의 사람들을 가르쳤다. 이렇게 다양한 사람들의 일상들을 곁에서 보며 저마다 다른 그들이 각자의 방식으로 연주에 능숙해지는 과정을 지켜보고 함께하는 일은 무대에서 직접 연주하는 것과는 또 다른 매력이 있다. 학생들 저마다의 개성과 가능성을 발견하고 내가 가진 노하우를 통해 연주에 확신을 갖도록 돕는 재미와 보람은 말로 표현할 수 없을 정도이다. 이제는 나와 같이 오케스트라 연주자가 된 제자들부터 사업가, 회사원, 작가, 국회 보좌관, 학교 선생님과 같은 새로운 분야에 도전한 제자들, 그리고 부모가 되어 육아를 하면서 나와 '동지'가 된 제자들까지. 인생의 선배로 그들과 함께하며 음악과 인생에 대해 고민하고 성장할 수 있음에 큰 보람을 느낀다.

더블베이스 독주회의 매력

독주회 이야기를 빼놓을 수 없다. 더블베이스 주자로서 독주회를 기획하는 도전을 여전히 즐기는 편이다. 오케스트라 악기라는 편견을 깨고 독주 악기로서도 충분히 주목할 만한 더블베이스의 매력을 대중과 공유하고 싶은 꿈이 있다.

    더블베이스는 크게 두 가지 음역대의 악기 줄을 사용하는데 실내악이나 오케스트라 레퍼토리를 연주할 때는 주로 오케스트라 전용 줄을 사용해 묵직하고 풍부한 음색을 만들어 내고, 독주곡을 연주할 때는 솔로 줄을 사용하여 음정을 2도 높게 튜닝하여 밝고 선명한 음색을 내기도 한다. 따뜻하기도 하지만 때로는 뜨겁고 부드러우면서도 거칠고 단단하며 다크초콜릿같이 쌉싸름한 소리는 더블베이스의 또 다른 매력이기도 하다. 독주회에서는 편곡된 작품이 아닌 오로지 더블베이스 독주를 위해 작곡된 작품을 찾아 청중에게 소개한다는 설렘이 있다. 물론 선택한 작품에 대해 얼마만큼 표현해 낼 수 있을 것인가에 대한 압박감도 있지만 오케스트라 공연과 달리 내 음악을 주도적으로 마음껏 펼칠 수 있다는 자유로움도 존재한다. 이 때문에 오케스트라 연주자인 내게 독주회는 매력적인 도전으로 느껴진다.

♪ 더블베이스를 전공한 것은 어쩌면 운명

엄마는 가끔씩 나에게 태몽 이야기를 해 주시곤 하는데, 몸집이 큰 코끼리가 엄마 품으로 걸어 들어오는 꿈을 태몽으로 꾸셨다고 한다. 언젠가 오케스트라에서 프랑스 작곡가 생상스의 〈동물의 사육제〉를 연주하다 소름이 돋은 적이 있었다. 작곡가 생상스는 이 곡에서 더블베이스로 코끼리를 묘사했기 때문이다. 이 곡을 듣고 있으면 거대한 코끼리가 왈츠 리듬에 맞춰 춤을 추는 것이 연상되며 꼭 나를 표현해 놓은 것만 같다. 미술을 그만두고 악기사에서 선생님을 만나 그 어린 나이부터 더블베이스를 전공하게 된 것이 어쩌면 운명일지도 모른다는 생각을 하게 된다.

미술 전공 준비생에서 더블베이스 입학생으로

지나간 나의 삶을 돌아보면 비교적 순조롭게 살아온 감사한 삶이었다. 그래서 어찌 보면 내 삶은 평범하고 작은 이야기의 연속이다. 음악보다는 미술에 재능이 있어 보였던 유년 시절이었다. 6살 때부터 피아노를 배우기 시작했지만 피아노보다는 오히려 그림을 그리거나 무언가를 만들고 조립하기를 더 좋아했던 기억이 있다. 초등학생 때 교내 미술 대회와 서울시에서 주최한 그림 대회에서 입상을 하기도 해 자연스럽게 주위에서 미술 전공을 권하셨고 예중 입학을 목표로 입시 미술 학원에 다니게 되었다. 그림을 다양하게 배우고 그리는 것은 좋아했지만 몇 시간씩 정자세로 앉아 그림을 그리는 게 쉬운 일은 아니었다. 그러던 어느 날 미술 학원에서 슬리퍼를 신은 채 집으로 도망와 버리는 일이 있었고 그 뒤로는 미술 전공을 포기하게 되었다.

얼마 후 엄마와 의논 끝에 첼로를 배워 보기로 하고 악기를 구입하러 서초동에 있는 한 악기사에 가게 되었는데, 그때 마침 악기사 문을 열어 주신 분이 바로 나의 첫 더블베이스 선생님이셨다. 당시 5학년이었던 나는 지금부터 더블베이스를 배우기 시작하면 유망한 연주자가 될 것이라는 선생님의 말씀에 그날 첼로를 사지 않고 집으로 돌아왔다. 그리고 며칠 후 첼로가 아닌 더블베이스를 배우기 시작했다. 호기심에 한번 배워 보겠다고 시작을 했지만 어느덧 나는 예원 입시를 준비하고 있었고, 결국 예원학교 첫 번째 더블베이스 입학생이 되었다. 당시 고故 임원식 교장 선생님과 음악 과장이셨던 이종기 선생님께서 드디어 예원 오케스트라에 더블베이스 학생이 들어왔다며 기뻐하셨던 모습이 아직도 눈에 선하다.

해맑고도 치열했던 학창 시절

그저 수줍음 많고 조용한 학생이었던 나는 예원과 예고를 다니면서 끼가 넘치고 활발한 친구들을 통해 내 안의 유쾌한 성격을 발견하게 되었다. 어려운 학교 수업에다 먼 통학길 때문에 힘들었지만 개성 넘치고 다재다능한 친구들은 학교생활의 활력소가 되어 주었다. 음악과 수업 외에도 미술과 친구들의 미술전, 무용과 친구들의 무용 발표회, 모두가 함께 하는 교내 성가대회는 다른 장르의 예술에까지 시야를 자연스럽게 넓힐 수 있는 기회가 되었다. 한편 예고 시절에 대한 나의 기억은 학교에 다녀오고 연습하고 또 공부하던 고단한 기억이 대부분인데, 그나마 산이 보이고 꽃이 피는 아름다운 교정과 매점이 고단했던 내게 위안이 되어 주었다. 서울예고 합격이라는 기쁨을 누린 것도 잠시, 곧 닥쳐올 대학 입시라는 두려운 전투 앞에서 학교 친구들과 끈끈한 전우애를 나누기도 한 해맑고도 치열한 시절이었다.

대학 시절에도 나는 꽤나 분주한 학생이었다. 더블베이스 전공생들이 늘어서인지 내가 입학하던 해 전후로 더블베이스 오디션과 음악 콩쿠르가 조금씩 늘어나기 시작했다. 다양한 곡들을 공부할 욕심으로 참가하게 된 것이 본의 아니게 대학 생활 4년 내내 콩쿠르와 오디션을 준비하게 되었다. 게다가 틈틈이 학생을 가르치는 아르바이트를 하며 무척이나 학구적인 음대생 생활을 했다. 아르바이트를 해서 모은 돈으로 4학년 때는 작은 자동차 한 대를 구입할 정도로 수입도 좋은 편이었다. 이렇게 콩쿠르와 오디션을 통해 꾸준하게 성장을 할 수 있었고 자신감도 얻게 되었지만 좋은 영향만 받은 것은 아니었다. 계속되는 입상 부담과 비교되고 경쟁해야 하는 상황으로 인해 차츰 음악에 흥미를 잃고 무기력해지고 있었다. 게다가 기본기보다는 테크닉 위주로 해 온 연습 방식 때문에 연주에 한계를 느끼게 되어 난생 처음 슬럼프에 빠지고 말았다. 마침 졸업 시즌이 다가오고 있었고 새로운 돌파구가 너무나 필요했던 나는 처음부터 다시 시작해 보기로 마음먹고 유학을 가기로 결정했다. 그리고 나는 독일로 유학을 떠나게 되었다.

좌충우돌 독일 유학 적응기

어느새 이제는 독일 유학 시절이 아득한 추억이 되어 버렸다. 독일에서의 유학 경험은 음악뿐만 아니라 음악 외의 여러 가지 면에서 나를 보다 많이 성장시켜 주었다. 가장 큰 성장 요인은 독립이었고 그 다음은 유럽의 풍부한 문화였던 것 같다. 유럽의 문화와 함께 발전한 클래식을 독일에서 공부하는 것은 그동안 악보로만 이해하려던 음악을 보다 자연스럽게 이해하는 데 많은 도움이 되었다.

한편 한국에서 자취 경험 한 번 없던 나는 독일에서 첫 독립을 하면서 자유로운 만큼 외로웠다. 이전에는 느끼지 못한 부모님의 보살핌과 가족들이 채워 주었던 집안의 온기가 새삼 그리웠다. 그때만 해도 지금처럼 핸드폰 연결이 원활하지도 않았고 카드로 통화 시간을 충전해서 국제 전화를 해야 하는 번거로움 때문에 나는 주로 집 전화기로 부모님과 통화하곤 했는데, 문제는 한국과 유럽의 시차였다. 학교 수업을 마치고 저녁에 집에 돌아오면 한국은 이른 새벽이라 전화도 마음껏 할 수가 없었다. 통화를 조금이라도 오래 해 보려는 마음에 새벽에 일찍 일어나서 시차를 맞춰 통화하던 기억이 아직 선하다. 그러나 독일에서의 생활이 마냥 외롭고 힘든 것만은 아니었다. 독일에서의 외로움은 나 자신을 객관적으로 바라볼 수 있는 기회를 주었고 자립심을 키워 주었으며 사방에서 들려오는 낯선 외국어는 오히려 나에게 집중할 수 있는 환경을 가져다 주었기 때문이다.

독일에서 생활하며 좋았던 또 다른 점은 유럽 대륙의 여러 도시와 나라로 기차를 타고 훌쩍 손쉽게 떠날 수 있는 것이었다. 학교를 다녔던 쾰른과 오케스트라 생활을 했던 함부르크, 음악 캠프와 오디션이 열려 방문했던 여러 도시들, 그리고 여행지에서 추억을 많이 쌓았다. 물론 때로 혼자 일상을 꾸려가느라 어려운 일도 있었고 콩쿠르와 오디션에서 떨어져 가슴 쓰린 경험도 해야 했지만 독일에서의 여러 경험들은 분명 나를 많이 성장시켜 주었다.

오케스트라의 매력에 눈뜨다

나는 비교적 뒤늦게 오케스트라의 매력에 눈을 뜨게 되었다. 독일에서 첫 학기를 시작할 때만 해도 오케스트라 연주자라는 직업은 낯설게만 느껴져서 후에 내가 오케스트라에 취직하게 될 것이라고는 상상조차 하지 못했다. 오케스트라에 관심을 갖게 되면서 독주곡에 비해 방대한 양의 오페라와 교향곡 레퍼토리들에 빠져들었고 그 안에서 더블베이스가 연주하는 거칠면서도 깊고 힘이 넘치는 캐릭터에 매료되었다. 또한 경쟁이 아닌 협력을 통해 동료들과 함께 시너지를 만들며 연주한다는 점에서도 오케스트라가 나와 잘 맞을 것 같다는 느낌이 들었다. 이후 오케스트라 레퍼토리와 연주법을 제대로 배워 연주하겠다는 목표를 가지고 오케스트라 연주자를 꿈꾸게 되었다.

나의 첫 오케스트라는 독일의 명문 함부르크의 북독일방송교향악단NDR Symphonie Orchester이었다. 독일 제2의 도시인 함부르크를 대표하는 오케스트라로 최근 상주 홀을 엘프필하모닉홀이라는 새로운 콘서트홀로 옮기면서 현재는 엘프필하모니 오케스트라NDR Elbphilharmonie Orchester로 이름이 바뀌었다. 나는 이곳에서 경력 단원으로 2005-06년 시즌 동안 일했다.

독일에서는 경력 단원Praktikum 또는 아카데미Akademie를 거쳐야 정단원 오디션에 참가할 수 있는 자격이 주어지기 때문에 오케스트라 초보였던 내게 경력 단원은 정단원이 되기 위한 필수 과정이었다. 그에 더해 처음으로 이 오케스트라에서 일하게 된 한국인이라는 자부심도 느낄 수 있었다. 매 리허설마다 꿈을 꾸는 듯한 소리를 들으면서 오케스트라 명장들과 함께 연주하며 많은 것을 배울 수 있었던 매우 값진 시간이었다. 그곳에서 함께 일한 단원들을 보며 느낀 점들은 지금까지도 내게 많은 영향을 미치고 있다. 탁월한 연주력은 기본이고 타인의 시선과 기준보다는 각자의 음악과 삶에 소신을 갖고 살아가는 그들이었다. 그리고 나이와 직급에 관계없이 상당히 평등한 분위기 안에서 단원들과 지휘자가 허물없이 음악적인 견해를 주고받는 모습도 인상적이었다.

어릴 때는 교수가 되거나 한 세기까지는 아니어도 반의 반 세기에 한 번 나올 만한 음악에 불타오르는 열정을 가진 솔리스트가 되어야 성공한 음악가의 인생이라고 생각한 적이 있었다. 그러나 이때 만난 명장들을 보면서 오케스트라 음악가의 삶도 그 못지않게 멋지다는 생각을 하게 되었다.

서울시향 오디션

함부르크에서 시즌을 마친 후, 독일의 중부 도시에 있는 카셀에서 시립 오케스트라 부수석 단원을 뽑는 오디션에 합격하게 되었는데 공교롭게도 카셀로 이사한 날 서울시향의 오디션 공지 소식을 듣게 되었다. 다음 날 계약서를 쓰러 가기로 했는데 말이다. 어떻게 결정을 해야 할지 몰라 이삿짐을 풀지도 못하고 그날 밤 많은 고민을 하게 되었다. 아직 학기도 2학기가 남아 있었고, 이제서야 독일에서 오디션 노하우를 습득해 경력을 쌓기 시작하는 단계였기 때문이었다. 그러나 1-2년 후에 귀국을 해야 할 거라면 언제 또 오디션 자리가 나올지 모르는 일이었다. 결국 다음 날 카셀 시립 오케스트라와의 계약을 포기하고, 결과가 어떻게 될지도 모르는 서울시향 오디션을 보러 하루 만에 다시 쾰른으로 이사를 하는 웃지 못할 일이 벌어졌다. 결국 오디션에 합격하면서 서울시향과의 인연이 시작되었고 지금에 이르게 되었다.

그렇게 내가 선택한 한국과 서울시향에서 나는 다시 사회 초년생이 되어 새로운 출발을 하게 되었다. 한국에서 대학을 졸업한 후 독일에서 디플롬Diplom을 받고 마지막 과정인 최고 연주자 과정konzert Examen까지 마치고 나서 이제 더는 배울 것이 없을 거라고 생각했지만 그건 오만이었다. 음악 외에 미숙하거나 새롭게 배워야 할 것이 많았다. 귀국 후 드디어 부모님 품 안에서 포근한 시간을 보낼 수 있었지만 생각보다 이른 결혼을 하게 되면서 아내로서 며느리로서 엄마로서 그리고 선생님과 학부모로서의 역할이 차례로 추가되었다. 그야말로 귀국 후 나의 삶은 거센 파도가 몰아치듯 쉴 틈 없이 지금에 이르게 되었다.

바쁜 일상에 고단하고 아직 이루지 못한 지난날의 꿈도 있지만 내게 주어진 삶에 너무 감사하다. 무엇보다 음악을 직업으로 삼을 수 있어 다행이다. 공연을 할 때마다 설렘과 엔돌핀이 솟구치며 내가 살아 있음을 느끼기 때문이다. 무대 위에서 동료들과 공감하며 연주하고 많은 관객과 음악을 나눌 수 있는 오케스트라 연주자로서의 삶이 너무 행복하다.

♪ 따뜻한 음악을 연주하기 위한 루틴의 힘

유학 생활을 마치고 오케스트라에 취직하게 되면서 가정을 이루고 또 아이를 키우면서 분주한 일상을 보내게 되었다. 예전처럼 더 이상 하루 종일 음악에만 시간을 쏟을 수 없는 현실 속에서 계속 좋은 연주자로 도전하고 발전하고 싶은 이상을 붙들어 놓기 위해 더 많은 생각과 고민을 하게 된다. 여기 특별하진 않지만 내가 좋은 연주자가 되기 위해 평소 실천하고 노력하는 몇 가지를 공유해 보려 한다.

음악은 경쟁이 아니다

보통 한국에서 음악 전공생이 되면 악기를 배우고 연주하는 행복을 느끼기도 전에 입시나 실기 시험 또는 콩쿠르, 오디션 같은 잦은 경쟁에 먼저 노출되곤 한다. 물론 이를 통해 성취감을 느낄 수도 있겠지만 종종 이런 경험들이 음악을 배우는 과정을 더 외롭고 고단하게 만들기도 한다.

고백하건데 나는 승부욕이 많은 학생이었다. 돌이켜 보면 그때의 나는 실기 시험이나 콩쿠르에서 1등을 하기 위해 때로는 자책하기도 하고 스스로 닦달하기도 하며 많이 힘들어했던 것 같다. 가끔씩 실기 시험이나 콩쿠르에서 1등을 하기도 했으나 기쁨도 잠시, 계속해서 1등을 유지해야 한다는 부담감과 그렇지 못했을 때 느꼈던 좌절과 절망감 때문에 더 불안했던 적이 많았다. 아이러니하게도 나는 마흔이 지난 이제서야 다른 사람보다 뒤처질까 하는 두려움에서 벗어나게 되었다. 그리고 나만의 음악 정체성을 찾아 나가려 노력하고 음악을 연주하며 행복해지는 방법을 깨우치는 중이다. 먼 훗날 나에 대해 경쟁에서 많이 이겼던 연주자가 아닌 따뜻하고 행복한 연주자라고 자평할 수 있으면 좋겠다.

잠재적인 개성을 강점으로

베이시스트로서 나는 타고난 장점보다는 약점이 많은 편이나 연습을 통해 나의 단점과 약점을 찾아 보완하려고 노력하는 노력형 연주자에 가깝다. 이를 테면 여자라서 힘이 부족한 점은 섬세함으로, 비교적 작은 손과 짧은 팔로 인한 기술적인 약점은 민첩함으로, 습득이 느린 부분은 꾸준함으로 보완해 왔다. 연습 시간이 부족한 점은 집중력으로, 나이 듦은 노련함으로 보완하는 등 약점을 발견했을 때는 긍정적으로 접근하려고 하는 편이다. 나는 개인마다 다른 신체적, 기술적, 음악적, 잠재적인 개성을 찾아 강점으로 승화시키려고 노력하는 것이 상당히 중요하다고 생각한다. 결점은 없지만 무난하고 평범한 공산품 같은 연주보다 완벽하지 않아도 남과 다름을 인식하며 개성이 뚜렷한 연주를 하는 것이 내가 계속해서 연습하고 연주하는 지금의 목표이기도 하다.

단순한 생활

일상을 최대한 조용하고 단순하고 규칙적으로 살려고 노력하는 편이다. 서울에서의 삶 그리고 워킹 맘의 하루는 역동적이고 갑작스러운 일의 연속이고 참으로 분주해서 '나'와 '음악'에 집중하는 게 어렵게 느껴질 때가 종종 있다. 눈앞에 쌓인 일과를 마치기에 급급한 나머지 개성과 열정이 사라진 기성품 같은 음악가가 되기 십상이다. 그래서 일상에 지치지 않기 위해 어쩔 수 없는 가정일과 육아를 제외하고는 평소 모임이나 다양한 취미 활동 등을 애써 자제하는 편이다. 단순하게 살다 보면 오히려 마음과 삶이 풍요로워지는 경험을 할 수 있는데, 넉넉하지 않은 시간으로 연습과 공연에 몰입하기 위해 추구하는 나만의 욜로Yolo, You Only Live Once 라이프이다.

근력 운동과 스트레칭

가끔 사람들에게 "20대 때 나는 철도 씹어 먹었다."라며 농담을 건네곤 한다. 물론 과장이 심했지만 그만큼 나의 20대는 눈부신 체력을 자랑하던 시기였다. 유학 시절 종종 음악 캠프나 오디션 등에 참가하기 위해 내 키만 한 더블베이스를 등에 멘 채 가방과 여행용 캐리어를 양손에 들고 기차와 택시를 갈아타고 이 도시 저 도시 때로는 이웃 나라로 몇 시간씩 이동하기도 하고, 도착하자마자 바로 악기를 꺼내 연주해도 끄떡없었으니 말이다. 그랬던 내가 출산을 하고 맨땅에 헤딩하듯 낯선 육아와 집안일을 배우고 오케스트라 일을 병행하느라 체력이 바닥을 치고 말았다. 그러니 그때의 눈부신 회복력과 체력이 그리운 건 말할 것도 없다.

게다가 30대에 찾아온 부상과 그로 인한 통증은 내 몸에 관심을 기울이는 결정적인 계기가 되었다. 7년 전 계단에서 넘어져 오른팔을 다친 적이 있었는데, 다음날 쉬지 않고 리허설에 출근한 것이 화근이 되어 밤이 되면 더욱 심해지는 통증과 함께 수전증이 생겨 오랫동안 고생을 해야 했다. 현악기 연주자에게 수전증이라니 처음 몇 년간은 적응이 안 돼서 정말 암담했다. 무대에서 수많은 시행착오를 겪고 재활 운동을 병행하며 이제는 내 몸을 더 잘 살피고 이해하게 되었다. 지금은 시간이 흘러 담담하게 얘기할 수 있지만 처음에는 동료들이 수전증을 눈치채면 어쩌나 하는 마음 때문에 아픈 내색도 못하고 내가 꿈꾸던 연주자의 모습에서 점점 멀어지는 것 같아 몸과 마음이 모두 힘든 시간들이었다. 철도 씹어 먹을 것 같은 체력을 자랑하던 20대에는 정말 상상도 못할 일이지만, 끝까지 부상 없이 아프지 않고 건강하게 연주 생활을 마무리하는 것은 나의 중요한 소망이 되었다.

연주 전후의 스트레칭은 나와 여러분이 연주자로 오래갈 수 있게 도와줄 기본 지침이라고 믿고 있다. 특히 더블베이스는 악기 특성상 연주할 때 장력이 센 줄을 누르면서 역동적인 동작이 많이 나오는데, 오케스트라에서 높은 의자에 장시간 같은 자세로 걸터앉아 연주하다 보면 허리나 목 디스크 또는 어깨나 팔에 통증을 유발하기 쉽다. 그래서 평소 근육에 무리가 되지 않는 선에서 연주에 도움이 될 수 있는 근력 운동을 해서 팔과 목, 등 근육을 단련시키고, 연주 전에는 가벼운 스트레칭으로 몸을 움직인 후 리허설에 들어가는 것이 나의 습관이 되었다. 그리고 공연이나 리허설 후에는 많이 사용되어 수축된 상체 근육을 풀어 주며 마무리한다.

메모하는 습관

요즘같이 음악가와 엄마로서 분주한 삶을 사는 나에게 메모하는 습관은 목표를 뚜렷하게 할 수 있도록 도와준다. 메모하는 내용에는 음악적인 아이디어나 영감 외에도 내게 용기를 북돋아 주는 문장들도 있고 불규칙한 리허설과 공연 스케줄 속에서 챙겨야 하는 아이의 일과부터 장바구니 목록까지 다양한 내용들이 포함되어 있다.

메모하는 습관은 벼락치기를 잘하는 나의 게으름에서 비롯되었다. 유학 시절 방학이 되면 큰 악기를 독일에 두고 서울로 가 몇 주 동안 본의 아니게 완벽한(!) 휴가를 보내고 돌아오곤 했다. 어쩔 수 없이 개강 후에는 벼락치기 연습을 해야 했는데 오랜만에 악기를 잡으면 손도 낯설지만 어떤 연습부터 시작해야 할지 몰라 머리가 하얘졌던 경험이 있다. 이럴 때 평소 나만의 연습 루틴이나 포인트를 메모해 둔 것을 참고하면 빠르게 페이스를 찾는 데 도움이 되었다. 이렇듯 메모하는 습관은 연습해야 하는 이유는 알겠는데 어디서부터 어떻게 연습해야 할지 모를 때 도움이 되기도 한다.

스웨터를 짜듯 이어지는 연습

나만의 스웨터를 만들기 위해 수고로움과 정성을 들이는 과정은 악기를 연습하는 과정과 많이 닮아 있다. 결과물이 바로 눈에 보이지 않아 때로는 지루하게 느껴지기도 하지만 꾸준히 그리고 틈틈이 뜨다 보면 어느새 하나의 스웨터가 완성되어 뿌듯함을 느낄 수 있는 것처럼 꾸준하게 연습해 나가야 하는 연주자의 일상은 스웨터를 짜는 과정에 견줄 수 있을 것 같다. 물론 좋은 연주자가 되기 위해서는 충분한 양의 연습이 필요하다. 하지만 예전에 비해 줄어든 연습량으로 불안해하기보다는 남는 시간을 활용해 꾸준히 연습하고 악기를 손에서 놓지 않는 것이 더 중요하다고 되뇌며 스스로 격려하 곤 한다. 일상에 지쳐도 연습의 수고로움을 놓지 않는 나를 칭찬하면서.

따뜻한 음악가를 꿈꾸며

음악가라는 직업을 사람들에게 주목받는 화려한 솔리스트라고만 막연히 생각하던 때가 있었다. 음악 안에 얼마나 다양한 직업이 있는지 몰랐기 때문이기도 하지만 어릴 적 내 눈에 비친 무대 위 독주자의 모습은 빛이 나고 화려하게만 보였기 때문이다. 독일 유학 시절에 한번은 오케스트라에서 오보이스트를 뽑는 오디션에 참관할 기회가 있었는데, 그중 한 참가자의 연주를 듣고 마음 한편이 아련해지며 가슴이 따뜻해지는 경험을 하게 되었다. 오롯이 음악을 통해 세상이 아름답다고 느끼게 된 참으로 은혜로운 순간이었다. 그날 이후 나의 목표는 무대에서 완벽하게 연주해 다른 이보다 빛이 나는 연주자가 되는 것이 아니라 내 음악으로 누군가에게 따뜻한 희망을 건넬 수 있는 연주자가 되는 것으로 바뀌게 되었다. 그렇게 음악을 위한 음악가가 아닌 사람을 위한 음악가가 되는 것이 나의 목표이다. 홀로 빛나는 솔리스트가 아니어도 괜찮다. 내 연주가 누군가에게 세상이 아름답고 희망이 있는 곳이라 느끼게 해 준다면 나는 음악가로 성공한 거라고 생각한다.

음악을 전공했다고 해서 모두가 선망하는 솔리스트나 교수가 되는 것을 목표로 삼아야 할 필요는 없다. 살다 보니 다 각자 맡은 바가 다르고 자기만의 길이 있는 것 같다. 독창적인 재능보다는 꾸준함에 재능이 있었던 내가 독주자보다는 오케스트라 연주자로 적합했던 것처럼 음악에도 보다 다양한 형태의 쓰임과 역할들이 있다. 한 가지 악기를 자유롭게 다룰 수 있을 만큼 익히기 위해 쏟은 노력과 인내심, 성실함, 열정으로 우리가 세상에 도전하지 못할 일은 없다고 생각한다. 나 역시 성공하기도 하고 실패하기도 했다. 그 과정에서 눈물을 흘린 적도 많았지만, 그럼에도 불구하고 내가 음악을 놓을 수 없었던 이유는 음악이 내게 희열을 주었기 때문이다.

오케스트라 연주자가 생계형 연주자가 아닌 음악적 사명감을 갖고 음악 활동을 하는 오케스트라 장인으로 인식되어 후배와 제자들에게 이상적인 롤모델이 되는 것이 나의 꿈이다. 유학 시절 내가 독일에서 오케스트라 단원들을 보면서 오케스트라 연주자를 꿈꾸게 되었던 것처럼 말이다. 또한 서울시향이라는 울타리 안에서 편안하게 안주하기보다 끊임없이 도전하고 성취하며 얻은 노련함으로 시향을 빛내는 자랑스러운 멤버가 되는 것이 나의 목표이다. 연주력은 물론 그와 함께 나이에 맞는 지혜로움과 따뜻한 인성을 지닌 한 개인으로서 주변 사람들에게 사랑과 존경을 받는 사람이 되고 싶다. 그리고 언젠가 더 이상 좋은 연주를 할 수 없는 때가 찾아온다면 아쉬워하기보다는 지난 세월 동안 후회 없이 최선을 다해 연습하고 마음껏 공연했음을 기뻐하며 행복하게 은퇴하기를 꿈꿔 본다.

해 보지도 않고 안 된다고 포기하면 아무런 일도 일어나지 않는다. 타인과 나를 비교하는 마음은 버리고 나의 개성과 강점에 집중하여 내가 가야 할 방향과 목표를 세워 일단 시작해 보자. 가야 하는 방향이 정해진 것도 아니고, 남들과 좀 달라도 괜찮다. 다만 우리는 삶에서 각자 나름의 의미를 찾아야 한다.

미래는 불안해 보이지만 누구에게나 기회와 행운은 찾아온다. 나 또한 불확실해 보이는 미래를 보며 현실 속에서 희망을 찾으려 노력한다. 준비하고 도전하면 무엇이든 할 수 있다. 미래의 동료로서 여러분이 음악과 함께 보다 다양한 곳에서 많은 사람에게 희망을 주는 존재가 되길 응원한다.

♪ 한국과 독일에서 오케스트라 오디션 준비하는 방법

무식해서 용감했던 나의 첫 오케스트라 오디션 경험을 공유하려 한다. 십여 년 전 독일에서 수많은 오디션을 경험했지만, 그중에서도 독일 유학 생활 초반에 경험했던 첫 오케스트라 오디션은 아직도 내 기억에 생생하게 남아 있다.

나의 첫 오디션

하루는 학교 복도 한편에 있는 게시판을 들여다보고 있었는데, 같은 클래스에서 부쩍 친해진 한 독일 친구가 나에게 다가와 게시판에 붙은 한 오케스트라 오디션을 강력하게 추천한다며 이력서 쓰는 법부터 오디션에 지원하는 법까지 한참 동안 너무나 친절하게 알려 주었다. 그 친구의 독일어도 잘 못 알아듣겠고 여러모로 낯설고 서툰 첫 학기라 오케스트라 오디션에는 큰 관심이 없었지만 꼭 해 보라며 적극적으로 설명해 준 친구에게 최소한의 성의라도 보여야 할 것 같았다. 도시 구경이나 해 보자는 마음을 가지고 친구에게 배운 대로 지원서를 써서 오디션에 지원하게 되었다. 며칠 후 나는 오디션 초청장을 받게 되었고 그제서야 급히 악보 가게로 달려가서 오디션 곡이 수록된 오케스트라 엑섭excerpt 악보를 구입했다. 며칠 후 기차를 타고 오디션 장소인 뮌헨으로 가게 되었다. 나는 오디션은 뒷전이고 뮌헨이라는 도시를 구경할 생각에 설레었다.

이렇게 경험하게 된 첫 오디션은 바이에른 국립 오페라 극장 오케스트라Bayerische Staatsoper Orchester 아카데미 오디션이었는데, 그곳이 독일 최고의 오페라 오케스트라인 것도 모르고 나는 그저 씩씩하고 용감하게 오디션장에 도착했다. 한국에서 경험한 여느 콩쿠르와 비슷한 분위기였다. 1,2차 라운드에서는 상당히 많은 단원 앞에서 독주곡과 약간의 엑섭을 연주했는데 분위기가 꽤 좋게 느껴졌다. 스무 명 정도의 지원자들 중에서 나를 포함한 두 명이 통과자 이름에 호명되었다. 나는 파이널 라운드를 준비하라는 말을 듣고 슬슬 걱정이 되었다. 혹시 합격하면 어떡하지 이사를 해야 하나 학교는 어떻게 하나 뭐 이런 말도 안 되는 걱정을 했다. 그러나 이건 괜한 고민이었다. 파이널 라운드에서 오케스트라 엑섭만 여러 곡 연주하게 되었는데 열심히 악보를 읽으며 연주하는 내 손가락이 낯설게 느껴졌다. 1,2차 때와는 달리 묘한 분위기가 느껴졌고 결과는 탈락이었다.

그날 저녁 뮌헨에서 쾰른으로 돌아가는 기차 안에서 선생님의 전화를 받았다. 지금이야 스마트폰 시대이지만 15년 전 독일에서는 핸드폰이 문자를 주고받는 용도로 주로 사용되었고 짧은 통화만 가능했기 때문에 정말 급한 일 외에는 핸드폰을 사용하지 않던 때였다. 선생님은 "정민, 혹시 오늘 뮌헨에 갔니? 세상에, 너 거기서 뭐 했니? 쾰른으로 당장 돌아와!" 이렇게 세 마디를 하고 전화를 끊으셨다. 갑자기 이게 무슨 말인가 싶어 의아했다. 나중에 들어 보니 바이에른 오페라 오케스트라의 더블베이스 섹션 중 한 사람이 선생님의 지인이었고, 내가 적어 낸 이력서의 학교 이름을 보고 연락을 해 준 것이었다. 나 때문에 그날 오디션이 매우 혼란스러웠다는 이야기였다. 1,2차에서 나를 뽑아야겠다는 의견이 모아지는 분위기였는데 파이널 라운드에서 엑섭 준비가 전혀 안 된 모습으로 나타난 나를 보고 다들 너무 놀랐다는 것이었다. 단원들이 황당해했을 모습을 상상하니 뒤늦게 부끄러웠고 조금 더 일찍 준비했더라면 하는 아쉬움이 밀려왔다. 우리 선생님은 어떻게 준비도 안 하고 오디션에 가냐며 배짱 한번 좋다고 말씀하셨다. 그러나 가능성이 있어 보인다면서 앞으로 오케스트라 엑섭 교재를 체계적으로 공부하자고 하셨다. 그때 첫 오디션에 붙었더라면 나의 오케스트라 연주자로서의 인생이 어떻게 달라졌을지 모르는 웃기지만 슬픈 경험이었다. 그렇지만 그 일을 계기로 오케스트라 엑섭을 본격적으로 진지하게 공부하게 되었던 것 같다. 그렇지 않았으면 이전과 같이 유학 기간 내내 독주곡에만 애정을 쏟았을지도 모를 일이다.

그날 이후 나는 엑섭을 한 곡씩 배워가며 도서실에서 유명 오케스트라의 LP 음반을 찾아서 꼼꼼히 듣고 틈틈이 쾰른판 예술의전당이라고 할 수 있는 쾰른필하모니로 찾아오는 미국과 유럽의 주요 오케스트라 공연도 보고 들으며 오케스트라의 매력을 하나씩 알아가기 시작했다. 그동안 내가 미처 보지 못했던 더블베이스의 또 다른 세계가 열리는 느낌이었다. 그렇게 더블베이스의 새로운 가능성을 발견하고 오케스트라 오디션을 준비하며 조금씩 엑섭 연주에 자신감이 붙게 되었다. 그러던 중 독일 함부르크에 있는 북독일방송교향악단 오디션에 합격하여 1년간 오케스트라에서 앙상블의 희열을 느끼는 꿈같은 시즌을 보내기도 했다.

독일 오케스트라 오디션 준비

독일은 오케스트라의 천국답게 많은 오케스트라와 다양한 포지션들이 있어 어떻게 보면 우리나라보다 입단할 수 있는 기회가 많은 편이다. 먼저 오디션에 접수하기 전에 공지를 보고 어떤 오케스트라의 어떤 포지션을 위한 오디션인지 파악해야 한다. 한국의 경우

각 오케스트라 사이트의 공지 사항을 일일이 확인해야 하는 번거로움이 있는 반면, 독일의 경우는 매달 발행되는 오케스트라 전문 잡지 《다쓰 오케스터Das Orchester》 또는 해당 웹 사이트(dasorchester.de)를 통해 매월 올라오는 독일과 인근 유럽의 다양한 오케스트라 구직 광고를 한꺼번에 볼 수 있어 매우 편리하다. (최근에는 많은 구직자가 vioworld.de 또는 muvac.com이라는 웹 사이트를 활발히 이용하고 있다. 그 외에 미국과 유럽에서 가장 많이 활용하는 곳은 musicalchairs.info라는 웹 사이트이다.)

오디션을 접수할 때 필요한 것은 오디션 지원서와 이력서인데 지원만 한다고 해서 모두가 오디션 초청장을 받는 것은 아니다. 이력서는 학력이나 콩쿠르 입상, 독주회 경력보다는 오케스트라 경력 위주로 잘 써야 한다. 초청장 받을 확률을 높이기 위해 만약 한국에서 프로 오케스트라의 객원 경험이 있다면 그 내용까지 빠짐없이 이력서에 쓰는 것이 초청장을 받는 데에 유리하다. 서울시향의 경우, 이력서 외에도 연주 영상을 함께 제출해야 한다.

각 오케스트라에서 원하는 과제곡은 다르기 때문에 미리 다 알고 준비할 수는 없지만, 대부분 엑섭 교재에서 선정되므로 평소에 공부하고 연습해 놓으면 도움이 된다. 자유곡 두 곡은 시대가 다른 고전과 낭만 협주곡에서 템포가 다른 1, 2악장을 각각 미리 준비해 두면 좋다.

까다로운 오디션 과정

오케스트라 오디션은 솔리스트를 뽑는 게 아니라 함께 연주할 수 있는 동료를 찾는 오디션임을 잊지 않아야 한다. 그리고 심사 위원들은 엑섭 연주를 통해 기본기와 유연함을 볼 뿐만 아니라 자신들과 앙상블이 가능한 사람인지 아닌지를 파악하기 때문에 생각보다 엑섭이 독주곡보다 중요하다. 카덴차cadenza처럼 자유롭거나 독특한 해석은 지양해야 한다.

악기마다 연주하기 까다로운 것만을 골라 모아 놓은 것이기 때문에 엑섭이 독주곡보다 연주하기가 훨씬 어렵다고 생각한다. 엑섭을 제대로 연주한다는 것은 정확한 테크닉 외에도 각 곡의 맥락에 맞게 연주하는 것을 뜻한다. 따라서 독창적으로 해석하기보다는 작곡가가 악보에 요구한 템포와 분위기, 지시 사항을 정확하게 파악하여 그대로 연주하는 것이 더욱 중요하다.

한국과는 달리 독일에서는 오디션 직후에 결과가 발표된다. 그리고 오디션 참가자 모두가 단원들로부터 코멘트를 받을 수 있는 시간이 주어지는데 합격 여부를 떠나 이 시간이 굉장히 유익하다고 생각한다. 나의 연주에 대해 제3자로부터 객관적으로 짧고 굵게 평가를 받을 수 있기 때문이다. 물론 뛰어난 실력으로 한두 번 만에 오디션에 합격하는 경우도 있지만 대부분의 학생들은 나처럼 여러 오디션 경험을 통해 성장해 나간다. 독일에서 내가 경험한 좋은 오케스트라 멤버들은 타고나는 게 아니라 성장해 나가는 이들이었다. 그러니 오디션 경험을 일단 많이 쌓도록 하자.

한국의 경우 오케스트라마다 약간의 차이가 있으나 지휘자와 악장 외에 수석 단원 혹은 외부 심사 위원으로 구성된 심사 위원단이 오디션에 참가하는 반면, 독일은 지휘자와 악장, 단원들이 모두 공평하게 투표권을 한 표씩 나누어 갖는다. 평생 함께 연주해야 하는 동료를 내 손으로 직접 뽑는 이런 과정들이 '우리의 오케스트라'라는 책임감과 자부심, 남다른 결속력을 지닌 독일 오케스트라를 만드는 비결일 수도 있겠다는 생각이 든다.

오디션에서 높은 점수를 받아 합격한다 해도 바로 채용이 되는 한국과는 다르게 독일에는 6개월에서 길게는 2년의 수습 기간이 있다. 적절한 비유일지 모르겠지만 나는 이 수습 기간이 마치 결혼을 앞두고 가족이 될 수 있을지 서로를 점검하는 기간과 비슷하다고 생각한다. 이 기간에 연주력이나 앙상블 능력 외에도 멤버들과의 조화 및 근면성, 인성까지 보고 평생 동료로 남아도 좋을지를 단원들이 결정해 투표를 한 후에 과반 이상의 표를 얻어야 정식 단원으로 채용이 된다. 신입 단원에게는 매우 혹독하지만 오케스트라 앙상블의 기본이 되는 화합을 위해서는 효과적인 시스템이라고 생각한다.

독일 오케스트라의 객원 단원 시스템

현장에서 직접 교육을 받으며 기술 장인을 키워내는 마이스터Meister 제도로 유명한 독일은 오케스트라 분야에서도 프락티쿰Praktikum이나 아카데미Akademie 같은 다양한 시스템을 통해 미래의 오케스트라 단원들을 양성한다. 각 명문 오케스트라가 졸업생을 배출하듯 1-2년간 후계자를 양성하는데 인턴과 비슷한 프락티쿰과 섹션 내에서 정해진 멘토에게 레슨도 받고 연주에도 참여할 수 있는 아카데미가 있다. (물론 프락티쿰도 원하는 경우 레슨을 받을 수 있다.) 선발 과정을 거쳐 정식 구성원이 되는 실습 과정을 밟는 부분은 비슷하나 프락티쿰은 급여에 대한 세금을 내고, 아카데미는 신분이 학생이라 세금이 없다는 차이가 있다. 그리고 단원이 출산 휴가, 육아 휴직, 병가로 인한 장기 휴직을 하게 될 경우 그 기간만큼 기간제 계약 단원인 차이트페어트락Zeitvertrag을 뽑아 휴직 단원의 빈자리를 채우도록 한다. (이처럼 독일에서는 단원이 출산, 육아, 병가를 이유로 언제든 원하는 만큼 휴직하고 돌아올 수 있도록 체계적으로 제도화해 놓았기 때문에 단원의 복지 시스템이 상당히 우수한 편이다.) 마지막으로 우리나라의 객원 단원과 비슷한 아우스힐페Aushilfe가 있다.

심포니 오케스트라와 오페라 오케스트라

독일에는 다양한 오케스트라가 각 도시마다 그 도시의 상징처럼 포진해 있다. 대부분 오랜 시간 동안 정치나 여러 외부 요인에 큰 영향을 받지 않고 신구 세대의 이상적인 교체와 조합을 거치며 발전해 온 시스템을 체계적으로 구축하여 각자의 전통을 지켜오고 있다. 각 오케스트라는 지역에 따라, 또 심포니 오케스트라나 오페라 오케스트라에 따라, 방송국 오케스트라도 텔레비전 방송국 소속인지 라디오 소속인지에 따라 오케스트라 분위기, 주요 공연 프로그램, 전통적인 음색, 앙상블 스타일까지 저마다 조금씩 다르다.

그중에 가장 잘 되어 있다고 느낀 것은 심포니 오케스트라와 오페라 오케스트라의 분리였다. 심포니 오케스트라는 주로 교향곡 같은 심포니 레퍼토리나 협주곡 위주의 프로그램을 연주한다. 오페라 오케스트라는 합창단, 발레단과 함께 오페라, 발레곡을 주로 연주하기 때문에 주요 레퍼토리에 대한 각 오케스트라의 전문성이 느껴진다.

우리나라의 경우 심포니와 오페라 오케스트라가 분리되어 있지 않다는 점이 특징이라면 특징이다. 대부분의 오케스트라가 심포니 레퍼토리에 집중되어 있고 발레나 오페라 반주는 기획 공연의 형식으로 드물게 올리는 실정이라 국내 주요 오케스트라들 간의 캐릭터가 겹치는 것이 살짝 아쉽다. 아주 극히 적은 수의 오케스트라들만이 오페라 오케스트라 역할을 함께 맡고 있다. 그러한 배경에는 오페라 오케스트라가 설 수 있는 오페라 하우스가 우리나라에 없다는 점이 큰 영향을 주었을 것이라고 생각한다.

심포니 오케스트라가 주로 연주하는 프로그램들은 오페라나 발레곡보다는 길지 않지만, 오케스트라 자체가 주목을 받기 때문에 연주자들에게는 단거리 달리기 선수들처럼 고도의 정확성을 위한 민첩성, 순간의 집중력 등이 요구된다. 한편 오페라와 발레곡은 한번 시작하면 몇 시간씩 연결되는 긴 공연 시간과 횟수로 인해 체력 부담이 크기 때문에 오페라 오케스트라 연주자에게는 장거리 선수들과 같은 지구력과 유연성이 필요하다고 생각된다. 지휘자와 오케스트라가 주인공인 심포니 오케스트라와는 다른 방식으로, 무대 밑 어두운 오케스트라 피트에서 때로는 화려하고 달콤한 멜로디로 발레곡을 연주하고 때로는 극적인 드라마와 아름답고 서정적인 아리아를 든든하게 받쳐 주며 오페라곡을 연주하는 오페라 오케스트라도 매력적이다.

음악가의 다양한 직업 중의 하나인 오케스트라 연주자. 그 안에도 이렇게 다양한 종류의 오케스트라들이 있다. 각자의 원하는 바, 사랑하는 음악의 형태에 따라 본인이 원하는 오케스트라에 지원해 보자.

PIANIST

김민경

가곡과의 운명적인 만남에 이끌려 독일로 떠난 피아니스트. 벤치에 앉아 바람에 흩날리며 햇빛에 반짝이는 나뭇잎들 바라보기를 좋아하는 사색가이기도 하다. 때로는 세상의 다양한 모습에 낯설어하며 움츠러들고 소심해지기도 하지만 늦었다고 생각하기보다 언제나 지금이 그때라고 생각하며 새로운 세상 속에 뛰어드는 것을 두려워하지 않는 용기가 있다. 피아노만 알던 어린 시절에 음악 세상의 다양함을 알려 준 작곡, 바이올린, 성악 수업을 비롯하여 대학 시절에 들었던 교직 수업과 공연기획팀에서의 활동, 그리고 지금까지 만나 온 수많은 파트너와의 경험들은 세상을 바라보는 다양한 시선을 길러 주었다.

MINKYUNG KIM

서울예술고등학교와 이화여자대학교에서 피아노를 전공하고 독일 만하임 국립음악대학 Hochschule für Musik und Darstellende Kunst Mannheim 에서 가곡반주Liedgestaltung를 전공했다. 현재는 한국가곡학회 전속 피아니스트, 앙상블 '더 끌림The KLeeM'의 음악 감독, 그리고 'ONE 오페라단'의 음악 코치로 다양한 음반 녹음과 공연에서 활동 중이다. 음악을 향한 사랑은 행복을 느끼게 하고 건강한 신체와 마음은 여유를 누리게 하기에 다른 이들과 이를 공유하는 과정이 참으로 아름답다고 생각한다. 그렇기에 음악과 함께하는 인생의 가치를 알리며 식지 않는 열정으로 꿈을 향해 달려가는 음악가로 남고 싶다.

무대 위의 동반자,
반주 전문 피아니스트

피아노는 음악을 시작하는 첫 번째 악기로 많이 선택된다. 아마도 집 주변의 피아노 학원을 통해 쉽게 접할 수 있는 악기이기 때문일 것이다. 피아노를 전공하는 사람들은 대부분 초등학교 이전에 피아노를 처음 접하고 예고와 음대를 졸업하기까지 최소 15년 이상을 피아노 솔리스트로 살아간다. 그러나 시간이 지나면서 예외 없이 앙상블 연주자로 활동을 하게 된다. 앙상블 활동은 두 명 이상의 사람이 모여 즐겁게 음악을 만들며 음악을 있는 그 자체로 즐길 수 있는 하나의 음악 분야로, 각각의 악기(사람의 목소리 포함)들이 음정, 리듬, 음색 등의 세세한 부분까지 조율하면서 조화를 이루는 연주를 보여 준다. 앙상블에서 피아노 부분의 난이도나 비중에 따라 피아니스트를 칭하는 호칭이 달라지지만 적어도 나에게는 피아노를 통해 서로 협력하는 과정에서 발생하는 음악적 희열을 느끼기에 이보다 더 좋은 분야는 없다.

♪ 반주자의 의미와 역할

반주와 반주자의 정의부터 알아보자. 반주는 노래나 기악의 연주를 도와주기 위하여 옆에서 다른 악기를 연주하는 것이다. 반주자는 반주하는 사람, 성악이나 기악에서 노래나 주요 악기의 연주를 보조하거나 부각시키기 위한 연주를 하는 사람을 뜻한다. 반주자의 사전적 의미는 너무도 간단하지만, 솔로 연주자들의 동반자로서의 역할을 하는 반주자는 무대 위에서 파트너를 빛나게 할 수도 있고 반대로 빛이 바래게 할 수도 있는 중요한 자리이다.

반주자의 역할

내가 독일에서 유학할 때 접했던 반주를 뜻하는 단어들을 잠시 살펴보고자 한다. 사전적 의미를 잠시 적어 본다면 독일어 베글라이퉁Begleitung은 반주라는 뜻 외에 동행, 동반자의 뜻이 함께 있다. 내가 전공한 리트게슈탈퉁Liedgestaltung이라는 단어 또한 가곡을 뜻하는 'Lied'를 제외한 부분을 보면 설계, 형성, 구성이라는 뜻이 있다. 독일뿐 아니라 미국에서도 반주자는 'collaborative pianist'라고 불린다. 그렇다. 반주자는 보조하기 위한 사람이 아니라 무대 위의 동반자이며 함께 음악을 설계해 가는 사람인 것이다. 음악 전체의 구조를 보여 주는 반주부는 솔리스트의 부분을 제외하고 연주해도 전혀 어색함이 없는 곡들도 많기에, 반주자는 보조 역할에서 머무르면 안 되는 위치에 있다고 볼 수 있다.

하나의 공연을 준비하면서 솔리스트와 반주자는 보통 열 번 내외의 만남을 가진다. 그보다 횟수는 적을 수도 또는 많을 수도 있지만 그건 중요하지 않은 것 같다. 함께 숨 쉬고 서로에게 공감하며 음악에 대한 방향성을 맞춰 서로 다른 두 사람이 하나가 되어 가는 작업 자체가 아주 매력적이기 때문이다. 공연 1회를 나의 프로필에 추가한다는 '경력란 한 줄 더하기'식의 마음가짐만 버린다면, 때로 음악적 동반자는 가족 이상의 의미를 가질 수도 있을 것이다. 즉 무대 위에서나 무대 밖에서 동반자는 서로의 희로애락을 공유하고 가족도 이해하기 어려운, 그 무엇으로도 설명하기 힘든 내면의 무언가를 함께 해 주는 존재가 될 수도 있다. 공을 주고받듯이 서로의 소리에 귀를 기울이고 각자의 방법으로 서로를 도우면서 조화를 이루는 환상적인 무대는 반주자로 살아가는 기쁨을 누리게 해 줄 것이다.

반주자의 필수 요건

피아노 연주를 좋아해서 시작했지만 반주자라는 직업인으로 살다 보면 과연 내가 제대로 나의 역할을 하고 있는지에 대해 고민하는 시기가 찾아온다. 어느 순간에는 나의 의지와는 상관없이 무한히 반복되는 연습 속에서 내가 노래방 기계가 된 것만 같은 기분이 들 때도 있다. 그러나 반대로 학생들을 지도하거나 공연을 준비하는 과정에서 어제와는 다르게 개선되어 가는 파트너들의 모습을 보면 뿌듯함에 잠 못 이룰 때도 있다. 이렇듯 수많은 고뇌 속에서 내가 하는 일에 대한 애착을 형성하고 스스로에 대한 자신감과 신뢰감을 키워 가기도 한다.

반주자는 혼자가 아닌 다른 사람과의 관계를 기초로 하는 직업군에 속한다. 혼자 무대를 책임져야 했던 피아노 솔리스트가 아닌 반주자를 직업으로 택했다면 무대 위의 동반자로 성장하기 위해 무엇이 필요한지 생각해 볼 필요가 있다.

· 모든 것은 악보 위에

우리가 접하는 클래식 음악은 서양에서 시작되었기 때문에 음악 용어들은 모두 한국어가 아니다. 그래서 반주자들은 성악곡의 가사 번역을 하는 것 외에 표면적으로 보이는 악보 위의 악상 및 표현들을 이해해야 한다. 또한 혼자만의 무대가 아닌 둘 이상의 사람들이 만들어 가는 무대를 위하여 나의 언어를 이해시키고 상대방의 언어를 이해할 수 있어야 하는데 그러려면 무엇보다도 악보 위의 언어와 음표들에 대한 열린 마음이 필연적으로 동반되어야 한다. 많은 곡에서 반주자들은 파트너들보다 먼저 소리를 내는 사람이기에 음악적 언어에 대한 준비를 철저히 해야 한다. 작곡가의 의도를 존중하며 사전, 논문, 각종 서적을 통해 항상 연구하는 반주자는 음악을 이해하고 표현하는 데 있어서 실패할 확률이 낮다.

· 소리를 잘 듣는 것

나는 대학에 입학한 후부터 성악과 기악을 가리지 않고 반주를 맡아왔다. 수백 곡의 가곡 녹음과 수백 회의 공연을 하면서 많은 사람과 거의 20여 년 일하다 보니 대가들은 역시 다름을 느낀다. 소위 대가라고 불리는 분들과의 작업은 많은 대화를 나누지 않아도 어느 순간 내가 그분들의 음악에 스며들게 되고 그분들 또한 나와 같은 방향으로 가고 있음을 느낄 수 있었다. 반대로 음악에 대한 신념이나 확신이 적은 사람들과는 마디마디 의논을 많이 하더라도 그런 자연스러움을 쉽게 느끼기 힘들었다. 그 이유는 충분한 테크닉 습득의 과정을 지나 파트너와 음악적 분위기와 색깔을 맞추고 음량의 균형 등을 맞추며 성공적인 연주를 하기 위해서는 그 연습 과정에 '소리를 잘 듣는 것'이 바탕이 되어야 하기 때문이다.

나는 독일이나 러시아, 일본 등에서 해외 공연을 할 때 청중들이 음악의 가치와 음악가의 고뇌를 높이 여기고 마음에 새기듯이 음악을 듣는 것 같다고 느꼈다. 연주자가 학생의 신분이건 아니건 상관이 없었다. 내가 본 그들이 일부일지 모르겠지만 공연장의 객석을 메운 이들은 클래식 애호가로 보이고 싶어 허세를 부리는 것이 아니라 음악을 진심으로 느끼고 싶어 찾아온 이들이었다. 우리는 음악의 매력에 빠진 이들뿐 아니라 이제 막 음악을 접하기 시작한 이들의 귀와 마음에도 잘 전달되도록 모든 음을 정성 들여 잘 듣고 잘 표현하는 연주를 해야 한다.

· 오케스트레이션 공부

오케스트라의 축소판과 같은 피아노는 누구나 건반을 누르면 모든 음을 쉽게 낼 수 있다. 그런데 피아노가 오케스트라 소리를 낼 수 없다고 생각하는 사람들이 있을지도 모르겠다. 오페라 스코어score(총보, 각 악기별 또는 성부별로 된 여러 악보를 한데 모아 한눈에 전체의 곡을 볼 수 있게 한 악보)를 피아노 악보로 편곡한 경우에 악기들의 약자를 볼 수 있다. 이는 피아노가 다채로운 음색과 폭넓은 표현으로 불가능을 가능으로 만들 수 있는 악기임을 말해 준다. 실질적으로 오페라 전체를 반주하면서 열 개의 손가락으로 피아노가 아닌 해당 악기의 소리가 느껴지도록 제대로 잘 표현해 내기란 쉽지 않다. 그러나 피아노 소리가 현악기 소리가 되었다가도 혼, 트럼펫, 피콜로 등과 같은 관악기 소리를 내기도 하며 때로는 타악기 소리가 나도록 연주하는 반주자는 정말 매력적이지 않을까? 부드러운 오케스트라 음색을 내어 주면서도 모든 악기가 동시에 연주될 때 우주의 에너지를 모아서 주는 것과 같은 웅장함을 주는 오케스트라는 정말 멋지다. 오케스트레이션을 잘 이해하고 있다면 풍부한 음색을 지닌 반주자가 될 수 있다. 그리고 연주 소리가 공연장에서 빛날 수 있도록 에너지를 주는 진정한 반주자로 성장할 수 있을 것이다.

무대는 나의 선생님

대부분의 음악도는 예고와 음대를 졸업하고 유학이라는 길을 선택한다. 나는 유학을 다녀와 다시 한국에서 대학원을 들어가는 동료들도 많이 봤다. 이렇듯 배움의 길은 끝이 없고 배울수록 어려워졌다가 쉬워졌다가를 반복하는 과정의 연속이다. 끝나지 않는 배움의 갈증을 해소하기 위해 선택한 학교에서 교수님의 지도는 졸업이라는 제한된 시간 안에서 진행되지만, 적어도 무대에서 지속적으로 선생님을 만나려고 노력한다면 이별의 시간을 늦출 수 있다.

내가 디플롬Diplom 과정을 마쳤을 때 한국에서 일자리 제안이 들어왔다. 나는 고민을 했다. 선생님의 보호 아래 관리받는 학생의 길을 더 유지할 것인가, 아니면 현실과 마주할 것인가. 그때 선생님의 답은 간단했다. 학교에서 배울 수 없는, 무대 위에서만 배울 수 있는 그 무언가를 찾아 떠나기를. 하지만 지금까지 공부해 온 것과 같이 공부의 끈을 놓지 말라고 하셨다. 그 말씀 덕에 나는 지금도 무대라는 제2의 선생님을 통해 하루하루 성장해 가고 있다. 선생님의 말씀처럼 새로운 곡들을 접하고 수많은 고민을 하며 무대에 오르면 매번 다른 파트너들과 매번 다른 위기 상황들을 경험하게 되는데 무대는 그 자체로 여전히 나에게 가르침을 준다. 무대는 적어도 다음에 비슷한 상황이 생긴다면 어떻게 해야 할지 가르쳐 주고 대비할 수 있도록 해 주는 든든한 나의 선생님이다.

언제나 완벽하게 준비된 파트너들과의 완벽한 무대만 있으면 좋겠지만 실제로는 그렇지 않을 때가 많다. 우선 성악가들과의 작업에서는 종종 감정이나 분위기에 휩쓸려 악보에 적혀 있는 대로 연주를 하지 않거나 컨디션 난조로 호흡이 가슴까지 차올라 숨 쉴 타이밍이 점점 밀린다거나 음가가 짧아지고 리듬이 부정확해지는 등의 상황들을 만날 수 있다. 또한 도돌이표를 무시하거나 간주를 무시한 채 바로 2절 또는 3절 부분을 부르는 경우도 있고 반대로 특정 부분을 반복하면서 조를 바꾸는 아찔한 상황까지 마주할 수 있다. 마음만은 언제나 연주자와 함께해야 한다. 하지만 무작정 따라가 맞춰 주기만 하는 반주자는 성악가를 숨 막혀 죽기 직전의 상황까지 몰고 갈 수도 있다. 그렇기에 반주자가 몸으로 익힌 겉으로는 보이지 않는 내부의 메트로놈과 임기응변 실력은 무대 위에서 모두가 웃으며 살아 돌아올 수 있게 해 주는 역할을 한다.

그렇다면 반대로 기악과 작업할 때는 어떠한가? 관악기를 제외한 악기들은 숨을 쉬지 않아도 소리를 낼 수 있는 장점이 있다. 피아노도 단순하게 건반만 누르면 소리가 나기 때문에 때로는 숨도 안 쉬고 정신없이 앞으로만 달려간 경험이 누구에게나 있었으리라. 나 또한 피아노 솔리스트로 연주하는 길을 걸어왔기에 누구보다 잘 알고 있다. 그렇지만 반주자들은 성악가처럼 '호흡'하며 연주하는 법을 꼭 익히라고 말해 주고 싶다. 성악가가 노래할 때 호흡하듯이 기악 연주자와 함께할 때에도 숨을 쉬면서 반주하면 음악이 살아 움직이기 시작하고 청중들도 함께 호흡하기 시작한다는 것을 잊지 않아야 한다. 일방통행이 아닌 쌍방향의 교감이 오가는 무대는 연주자에게 큰 선물이 될 것이다.

이렇게 다양한 무대 경험을 통하여 악보와 파트너를 온전히 파악하고 무대에 오르는 반주자는 언제 다가올지 모르는 무대 위의 위기 상황을 청중이 모르는 사이에 모면하게 해 주는 센스를 겸비한 조력자로 성장하게 된다.

반주자로서의 전망

반주과가 한국에서 정식으로 개설되고 하나의 분야로 인정되기 시작한 건 다른 전공에 비해 그리 오래되지 않았다. 다행히 대학원 과정에 반주과가 있어서 피아노 전공생들이 한국에서도 반주를 공부할 수 있는 기회가 열려 있다. 반주를 공부하고 나면 다른 전공들과 같이 대학교수나 강사도 될 수 있으며 각종 오페라단과 합창단 반주자로서 월급을 받는 직업을 가질 수도 있다. 그러나 주변을 둘러보면 알 수 있듯이 반주를 전공한 사람뿐 아니라 피아노를 전공한 사람들도 많기 때문에 실제적으로 반주자의 공급은 수요보다 많을지도 모른다. 그중에는 피아노 솔리스트로 활동하기엔 부족한 테크닉을 지녔거나 생계를 위하여 어쩔 수 없이 반주자의 길을 걷는 사람들도 포함되어 있겠지만 제대로 목표 의식을 가지고 반주를 전공하기 위해 자신만의 차별화된 노하우를 가지려고 노력하는 사람들이 분명히 있다. 반주자는 클래스 반주자 역할의 비중이 높은 반주 강사로 일하는 경우가 많으나 솔리스트 연주자들에게 음악 코치로서 실질적인 조언을 하며 음악적 견해를 표현할 수 있는 음악 감독으로서도 활동할 수 있다. 나만의 노하우를 구축하고 반주자로서의 다양한 자질을 기르는 노력을 꾸준히 한다면 그 전망은 밝을 것이다.

클래식 음악가들이 알아야 할 음악 단체

음악 관련 단체는 셀 수 없이 많은데 클래식 음악가들에게 아직은 낯설지만 도움이 될 한국예술인복지재단과 한국음악실연자연합회를 소개하려고 한다. 한국예술인복지재단은 예술인들이 활동 증명 절차를 통해 창작 기금을 신청하면 지원해 주기도 하고, 조건에 따라 받은 그 기금으로 공연을 기획해 무대에 올릴 수 있도록 도움을 주기도 한다. 예술인의 권익 보호와 복지에 힘쓰며 각종 상담을 해 주기도 하고 예술인 지원 및 채용 등의 정보를 제공해 주는 단체이다. 한국음악실연자연합회는 음악 실연자의 저작권을 관리하고 분배해 주는 단체인데, 아직은 작사·작곡가에 비해 많은 수익을 얻을 수 없어 분배 금액이 미비한 수준이라서 클래식 분야 종사자는 이 단체에 가입하는 것으로 큰 수입을 기대하긴 힘들다. 그러나 음반을 녹음했다면 각종 음악 스트리밍 서비스나 라디오에서 흘러나오는 나의 연주 소리를 듣는 기쁨도 누리면서 실연자의 권리도 찾기를 바란다. 상대적으로 연극계나 국악계, 그리고 대중음악계와 비교했을 때 실질적인 혜택이 적은 게 현실이지만 꾸준히 노력하고 관심의 목소리를 높여 간다면 미래의 음악가들에게 힘이 되어 줄 수 있을 것이라 기대해 본다.

♪ 프리랜서로 균형 있게 일하기

많은 음악가가 소속이 없이 프리랜서로 일을 하고 있으며 반주자들도 대부분 프리랜서로 일을 하고 있다. 프리랜서로 일하는 사람들은 본인의 상황에 맞게 일의 양과 시간을 조절하여 쓸 수 있지만 대신 홀로 모든 것을 책임져야 한다. 1인 기업으로 연주자, 매니저, 홍보팀장, 재무 관리자 등등 여러 역할을 해내지만 개인적으로 마음에 든 공연이었을지라도 다음 섭외 전화로 연결될지는 알 수 없다. "오늘 정말 우리 최고였어요.", "다음에 또 봬요." 식의 인사는 "우리 언제 밥 먹어요."와 다르지 않기에 다음 섭외 전화가 올 때까지 기다림에 지쳐 때로는 불안하기도 하다. 하지만 첫술에 배부를 수 없듯이 시간이 지나면서 점차 형성된 인맥들과 차곡차곡 쌓인 직업 전문성으로 처음의 걱정들은 점차 줄어들 것이다.

일정 관리의 중요성

프리랜서에게는 일이 일정하게 주어지기 쉽지 않다. 나의 경우는 한 달에 100개 이상의 새 악보를 받고 여러 개의 공연 준비를 동시에 진행해야 할 때도 있고, 한 달 동안 20-30개 정도의 악보만으로 일해야 하는 달도 있다. 이는 프리랜서에게는 일 년 동안 일이 전혀 없는 달도 있으며 넘쳐서 감당이 안 되는 달도 있다는 의미로 해석될 수 있다. 반주자는 다른 음악 분야 프리랜서들보다는 상대적으로 일감이 많은 편이다. 성악가나 현악 및 관악기 연주자로 활동하는 연주자는 꾸준히 있으며, 뮤지컬, 발레, 오페라 등에서도 다양하게 반주자를 찾기 때문이다. 또한 피아노나 반주를 공부하는 학생들을 가르치는 선생님으로도 활동할 수 있다. 그리고 유학을 다녀왔다면 번역이나 통역의 기회도 얻을 수 있다. 이처럼 반주자는 다양한 모습으로 활동하기에 많은 일정을 즐겁게 소화할 수 있도록 관리를 잘해야 한다.

실력만이 살길

반주자는 보통 돈을 받으며 일하는 직업이다. 주변을 보면 일한 대가로 받는 금액이 크기 때문에 공연을 의뢰한 상대방을 무조건적으로 배려하는 이들이 있다. 하지만 나는 상대에 따라서 배려를 달리해야 한다고 생각한다. 내가 반주하면서 인격적으로나 음악적으로 배울 수 있는 분에게는 겸손함을 장착하고 가서 일할 수 있다. 하지만 내가 음악 감독이나 음악 코치와 같이 구체적으로 큰 역할을 해야 하는 경우나 공연을 의뢰한 분이 조언을 매우 필요로 하는 경우라면 거침없이 목소리를 내주는 것이 상대를 위한 배려일 수 있다. 물론 이렇게 목소리를 내기 위한 조건은 그들이 나를 찾을 수밖에 없도록 실력을 갖추는 것이다. 내 이름이 브랜드화가 되어 사람들 머릿속에 기억된다는 것은 20년 전부터 반주자로 일해 왔지만 여전히 개런티가 같은 사람과 처음과 전혀 다른 개런티를 받는 사람 간의 차이를 만든다.

자율 의지로 정한 휴식기

연주자의 몸은 영원하지 않다. 피아노 연주자들뿐만 아니라 기악 연주자들은 손목이나 목, 허리 등의 통증으로 짧으면 한 달, 길면 1년 이상 연주 활동을 멈추어야 하는 경우가 있다. 성악가들은 성대 결절 등의 이유로 말하는 것도 조심해야 하는 상황이 있을 수 있다. 또한 살다 보면 헤어 나오기 힘든 슬럼프를 겪을 수도 있고 사고나 큰 병으로 일상생활을 일시적으로 멈춰야 할 경우도 있다. 그래서 평상시에 자율 의지로 만드는 휴식기는 완벽한 무대를 선보여야만 하는 나에게 재충전의 시간이 되어 주고 성장의 동력이 되어 준다. 다양한 상황에서 주어지는 휴식기는 어찌 보면 여유나 나태함이라는 이름으로 불릴지 모르겠지만, 사람들과의 관계에서 오는 스트레스가 해소되는 동시에 과한 연습과 공연으로 안 좋아졌던 건강이 회복되는 활력소의 역할을 할 것이다. 그래서 연주자라면 강제로 잠시 정지되어 어쩔 수 없이 쉬는 것 말고 자율 의지로 휴식기를 정해 그 시간을 마음껏 즐기며 쉴 수 있으면 좋겠다.

파트너의 필요성

나는 한국가곡학회의 전속 피아니스트로 매년 정규 앨범 녹음을 비롯해 다양한 작곡가와 작사가, 그리고 단체에서 의뢰받은 음반 녹음

작업과 연주회를 지속해서 하고 있다. 성악을 위주로 움직이는 오페라단과 합창단에서 음악 코치로 활동을 하고 있으며 기악 앙상블 '더 끌림The KLeeM'에서는 음악 감독 겸 피아니스트로 활동 중이다. 나는 이 팀들과 짧게는 7년에서 길면 17년째 인연을 이어 오고 있다. 몇몇의 소속 단체가 있다는 것은 프리랜서에게 의지가 된다. 일이 있고 없음을 떠나 혼자가 아니라는 심적 안정감을 주고, 함께 음악을 공부하고 그로 인해 음악의 깊이를 유지할 수 있도록 자극을 주는 사람은 한두 번 잠깐 반주를 의뢰하는 사람들이 아니라 지속적으로 일을 함께하는 사람들이기 때문이다.

♪ 적극적인 도전으로 꿈 찾기

어려서부터 내 인생은 도전의 연속이었다. 어린 시절의 나는 피아노를 배우면서 작곡, 바이올린, 그리고 성악까지 두루 배웠다. 어려서부터 나갔던 수많은 콩쿠르, 예고 진학과 대학 입시까지 모두 나에겐 도전이었다. 연주자의 길이 아닌 공연장과 공연 기획사에 취직한 것도, 독일에서 공부한 후 음악 캠프 등에서 통·번역 일을 한 것도 모두 새로운 도전이었다. 유학을 다녀와 한국에서 지금의 자리에 있기까지 계속된 수많은 도전 속에 여전히 살고 있다. 그렇다. 인생은 도전하지 않는 자에게 절대 그다음을 보여 주지 않는다.

도전하는 자세

13시간여의 비행 끝에 독일 프랑크푸르트 공항에 비행기가 도착했다. 이방인으로 처음 내딛는 독일 공항에서 내가 할 수 있는 건 독일어 사전을 든 채 나의 짐을 두 손으로 꼭 잡는 일밖에 없었다. 대학교를 마치고 바로 유학을 떠난 것이 아니었기에, 한국에서 하던 모든 일을 그만두고 27살(만 26세)이라는 다소 늦은 나이에 독일 유학을 떠난 나의 마음속엔 비장함이 가득 차 있었다. 독일에 도착한 다음 날부터 난 스트라센반Straßenbahn(시내를 지나는 전차)을 타고 다니며 독일 공기를 느껴 보기 시작했다. 어학원은 하루에 2시간 정도밖에 가지 않았고, 학교에 입학한 것도 아닌 데다가 마음 편하게 연습할 연습실도 없던 내게 있는 건 오로지 시간뿐이었다.

독일 사람 구경만으로도 가슴 벅차던 일주일이 지나고 나는 당시 독일 만하임 국립음대에서 반주 수업을 하시던 나의 선생님이신 하이케 알라트Heike Allardt 선생님의 방으로 찾아갔다. 독일은 교수님의 양해만 미리 얻는다면 자유롭게 수업 청강이 가능하다. 똑똑똑. 방문을 두드렸고 청강을 해도 되는지 물었다. 독일 사람과 대화하기 위해 몇 번 숨을 크게 들이쉬고 들어가야 했지만 밝고 활력이 넘쳤던 나의 선생님은 "오케이! 들어와도 돼." 하고는 나에게 나이가 어떻게 되냐고 물었다. 그때 나의 대답은 'Ich bin Sechs Uhr Zwanzig Jahre alt.'(굳이 해석하자면 난 6시 20살입니다.)였다. 문법에 맞지도 않고 말도 안 되는 저 문장으로 선생님과의 인연은 시작되었고, 운이 좋게 나는 독일에서 치른 첫 번째 시험에 합격해 가곡반주과Liedgestaltung에 들어갔다. 나는 졸업할 무렵 나를 왜 제자로 받아 주었는지 선생님께 여쭤본 적이 있었다. 시험에 응시한 모두가 연주 실력은 뛰어났다고 했다. 하지만 굳이 나를 뽑은 이유는 독일에 온 지 얼마 되지 않아 독일어를 자유롭게 구사하지도 못하면서 어떻게 해서든 이야기를 나누려고 노력하는 내 모습을 보고 선생님과 나의 학교생활이 좋은 시너지를 내겠다는 믿음이 생겼기 때문이라고 말씀해 주셨다. 독일에서 내가 다소 늦은 나이에 학교 시험을 보았음에도 바로 합격한 이유는 다름 아닌 '적극적으로 도전하는 자세' 때문이었던 것이다.

긍정의 힘

나는 갑작스레 몰려 들어오는 악보들로 잠자는 시간도 줄여 가면서 연습할 때가 있다. 모르는 언어로 쓰인 가곡들을 일주일에 50개 이상 제대로 소화해 내기는 쉽지 않다. 기존에 주어진 일들만으로도 바쁜 와중에 추가로 받는 악보들은 크나큰 과제이다. 누군가의 의뢰를 받고 연습을 한 뒤 무대에 오르는 것은 반주자의 숙명이다. 간혹 공연을 준비하면서 어느 곡이 더 좋은지 조언을 해 줄 수는 있지만 곡에 관한 결정은 솔리스트의 몫이다. 반주자들은 선택의 여지가 없는 곡들로 인해 스트레스를 받다 보면 과연 잘 해낼 수 있을지 의문을 갖기 마련이다. 하지만 무슨 일이든 마음만 먹는다면 할 수 있다. 내가 많은 양의 악보를 두려워하지 않는 것은 성실하게 하다 보면 결국 해낼 수 있다고 생각하기 때문이다. 긍정적인 마음은 긍정적인 결과를 불러올 것이다.

♪ 미래의 내 동료들에게

미래에 나와 함께할 동료들을 위해 연주자로 살아가는 나만의 방법을 공유하려 한다.

운동의 필요성

나는 어려서부터 운동을 잘하는 아이는 아니었다. 땀이 나는 것도 운동 후의 근육통도 마주하기 싫어하던 아이가 나였다. 취미가 있다면 영화 보기 정도. 그렇게 정적이었던 내가 40대가 되어 느끼는 것은 다름 아닌 체력의 한계였다. 시간이 지날수록 긴 시간 앉아서 연습해야 하기에 허리 통증이 심해졌고 페달을 많이 밟아야 하는 오른쪽 무릎도 많이 안 좋아졌다. 그런데 막상 아프다고 말하면 프로페셔널하게 보이지 않을까 봐 말도 못 하고 보이지 않게 스포츠 선수들이 하는 복대와 테이핑을 하며 버티곤 했다. 그러나 이러한 임시방편으로 길게 활동하는 것은 힘들 거라는 것을 알기에 나는 운동을 시작했다. 수영과 요가가 아니었다면 나는 아마도 지금쯤 병원에서 수술하고 누워 있었을지도 모르겠다. 땀이 나고 근육통도 있고 수영할 때는 물로 배 채우기 일쑤였지만 시간이 날 때마다 강습을 받으며 1년 이상 하다 보니 나의 몸에 변화가 생기기 시작했다. 더 이상 테이핑과 복대는 하지 않아도 되었고, 신나게 나의 몸이 내는 소리를 즐기면 되었다. 행복의 시작점이 내가 된 것은 정말 감사한 일이다.

마음의 주인

"상처를 받을 것인지 말 것인지 내가 결정한다. 또 상처를 키울 것인지 말 것인지도 내가 결정한다. 그 사람의 행동은 어쩔 수 없지만, 반응은 언제나 내 몫이다."라고 김구 선생님이 말씀하셨다. 무대에 오르는 직업을 가진 우리는 언제나 평가를 피하기가 힘들다. 다른 사람들의 관점과 평가, 그리고 그에 따른 대접으로 인해 언제나 상처를 받기 마련이다. 기사들을 보면 연예인들은 악성 댓글에 시달리다 극단적 선택을 하는 경우도 있고 악플러들을 고소하기도 한다. 우리는 연예인들처럼 언론에 많이 노출되지 않지만 나와 파트너에 대해 이야기하는 사람들은 생각보다 많다.

한편 솔리스트에게 초점이 맞춰진 무대에서 주인공이 되지 못하는 반주자의 마음은 공허함으로 가득 찰 때도 있다. 반주자도 사람이기에 사람들의 좋은 관심이 물론 필요하지만, 그 이전에 반주자로서의 자존감을 지키며 반주자 역할 자체로 충분히 의미가 있다는 사실을 잊지 말아야 한다. 마음의 상처들이 빨리 낫도록 하는 것은 부모도 아니고 친구도 아닌 '바로 나'임을 잊지 않으면 좋겠다. 내 인생의, 그리고 내 음악의 주인을 잊지 말자.

설렘 유지하기

한동안 나는 쌓여 가는 악보들로부터 도망가고 싶던 적도 있었으며 이전에 한 번 연주했던 곡들은 이미 그 느낌을 안다는 식으로 연습을 뒤로 미루기도 했다. 당연하게 일하러 가고 당연하게 악보를 받아 들고 당연하게 피아노 앞에 앉아 건반에 손을 올리던 나였다. 익숙함과 당연함으로 나이를 먹어 가는 것이 안정감과 연륜으로 해석될 수도 있을 것이다. 그러나 연애를 하거나 결혼 생활을 할 때 누군가와 오랜 시간을 함께하다 보면 권태기가 오는 것처럼 음악 활동을 오래 하다 보면 어느 순간 익숙해져 설렘을 상실하기 마련이다. 처음의 설렘을 잃어버리고 늘 해 오던 것을 반복하듯이 타성에 젖어가는 모습은 사랑하는 사람에게도 함께 하는 파트너에게도 음악을 들으러 와 주는 청중에게도 매력을 줄 수 없다. 음악 작품에 대한 설렘, 파트너에 대한 설렘, 청중에 대한 설렘, 그리고 무대에 대한 설렘은 우리를 앞으로 긴 시간 동안 음악을 하는 사람으로 만들어 줄 수 있지 않을까 생각한다.

♪ 슬기로운 연주 준비 방법

대부분의 피아니스트들과 같이 나 또한 5살 때부터 피아노만 바라보고 살아왔다. 하지만 무대에 오르기 위해 연습을 열심히 해도 결과물이 아쉬울 때가 많았다. 홀가분한 마음으로 기분 좋게 집에 돌아와 두 발 뻗고 자고 싶지만 항상 그러기는 쉽지 않았다.

미리 준비하면 근심할 것이 없다

반주자로서 일하다 보면 솔로 연주자를 꿈꾸던 시절에는 상상할 수 없었던 상황들이 종종 일어난다. 그중 대표적인 상황은 갑작스레 연락을 받고 무대에 올라가는 상황이다. 몇 달 전부터 철저하게 준비하는 공연들이 많지만, 갑자기 교통사고를 당하거나 손가락 골절로 연주가 힘들게 된 지인들의 부탁을 거절하지 못해 무대에 오르기도 한다. 지금까지 일하면서 공연 일주일 전이나 심할 경우에는 하루 전날에도 스케줄만 맞으면 반주를 해 달라고 부탁하는 경우들이 많았다. 그때마다 처음은 당황스러움과 두려움으로 시작되었지만 마지막은 항상 뿌듯함으로 마무리가 되었다. 물론 충분하지 못한 준비 기간으로 인해 많은 스트레스와 불안감이 동반될 수밖에 없다. 미리 준비해 두면 근심할 것이 없다는 유비무환有備無患의 뜻처럼 편하지 않게 다가오는 상황들에 대비하여 평상시 마음의 여유를 찾기 위해 힘쓰는 나의 연주 준비 과정을 이야기해 보려고 한다.

· **초견 연습**

초견에 대한 강조는 모든 연주자에게 있어 부족함이 없을 것 같다. 초견은 사전 연습 없이 즉석에서 주는 악보를 첫눈에 바로 보고 연주하는 능력을 뜻한다. 그러나 라흐마니노프 피아노 협주곡 같은 대곡을 초견으로 멋지게 연주할 수 있어야 한다는 것을 의미하는 것은 아니다. 초견이 좋은 사람은 그만큼 악보를 빨리 읽고 분석하여 연습 시간을 절약할 수 있는 사람이다. 초견 실력을 향상시키려는 노력은 매일매일 짧지만 부담 없이 낯선 곡을 익혀 보는 것으로 시작할 수 있다. 새롭고 낯선 악보들을 보면 5초 정도 안에 악보에 표시된 작품명, 템포, 조성, 박자 등을 확인하고 바로 연주해 보는 것이다. 처음에는 어떤 악보를 가지고 연습할지 고민될 때도 있었는데 그러다가 나는 기존 악보를 뒤집어서 연습하기도 했다. 독일에서 입시를 치르고 학교에 다니면서 현대곡을 연주할 기회가 많았는데 다양하게 도전했던 초견 연습 덕에 즐기면서 현대곡 연주를 할 수 있었다. 나는 새로운 악보를 받자마자 리허설을 해야 하는 경우가 많은 편이다. 이렇게 초견으로 처음부터 끝까지 파트너와 함께 악보를 훑는 경험은 다른 초견 연습보다 훨씬 더 나를 성장하게 해 주었다.

· **조옮김 연습**

초견과 더불어 조옮김 연습도 중요한 연습이다. 주로 성악가들이 반주자들에게 반음이나 온음을 올리거나 내려서 연주해 주기를 부탁하는데 음정의 거리가 멀어질수록 정확하게 조옮김하기가 힘들다. 조옮김을 하면 원곡보다 쉬워지는 곡도 있고 반대로 어려워지는 곡도 있지만, 요즘에는 조옮김된 악보를 구하기도 쉬워졌고 작업이 이루어진 악보를 구하지 못했다 하더라도 수많은 연습을 통해 음을 틀리지 않고 원곡처럼 정확하게 연주하는 것은 가능한 일이다. 그러나 여기에서 생각해야 하는 부분은 조가 바뀌었음에도 불구하고 어느 음역에서든지 원곡이 주려고 한 의미가 훼손되면 안 된다는 점이다. 각 조마다 주는 느낌이 분명히 다를 수밖에 없지만, 비록 청중들은 모를지라도 고음역부터 저음역까지 노래 전체를 제대로 빛나게 하려면 반주자의 수많은 노력이 반드시 필요하다.

· **호흡**

지구상의 모든 생명체는 숨을 쉰다. 숨을 쉰다는 것은 생명과도 연관이 있다. 인간의 삶을 넘어 음악에도 숨을 불어넣어 주려면 나무의 뿌리가 흔들리지 않도록 땅에 깊고 단단하게 그 나무를 심듯, 연주자는 깊고 단단한 복식 호흡을 잘할 수 있어야 한다. 이는 연주하면서 안정감 있게 음악에 집중하며 몸의 무게 중심을 잘 유지할 수 있도록 도와준다. 연주자의 몸 자체에 호흡을 불어넣는 것이 적응되었다면, 그다음에는 음악과 악기에 호흡을 넣어 보면 좋겠다. 악기에 손가락을 대고 있는 것만이 연주가 아님을 인지하며 악기의 자연스러운 울림이 나오도록 놓아 줄 수 있어야 한다. 쉼표도 음악이라는 말이 있지 않은가. 혈액 순환이 안 좋은 사람은 혈색이 좋기 힘들 듯이 긴장하여 경직된 채 공기를 순환시키지 못하는 신체로는 소리를 생동감 있게 낼 수 없다. 반주자의 호흡은 혼자만이 아닌 파트너의 호흡까지도 포함하므로 내 몸의 혈액 순환을 위해 노력하는 것처럼 파트너와의 음악적인 혈액 순환도 함께 챙겨 보길 바란다.

· 기초 연습

전공을 결정하고 난 뒤에 시간이 지나면 어느덧 익숙해져 기초 연습을 하지 않는 경우가 많다. 나 같은 경우도 하농이나 체르니 같은 기초 연습곡을 뒤로 한 채 장시간 작품들에만 매달려 연습을 했다. 물론 연습의 결과는 나를 배신하지 않았지만, 시간이 흘러 생각해 보니 각종 패턴과 리듬 등을 익히기 쉬운 이 기본서들을 하루에 10분씩이라도 연습했다면 조금 더 쉽지 않았을까 생각한다. 기본서는 다양한 패턴들을 몸에 익히면서 나에게 맞는 손가락 번호를 찾는 시간을 절약시켜 줄 뿐 아니라, 단순한 음들을 이용해 다이내믹하게 표현하는 연습이나 페달링 pedaling 연습, 자연스러운 레가토 legato (둘 이상의 음을 이어서 부드럽게 연주하는 것) 표현 연습 등을 가능하게 한다. 기초 연습은 자신의 손가락과 손목의 움직임을 섬세하게 관찰하고 소리를 귀로 들을 수 있게 하는 중요한 연습이다.

· 악기 또는 성악 파트 노래하기

보통의 반주자들이 접하는 악보에는 항상 피아노가 맡는 반주 부분 외에도 성악 및 기악 연주자들의 파트가 있다. 최소 3단의 악보인 것이다. 반주자는 언제나 파트너들보다 연주해야 하는 음들이 많기에 반주부 연습에 집중하게 된다. 하지만 어떤 상황에서도 파트너들의 부분을 놓치면 안 된다고 생각한다. 성악곡이나 기악곡 모두 파트너의 부분을 성악가처럼 잘 부를 수 있고 해당 악기로 직접 연주해 볼 수 있다면 가장 좋겠지만, 입으로 허밍을 하면서 노래를 불러 보면 적어도 어디서 곡의 분위기가 바뀌는지 호흡을 함께하며 얼마만큼 기다려 줘야 하는지 등의 기본적인 파악이 쉬워질 것이다. 파트너 부분이 충분히 숙지가 된다면 연주 중에 어떠한 실수가 발생하더라도 반주자가 그 부분을 메울 수 있는 능력을 보너스로 키울 수 있다.

· 가사와 멜로디는 마음으로 익히기

우리는 입시나 콩쿠르, 또는 공연이 다가오면 악기 앞에서 떠나는 것을 두려워할 때가 있다. 그러나 반주부와 파트너의 악보가 숙지되고 몸에 익숙해진 뒤에는 피아노 앞을 떠나는 '재점검의 시기'가 필요하다. 성악곡에 있어서 번역된 언어를 마음속으로 받아들이기까지는 상당한 시간이 필요한데, 일반적으로 쓰는 언어가 아닌 시어이기 때문에 특히나 많은 사색의 시간을 가져야 한다. 독일어로 슈틸still(고요한) 또는 뷔스펀wispern(속삭이다)의 경우 단어의 뜻을 모른다면 그 부분을 고요하게 속삭이듯 연주하기 쉽지 않다. 단어 하나하나를 시작으로 모든 시어가 완벽하게 이해되고 작품을 노래하면서 반주할 수 있게 되는 순간에 이르면 작곡가가 의도한 대로 음악적 표현이 자연스럽게 나올 것이다.

· **해석의 다양성을 인정하기**

반주자들은 평생 한 명의 파트너하고만 연주하기 쉽지 않다. 사람들의 키와 몸무게, 가치관, 자라온 환경 등이 다른 것처럼 곡 해석은 연주자마다 달라질 수 있기 때문에 반주자는 파트너가 바뀔 때마다 음색, 곡의 분위기, 숨 쉬는 부분 등을 초기화하면서 이전 파트너의 영향을 받지 않도록 신경을 써야 한다.

일상생활에서 소리를 지르는 경우를 생각해 본다면 화가 나서 소리를 지를 때도 있고 축구 경기에 이겨서 환호할 때도 있고 떠나가는 임에게 나를 한 번 더 봐 달라고 울면서 크게 소리를 지를 때도 있을 것이다. 소리를 지르는 경우가 하나가 아닌 것처럼 같은 음, 같은 악상 표시일지라도 해석은 다양해질 수 있으며 그로 인해 곡의 방향성도 바뀔 수 있음을 받아들여야 한다. 실제로 음악 해석의 다양성에 쉽게 반응하기 위해 나는 종종 다양한 동영상 콘텐츠를 보면서 여러 연주자들의 연주에 맞춰 연습해 보곤 한다.

· 소리를 상상하고 연주하기

모든 연주자는 첫 음을 내기 전에 많이 고민할 것이다. 그러나 누구보다도 특히 반주자는 연주 전에 항상 입체적으로 작품을 생각하고 건반을 눌러야 한다. 많은 곡의 전주, 간주, 후주를 책임지고 있기 때문에 반주자는 곡의 전반적인 색깔을 빨강으로 만들 수도 있으며 파랑으로 만들 수도 있는 사람이다. 또는 무지갯빛으로도 만들 수 있는 사람이다. 더불어 반주자로 인해 같이 연주하는 파트너는 에너지를 얻을 수도 있고 반대로 기운을 잃을 수도 있다. 반주자는 피아노의 첫 음이 울리는 그 순간부터 청중이 노래 전체를 감상할 수 있도록 철저하게 곡의 분위기를 만들어 내야 한다. 상상은 때로 우리가 알고 있는 것보다 더 큰 능력을 우리에게 만들어 줄 수 있기에 생각하는 대로 반응하게 되어 있는 우리의 몸을 믿고 항상 어떤 소리를 내서 어떤 분위기로 이끌어야 하는지 고민하고 연주해야 한다. 개별적인 상상과 의미 부여에 따라서 기본적으로 악상의 표현과 곡의 분위기는 달라질 것이다.

· 좋은 음악을 많이 듣기

혹시 음치나 박치가 노래하는 것을 들으면 목이 아프거나 근육이 경직되는 걸 느낀 적이 있는지 물어보고 싶다. 이는 나를 비롯하여 수많은 선생님들이 예고나 음대, 또는 콩쿠르에서 심사할 때 겪는 일들이기에 이야기해 주고 싶은 부분이다. '모방이 창조의 어머니'라는 말은 많이 들어 보았을 것이다. 좋은 음악은 음악 요소들 하나하나가 멋지게 하모니를 이루는 것이다. 각각의 요소들이 조화를 이루는 것을 보고 느끼는 과정은 좋은 소리를 듣고 만들어 낼 수 있는 음악가의 귀를 갖추게 하고 그에 걸맞은 연주를 하기 위한 마음과 몸을 준비하게 해 준다. 이렇듯 양질의 음악은 양질의 연주자로 성장할 수 있는 자양분이 되어 줄 것이다.

· 1인 다역의 반주자

성악곡이나 기악곡에 상관없이 피아노는 다양한 색채와 음량으로 파트너를 빛낼 수 있어야 한다. 반주자는 여러 악기가 되어 오케스트라와 같이 연주할 수 있어야 하지만 때로는 지휘자가 되어 음악을 이끌어 나갈 줄도 알아야 한다. 반주자는 피아노를 비롯하여 성악과 기악 분야의 다양한 음악적 지식을 바탕으로 자유자재로 음악을 표현하고, 보이지 않는 리더십을 발휘해야 하는 것이다. 음악이라는 큰 틀에서 반주자와 솔리스트는 같은 곳을 바라보고 나아가는 '한배를 탄 사람들'이다. 무조건 희생하고 배려하는 '을' 같은 반주자가 아니라 작품의 반주부에서 피아노가 노래할 부분이 나온다면 그것을 충분히 표현하면서도 파트너와 함께 음악을 설계할 줄 아는 동반자로서의 마음을 지녀야 한다.

· 파트너의 실수에 놀라지 말기

무대에 올라가면 파트너들은 연습 때와 다른 모습을 보일 수 있다. 프로 연주자라 할지라도 개인 컨디션에 따라 연주 중에 템포가 수도 없이 변할 수도 있으며 도돌이표나 간주를 건너뛰고 바로 나올 때도 있다. 그리고 가사를 까먹고 특정 부분만을 반복하며 어디를 연주하는지 모를 정도로 방향을 잃어 반주자를 당황하게 할 때도 있다. 하지만 너무 놀라 솔리스트가 아닌 반주자가 멈춘다면 대형 사고이니 절대 파트너가 백기를 들기 전까지 멈추지 말고 당황한 기색 또한 보이면 안 된다. 가급적 이러한 상황이 일어나지 않아야 하겠지만 연습 과정뿐 아니라 실제 공연에서도 마치 악보에 그 음이 원래 있었다는 듯이 악보를 잊어버린 솔리스트를 위해 멜로디를 연주해 준다거나 어디론가 점프해서 도망가 있는 파트너를 재빨리 찾아가 본래의 음을 찾도록 도와줘야 한다. 그 어떠한 상황에서도 자연스럽게 반주해 객석에 앉은 청중들이 모르게 위기를 넘기는 것이 반주자의 의무이다.

· 모든 곡에 관대하고 대담하기

이 세상에 쉬운 곡은 절대 없다. 그러나 반대로 어려워서 포기할 정도의 곡도 없다. 연습하는 과정에서 모든 연주는 어제보다는 오늘이, 오늘보다는 내일이 조금이라도 발전되어 있을 것이다. 개인의 음악을 읽는 능력과 체력 등이 다르기에 만족스러운 결과물을 얻기까지 걸리는 시간은 사람마다 다를 수 있다. 하지만 노력의 결과는 거짓말하지 않는다. 그래서 화성이 어려워서 싫다든가 개인 취향이 아니라서 못하겠다는 식의 도망은 절대 하지 않았으면 한다. 모든 곡은 작곡가의 산통을 겪고 나온 소중한 아이들이다. 반주자는 그들의 마음에 공감하면서 음악적인 모든 요소를 파악하여 파트너와 멋진 합작품을 만드는 데에 힘쓰면 좋겠다.

COMPOSER

이
승
희

서울에서 태어나 서울예술고등학교와 이화여자대학교에서 작곡과 음악 이론을 공부한 뒤 미국으로 유학을 떠나 일리노이 주립대학교University of Illinois at Urbana-Champaign와 브랜다이스 대학교Brandeis University에서 전액 장학생으로 석사 학위 두 개Master of Music, Master of Fine Arts와 박사 학위Ph.D. in Music Composition and Theory를 받았다. 박사 과정 중 약 1년 반 동안 핀란드 시벨리우스아카데미Sibelius Academy에서 작곡과 피아노를 공부했다. 미국 보스턴 지역의 매사추세츠 공과대학M.I.T., 보스턴 콘

SEUNGHEE LEE

서바토리Boston Conservatory at Berklee, 브랜다이스 대학교 등 여러 대학교에서 음악 이론 강사와 반주자로 활동한 후 2015년 플로리다에 있는 아베마리아 대학교Ave Maria University 음악과에 부교수로 부임했다.

학기 중에는 교육자로서의 소임을 다하고 방학 중에는 작곡 활동을 꾸준히 이어 오고 있다. 유럽에 사는 동안 틈틈이 여러 나라의 많은 도시를 여행하며 다양한 사람들을 만나고 색다른 경험과 아름다운 추억들을 쌓은 것들이 모여 오늘날까지도 곡을 쓰는 데에 다양한 영감을 주고 있다.

9개월은 교수님,
3개월은 작곡가

1996년 3월 서울예술고등학교 입학식에서 느꼈던 설레는 마음은 20여 년이 지난 지금도 생생히 기억이 난다. 가장 감수성이 풍부했던 고등학교 시절을 서울예고에서 공부하며 보낼 수 있었다는 것은 지금 생각해 봐도 큰 축복이고 특권이었다는 생각이 종종 든다. 한 반에 50여 명의 학생들이 같은 목표를 가지고 치열하게 경쟁하며 혹독한 평가를 받았던 환경은, 처음에 적응하기엔 다소 힘들었지만 탄탄한 음악적 기본기를 쌓을 수 있게 해 주었다. 동시에 또래 친구들과 음악 안에서 오랫동안 이어갈 우정을 다질 수 있는 기회를 만들어 주기도 했다.

절대 음감을 가져서, 피아노 치는 것을 좋아해서, 그리고 흥얼흥얼 나만의 노랫가락을 지어내는 것이 재미있었기에 서울예고 작곡과에 진학하는 것은 그 당시의 나에겐 너무도 당연한 선택이었다. 그렇기에 작곡 전공으로 대학을 가고 유학을 가서 학위를 받은 뒤

교수가 되고 결혼을 한 나의 삶은 음악 전공생으로서 당연히 밟아야 할 인생의 단계들을 그리 어렵지 않게 밟아온 듯 보인다. 예고 졸업 후 약 20년이라는 시간이 흐르고 난 지금, 차분히 앉아 인생의 궤적을 돌아보니 당연한 것들이라고 생각했던 많은 것이 실은 나의 끊임없는 선택과 노력, 그리고 가족의 희생과 지원으로 이루어진 것들이었다는 점을 새삼 깨닫게 된다. 나의 재능을 일찍 발견해 주신 엄마, 새벽 등굣길을 3년간 하루도 빠짐없이 데려다 주신 아빠, 항상 누나 편을 들어 주는 든든한 남동생, 그리고 나의 단점과 실수를 포용하고 이해해 주는 남편이 없었다면 오늘의 나는 다른 모습으로 다른 삶을 살아가고 있었을지도 모른다.

음악을 공부하는 많은 후배에게 예고 44회 작곡과 졸업생 선배의 공부와 일과 삶에 대한 이야기를 들려주려고 한다. 음악인으로서의 삶은 많은 선택의 연속이며 음악적 완벽을 추구하기 위해 끝없는 인내가 요구된다. 이 모든 것을 감수하며 음악가로서의 길에 합류한 우리 후배들이 자신만의 특별한 꿈을 향해 힘차게 나아가는 과정에 나의 글이 조금이라도 도움이 되길 바란다.

♪ 대학에서 학생을 가르치며 알게 된 것들

나는 2015년부터 미국 플로리다주 남서쪽에 위치한 아베마리아 대학교에서 음악과 교수로 학생들을 가르치고 있다. 내 전공을 살려서 음악 이론, 작곡, 시창 청음, 클래스 피아노 등의 수업을 하고 있다. 이와 더불어 5살 때 음악을 처음 공부할 때부터 끊임없이 연습하고 배워 온 피아노 실력으로 피아노 이외의 악기를 전공하는 학생들이 피아노를 부전공이나 전공 외 악기로 배우기 원할 때 레슨을 하고 있다.

리버럴 아츠 칼리지

한국에서는 대학교라고 하면 보통 종합 대학교라고 칭하지만 미국에서는 이를 리서치 대학research university으로 분류하는데 우리가 일반적으로 알고 있는 큰 규모의 대학을 가리킨다. 대학이 배움의 장이 됨과 동시에 학문 연구의 장소로서 역할을 다 하는 것을 매우 중시하는 환경이다. 그렇기 때문에 학부 교육과 더불어 여러 전공의 대학원 과정 학생들이 교수님과 함께하는 연구와 실험이 큰 비중을 이룬다. 음악대학원에서는 다양하고 많은 횟수의 연주 활동이 연구의 대부분을 차지한다.

 미국에는 이러한 종합 대학 이외에도 학부 교육에 집중하며 특히 인문학 공부에 큰 비중을 두는 학풍의 학교들이 있는데 이러한 학교들이 리버럴 아츠 칼리지liberal arts college로 분류된다. 아베마리아 대학교는 개교한 지 약 20여 년이 채 안 되는 매우 젊은 리버럴 아츠 칼리지이다. 학생들에게 폭넓은 인문학을 공부시키는 것이 목표인

만큼 음악 전공인 학생들도 수학, 과학, 역사, 철학, 인문학, 외국어, 종교학 등의 필수 과목으로 졸업 이수 학점의 절반 이상을 이수해야 졸업을 할 수 있다. 그래서 졸업할 때 음악 학사Bachelor of Music가 아닌 음악 전공 문학사Bachelor of Arts in Music로 학위를 받게 된다. 음악 전공 문학사 학위는 음악대학원에 진학하는 데 있어서 음악 학사 학위와 동등하게 평가된다. 또한 음악이 아닌 다른 분야의 대학원이나 직업을 얻으려고 할 경우에도 학생의 인문학적 소양을 인정받아 졸업 후 진로 선택의 폭이 넓어질 수 있다.

내가 다양하고 많은 종류의 수업을 하는 이유는 아베마리아 대학교가 기초 교양liberal arts에 기반을 둔 대학교이기 때문이다. 이러한 학풍의 학교에서는 자연스럽게 교수들이 최우선적으로 강의에 집중하게 된다. 나 역시 내 역량 안에서 교육자로서의 모든 재능과 기량을 발휘할 수 있도록 학교에서 장려해 주고 있기 때문에 여러 가지 수업을 할 수 있다.

리버럴 아츠 칼리지의 장점 중 하나는 규모가 작아서 학생과 교수진의 관계가 매우 가깝다는 것이다. 내가 가르치는 학생들 중에는 음악 이론 수업에도 들어오고 클래스 피아노 시간에도 참여해 개인적으로 한 번 더 만나는 학생들이 있다. 그중에는 나에게 일주일에 한 번씩 작곡 레슨이나 피아노 레슨을 받는 학생들도 있다. 이렇게 첫 1-2년 동안 학생들과 매우 긴밀하게 같이 공부하고 난 후, 3학년과 4학년 때 작곡을 전공하는 학생들은 더욱 심도 있는 레슨을 통해 나와 만나게 되고 다른 악기를 전공하는 학생들은 현대 음악 이론 수업을 선택해 계속해서 나의 수업을 듣기도 한다.

아베마리아 대학교에 음악을 전공하러 오는 학생들의 배경은 다양한데, 음악을 좋아하고 재능이 있지만 음악 공부를 늦게 시작했거나 전문적인 레슨을 어린 나이에 받지 못한 학생들, 또는 음악과 함께 다른 학문을 복수 전공하거나 부전공으로 공부하여 졸업 후 자신의 진로를 결정할 때 조금 더 다양한 선택의 폭을 갖고자 하는 학생들이 대부분이다. 더불어 독실한 가톨릭 가정의 학생들이 많다. 미국의 독실한 가톨릭 가정에서는 아이들을 많이 낳아 기르기 때문에 여러 명의 형제자매들이 함께 아베마리아 대학교에 다니는 경우도 드물지 않다. 학교 이름에서도 알 수 있듯이 아베마리아 대학교는 가톨릭 정신으로 학생들을 교육하고자 세워진 대학교이다. 도미노 피자의 창업자인 톰 모나한 Thomas S. Monaghan이 설립한 학교로 1998년 미시간에서 시작하여 2003년 플로리다로 캠퍼스를 이전했으며 대학교가 옮겨 온 소도시의 이름도 아베마리아라고 명명했다.

한국 음악 교육 시스템과의 비교

인문학을 중시하는 리버럴 아츠 칼리지의 음악 전공 과정을 다른 종합 대학(Yale University, Columbia University)이나 음악학교(Curtis Institute of Music, The Juilliard School) 등과 비교한다면 유사점보다는 차이점이 더 많다. 기본적인 전공 레슨, 음악 이론, 시창 청음, 클래스 피아노 등의 수업은 같다. 한국 종합 대학의 경우에는 음악 전공 생들은 수많은 시간의 연습과 심도 있는 음악 공부만이 요구되는 환경에 있지만, 리버럴 아츠 칼리지의 학생들은 음악 공부와 연습 이외에도 16과목(64학점) 또는 그 이상의 인문학 수업을 이수해야 한다. 이러한 수업들은 전공에 관계없이 모든 학생이 같은 강도로 듣게 되므로 수학 수업은 수학 전공생들과 같이, 철학 수업은 철학 전공생들과 같이 듣게 된다. 음악을 전공하는 학생이라고 해서 이러한 과목에서 학점의 기준이 다르거나 너그러운 경우는 없다.

이러한 환경은 음악 전공생들의 연습 시간을 상대적으로 단축시키는 결과를 낳을 수 있다. 하지만 이는 음악뿐 아니라 인문학에 대한 넓고 깊은 공부를 하기 위해 입학했기 때문에 당연히 따라야 하는 과정이다. 학생들도 리버럴 아츠 칼리지에 입학하기로 결심하는 순간부터 인지하고 있는 현실이다. 나 역시 그 점을 이해하고 학생들이 바쁜 학교생활 속에서 어떻게 하면 효과적으로 연습을 할 수 있을지를 그들과 자주 상의한다. 리버럴 아츠 칼리지라는 환경에서 공부해 본 적이 없는 나는 부임 초기에 내 기대에 못 미치는 학생들의 부족한 연습 시간이 약간 걱정되기도 했다. 그러나 우수한 음악 전공 학생들이 콩쿠르에 입상하고 인디애나 대학교Indiana University Bloomington, 텍사스 A&M 대학교Texas A&M University, 웨스트민스터콰이어 칼리지Westminster Choir College 등의 대학원에 진학하는 모습을 본 이후로는 절대적인 연습 시간만이 중요한 것이 아니라는 것을 알게 되었다. 연습 계획을 체계적으로 세운 후에 주어진 연습 시간 동안 집중하여 그 계획을 지키는 것이 더 중요하다는 사실을 내 자신뿐 아니라 학생들에게도 상기시키고 있다.

작곡이라는 분야의 특이성

작곡을 전공하기 위해서는 곡을 쓰는 것 이외에도 공부해야 할 것이 많다. 곡 쓰는 법을 배우기 위해 작곡 레슨을 시작한다면 수준 있는 곡을 쓰기 전에 알아야 할 것들이 있다. 우선 화성법을 적어도 몇 달 동안 공부해야 하고 대위법과 음악 분석법도 알아야 하며 여러 스타일의 곡을 이해하고 그에 맞추어 작곡할 수 있는 기술도 필요하다. 거기에 시창 청음 실력이 좋아야 함은 물론이고 각종 악기와 연주 기법에 대한 해박한 지식과 더불어 한 가지 이상의 악기를 잘 다룰 수 있어야 비로소 자신의 아이디어를 바탕으로 자유롭게 작곡하는 데에 필요한 지식을 갖추었다고 할 수 있다.

이러한 기본 소양을 갖춘 이후에는 다른 작곡가의 곡들과 확연히 구별되게 하는 작곡가 자신만의 창의성과 독특한 음악 세계를 만드는 것이 중요하다. 작곡 분야에서 우열을 가린다는 것은 매우 주관적인 작업이므로 모든 작곡가의 곡들에 등수를 매길 수는 없지만, 곡에 대한 논리적이고 분석적인 접근과 전달하고자 하는 뚜렷한 메시지나 아이디어가 있는 곡이 대부분 좋은 평가를 받게 된다. 이러한 작곡 공부의 특이성 때문에 어린 나이에 손이 유연할 때 공부를 시작하는 것이 절대적으로 유리한 악기 전공과는 달리 작곡은 자신이 표현하고자 하는 음악적 아이디어가 있다면 나이에 상관없이 공부를 시작하라고 권해 주고 싶다.

물론 위에 설명했듯이 작곡 공부를 시작하고 바로 대작을 작곡할 수 있다거나 몇 개월 공부한 후 원하는 대학에 합격한다고 장담할 수는 없다. 그러나 다른 악기 전공에 비교한다면 작곡은 내가 공부하고 싶다는 생각이 들 때 언제든지 시작하여도 그 공부의 한계가 거의 없는 분야인 것이다. 내가 아베마리아 대학교에서 처음으로 가르친 학생 중 한 명은 피아노로 오디션을 보아 합격했으나 작곡을 공부하고 싶어 했다. 작곡이나 음악 이론을 공부해 본 적이 없는 학생이었지만 작곡 전공으로 4년 동안 열심히 공부하여 성공적으로 졸업한 뒤 대학원에 진학하여 지금은 자신이 평소에 관심이 많았던 영화 음악을 공부하고 있다.

교습법의 재발견

누군가 나에게 가장 가르치기 어려운 수업을 물어본다면 나는 언제나 '기초 음악 이론'이라고 대답한다. 현대 음악 이론도 아니고 대위법도 아닌 음악 전공과 부전공 학생들이 첫 학기에 듣는 기초 음악 이론을 꼽는 이유는 가르치는 내용이 어려워서가 아니라 기초 음악 이론을 '잘' 가르치기가 어려워서이다. 기초 음악 이론을 듣는 학생들의 음악 이론 배경지식은 천차만별이다. 어떤 학생들은 고등학교에서 음악 이론을 미리 다 공부해서 오기도 한다. 그러한 학생 중에서는 학기 초에 시험을 보고 통과하여 수업을 면제받는 학생들도 있다. 음악 이론을 전혀 안 배워 본 학생들, 클래식 음악 이론보다 재즈나 팝뮤직 음악 이론을 더 잘 아는 학생들, 음악 이론을 조금 공부했지만 기초를 잘 배우지 못해서 이해한 내용들이 정확하지 않거나 잘 연결이 되지 않는 학생들 등 정말 여러 다른 배경의 학생들을 한곳에 모아 두고 가르치는 것이 매 가을 학기마다 나에게는 정복해야 할 과제처럼 다가온다.

부임한 첫 학기에는 내가 배우고 이해했던 대로 모든 학생이 같은 내용을 같은 방식으로 이해하도록 반복하고 또 반복하며 열심히 설명을 했다. 다행히 잘 이해하고 따라오는 학생들도 있었으나 한 학기가 끝날 때까지 내가 원하는 결과물을 내지 못하는 학생도 있었다. 결국 그 학생도 나도 한 학기 내내 매주 음악 이론 수업에서 약간의 피곤함과 걱정을 안은 채 마주칠 수밖에 없었다. 이 일을 계기로 나는 하나의 동일한 방법이 모두를 이해시키는 최고의 방법은 아닐 수도 있겠다는 생각을 하게 되었다. 그 이후로 매 학기 나는 지난 학기의 강의 계획서를 반복해서 사용하지 않고 학기말에 학생들이 제출하는 강의 평가서를 바탕으로 강의 계획서를 수정하기 시작했다. 이런 과정을 매 학기 거치면서 같은 내용이라도 더욱 효과적으로 가르치는 방법을 찾기 위해 노력한다.

또 하나 내가 특별히 신경 쓰고 있는 것은 오피스 아워office hour인데 일주일에 두 시간을 지정하여 그 시간에는 항상 내 연구실에서 나를 만나고 싶어 하는 학생들을 기다린다. 그러면 학생들이 내 연구실로 찾아와서 질문을 하거나 조언을 구하기도 하며 오피스 아워에 올 수 없는 학생들은 이메일로 따로 약속을 잡는다. 수업이 온라인으로 운영될 때는 오피스 아워 역시 온라인으로 진행하고 있다.

미국에서의 사제지간

나의 학창 시절을 돌이켜보면 교수님들은 항상 존경의 대상인 동시에 어려운 존재였다. 교수님의 말씀이 잘 이해가 되지 않는다면 그건 내가 부족해서라고 생각하고 교수님께 바로 질문을 하기보다는 집에 와서 혼자 책이나 인터넷에서 답을 찾곤 했다. 지금은 시대가 변해서 한국도 사제 관계가 조금은 더 가까워졌으리라 생각한다. 내가 처음 미국에 와서 느낀 사제 관계는 말 그대로 문화 충격이었다. 교수님의 이름을 거리낌 없이 부르고 음악회가 끝난 뒤에 학생과 교수님이 같이 어울려 맥주를 마시며 교수님의 연주에 대해 솔직하게 토론하는 문화가 낯설기도 했다. 이제 교수가 되어 학생들과의 관계를 돌아보는 입장이 되어 보니 미국에서는 학생들이 교수님을 자신에게 지식을 전달해 주는 사람으로 존경도 하지만 한 사람의 인간으로서 더 알아가고 싶어 소통하려고 하는 것 같다.

이러한 깨달음은 나에게 학생들을 학점으로 줄 세워야 하는 대상으로 여기는 것이 아니라 학생 개개인을 음악인으로서 알아가고 이해하고자 하는 마음이 생기게 했다. 학생을 더 잘 알아갈수록 학생에게 더욱 도움이 되는 조언을 줄 수 있게 되었다.

앞서 이야기했듯이 아베마리아 대학교에서는 클래식 음악가로서의 진로를 계획하는 학생들도 있지만 초·중·고등학교 음악 선생님, 성당 음악 감독, 개인 음악 레슨 선생님, 혹은 복수 전공을 하여 졸업 후 음악과 관련 없는 진로를 택하는 학생 등 다양한 목표를 가진 학생들이 있다. 그렇기에 학생과 가까운 관계를 유지하며 각각의 학생이 원하는 다양한 종류의 도움을 줄 수 있는 교수가 되는 것이 지금의 나에게 필요한 역할이라고 생각한다. 강의와 연구만 잘 하는 교수를 넘어서 나를 필요로 하는 학생들과 학교를 위해 나의 능력을 적시적소에 제공하는 것이 나에게는 커다란 보람으로 다가온다.

작곡은 언제 하세요?

강의와 레슨, 오피스 아워와 학교 행사 등에 시간을 보내고 나면 일주일이 순식간에 지나간다. 주말에도 시험이나 과제 채점, 그리고 다음 주 강의 준비에 종종 시간을 쓰게 되는데 건강한 체력과 정신의 재충전을 위해 주말은 되도록 가족과 편하게 쉬려고 노력한다. 그렇다면 작곡가로서 곡은 언제 쓰는 걸까? 안타깝게도 학기 중에는 곡을 집중해서 쓸 수 있는 시간이 많지 않다. 일주일에 몇 시간 정도는 낼 수 있지만 나의 작곡 스타일은 한번 앉아서 오랜 시간 혹은 며칠간 연속하여 생각의 흐름이 끊기지 않도록 작곡하는 스타일이기에 가장 이상적으로 작곡을 할 수 있는 시간은 3개월이 조금 넘는 여름 방학이거나 약 한 달가량의 겨울 방학이다. 물론 꼭 완성해야 할 곡이 있다면 학기 중에도 시간을 내어 완성하기도 하지만 그렇게 한 학기를 보내고 나면 체력적으로나 정신적으로 녹초가 되기 마련이다. 작곡가로서 또 교수로서 마라톤을 달려야 하는 선수의 마음으로 앞으로 몇 년 혹은 몇십 년을 계획하고 준비하고 있기에 이러한 시간과 체력의 분배가 나에게는 가장 필요한 일이라는 것을 알고 있다.

♪ 미국 시민이자 음악가로서의 삶

한국에서 대학을 졸업한 뒤 만 22세의 나이에 미국으로 유학을 와 이제 미국에서 산 시간이 한국에서 산 시간과 거의 비슷해지고 있다. 결혼도 했고 미국 시민이 되었지만 지금도 누군가 가족들은 어디에 있냐고 물으면 "코리아Korea!"라는 대답이 먼저 나올 때가 많다. 집은 보스턴에 있지만 가족들은 한국에 있어서 일 년에 한 번은 꼭 한국을 방문한다는 다소 긴 대답을 덧붙이곤 한다.

가족의 새로운 정의

수개월에 한 번 한국 부모님 댁을 2-3주 정도 방문하는데 아무리 시간이 많이 지났어도 부모님 댁에 도착하는 순간에는 세상 그 어느 곳에서도 느끼지 못하는 편안함과 안정감을 느낀다. 이러한 감정은 미국의 내 집에서 느끼는 것과는 또 다른 감정이다. 어디가 더 좋거나 덜 좋고의 차이가 아니라 나를 낳고 사랑으로 키워 주신 부모님이 계신 공간과 한 명의 성숙한 인격체로서 나를 사랑해 주는 남편이 있는 공간에서 오는 차이인 것 같다.

여기에 덧붙여, 학기 중에는 직장이 있는 플로리다에서 아파트를 빌려 생활하기에 나에게 '집'이라고 부를 수 있는 공간이 하나 더 생긴다. 남편은 현재 직장에 대한 만족도가 매우 높고 나 역시 2006년부터 살아 온 보스턴이라는 도시를 아직은 선뜻 떠날 마음의 준비가 안 되었기 때문에 남편과 내가 플로리다로 이사를 가는 대신에 내가 보스턴에서 플로리다로 몇 주에 한 번씩 통근을 하고 있다.

미국에서 코로나바이러스감염증-19 COVID-19(이후 코로나19)가 처음으로 심하게 기승을 부리던 지난 2020년 2월부터는 온라인 수업을 하게 되어 나는 부랴부랴 플로리다의 아파트를 정리하고 보스턴으로 돌아와 집에서 강의를 하며 생활하게 되었다. 집에서의 격리 생활이 나에게는 오히려 남편과 더 많은 시간을 보낼 수 있는 기회가 되어 그리 힘들지 않게 격리 기간을 보낼 수 있었다. 코로나19가 발생하기 이전에는 한 학기에 최소 한두 번은 음악회나 학회 참석 등을 이유로 며칠간 다른 도시나 외국으로 여행을 가기도 했다. 남편 역시 학회 참석을 위해 여행을 하게 되면 2주가 넘게 서로 얼굴을 보지 못하는 경우도 있었다. 이런 이야기를 전해 들은 가족과 친지들은 대부분 힘들지 않냐는 진심 어린 걱정을 해 주시곤 한다. 그러나 주변을 둘러보면 이렇게 간단하지 않은 삶을 살아가는 사람들과 가족들이 의외로 많다. 교통수단과 기술의 발달로 도시간의 여행이 빨라지고 편해져서 이렇게 장소에 구애를 받지 않고 거주지를 택하고 직업을 가지는 사람들이 늘어났기 때문이다.

그렇기에 나는 더 이상 가족을 꼭 한 지붕 아래 모여 살면서 매일 저녁에 한 식탁에 둘러앉아 식사를 같이 하는 사람들로 국한시키고 싶지 않다. 비록 거리상으로는 몇 백 혹은 몇 천 마일이나 떨어져 있지만 화상 통화로 매일 얼굴을 볼 수 있고 비행기를 타면 몇 시간 후에는 만날 수 있기 때문이다. 처음에는 조금 생소한 라이프 스타일이었지만 이제는 이러한 형태의 가족 이야기가 주변에서 꽤 많이 들려온다. 자신들이 처한 상황에 맞게 자신의 삶과 가족과의 생활 사이에서 균형을 잡아가는 방법을 모두 각자의 방식대로 찾아가고 있다. 나 역시 언제까지 이러한 생활이 계속될지는 모르겠지만 아직까지는 누군가로부터 가족들은 어디에 있으며 잘 지내냐는 질문을 받는다면 한국에서 부모님도 안녕하시고 보스턴에서 남편도 잘 지내고 있다는 긴 대답을 할 것이다.

일상에서 균형을 잡는 법

음악가로서 피할 수 없는 생활 방식 중 하나를 꼽는다면 불규칙적인 스케줄일 것이다. 전문 연주가이든 대학 교수이든 혹은 프리랜서 음악가이든지 막론하고 음악회에 참석하려면 저녁 7시에서 8시 쯤에 공연장에 도착해서 음악회가 모두 끝난 후 집에 늦게 돌아오는 일과를 수행해야 한다. 이러한 생활을 오전 9시에 출근해 저녁 6시에 퇴근하는 직장인의 일과와 비교해 본다면 정말 불규칙적이다. 여기에 덧붙여 학생 때부터 여름과 겨울마다 참여하는 각종 음악 캠프와 페스티벌, 마스터 클래스 및 연주 여행 등으로 인해 음악 전공생들은 어린 나이에 벌써 프리랜서의 생활 패턴을 경험하게 된다.

나는 학위를 마치고 생활 패턴이 비교적 일정한 교수라는 직업을 얻고 결혼도 했지만 어려서부터 익숙해진 음악가의 생활 습관이 불쑥 다시 나타나 밤늦게까지 작업을 하는 경우가 종종 있다. 정기적으로 참석해야 하는 음악회들이 생길 때마다 아내로서 남편과 저녁 시간을 보내고 싶은 마음과 교수로서 초대된 음악회에 가야 한다는 생각의 갈림길에서 가끔 갈등을 겪기도 한다. 이러한 갈등은 며칠 간 진행되는 페스티벌에 참석해야 하거나 마감이 가까워져서 하루 대부분의 시간을 컴퓨터와 피아노 앞에서 보내며 곡을 써야 할 때가 오면 더 심해지기 마련이다. 그렇지 않아도 학기 중에는 서로 다른 도시에 살아서 남편과 많은 시간을 같이 보내지 못하는데 거기에다가 이러한 일들까지 겹치면 살짝 곤란한 마음이 들고 만다.

하지만 그럼에도 불구하고 내가 여러 해 동안 나의 음악 활동과 행복한 가족생활을 균형 있게 지켜올 수 있었던 이유 중의 하나는 남편의 무한한 이해와 희생이 있었기 때문이다. 남편 역시 나와 재미있는 영화를 보고 맛있는 음식을 먹고 아름다운 경치를 볼 수 있는 곳으로 여행을 가고 싶은 마음이 있을 것이다. 그러나 나의 일정과 마감일을 항상 존중해 주고 거기에 맞춰 자신의 일정을 조정하는 배려를 연애할 때부터 당연히 해 주고 있어서 정말 감사하다. 또한 돌이켜 보면 내가 고등학생과 대학생이었을 때 음악회에 간다고 하거나 해외 음악제에 간다고 하면 부모님께서는 나 혼자 멀리 갔다 늦게 들어오는 것은 무조건 안 된다고 말씀하신 적이 한 번도 없었다. 나를 믿고 아낌없이 응원해 주신 것이다.

이렇듯 내 삶의 균형과 중심을 잡기 위해서 그동안 나 혼자의 노력만이 아니라 가족들의 이해와 뒷받침이 큰 역할을 해 왔다. 어느 부모님과 배우자가 자신의 가족과 더 많은 시간을 보내고 싶지 않을까 싶다. 또한 음악인들도 포근한 가족의 품에서 따뜻한 밥 한 끼를 함께하며 단란한 시간을 보내고 싶은 마음이 간절해질 때가 문득문득 있을 것이다. 그러나 이 또한 음악인으로서의 의무와 숙명이라는 것을 받아들이고 매 순간 나에게 주어진 역할에 최선을 다한다면 가정생활과 커리어 사이에서 균형 잡힌 삶을 만들어 갈 수 있을 것이다.

더 새로운 음악 세상을 만들 꿈

클래식 음악이라는 한정되고 특수한 분야에서의 경쟁은 치열하고 직업을 얻을 수 있는 기회는 매우 제한되어 있기에 자신의 분야에서 실력을 널리 알리는 것은 모든 전공생의 최대 관심사일 것이다. 학생들 각자의 꿈은 모두 다르겠지만 그 꿈을 이루기 위해서는 일단 음악가로서의 실력과 자질을 인정받는 것이 필요하다. 대표적으로 각종 콩쿠르에 입상하거나 오디션을 통과하거나 명문 학교에 입학하는 것 등이 나의 선배들과 동료들이 보편적으로 거쳐 온 단계이다.

하지만 21세기에 정보 통신의 발달과 코로나19와 같이 예측할 수 없는 현상들을 다양하게 맞이하면서 과연 우리가 이전에 알고 있었던 성공으로 가는 길이 앞으로도 똑같이 유지될 것인가에 대한 의구심이 드는 것은 당연하다. 이미 수년 전부터 인터넷에 연주 영상을 올려서 유명해진 연주자들의 소식을 심심치 않게 들을 수 있었다. 또한 온라인으로 세계 각지의 학생들과 선생님들이 연결되어 시간과 장소에 구애받지 않고 학생을 가르치거나 레슨을 받을 수 있는 서비스도 보편화되었다. 코로나19 이후 대부분의 연주회가 취소되거나 연기된 가운데 화상 회의 프로그램을 이용하여 오케스트라나 합창단 연주자들이 가상으로 합주를 하는 비디오들도 종종 인터넷에 올라오고 있다.

이렇게 빠르고 획기적으로 변화하는 세상에서 음악을 전공하는 학생들도 자신만의 창의적인 방법으로 각자의 음악성과 다양성을 인정받을 수 있는 기회를 마련해 보았으면 한다. 물론 여전히 유명한 콩쿠르의 입상과 오디션 합격 혹은 교수 임용 등 전통적인 경로로 각자 음악가로서의 꿈을 이루며 음악계에 공헌하는 것도 가능하다. 여기에 덧붙여 과학과 기술이 하루가 다르게 발전해 가는 지금 우리 음악계도 이에 상응하는 변화를 이끌어 낼 수 있는 새로운 세대의 음악가들을 간절히 원하고 있는 듯하다. 우리가 지금껏 향유한 음악 세상도 좋지만 다음 세대는 더 좋은 환경에서 새로운 음악을 누리는 세상을 만났으면 하는 바람이 있기 때문에 나는 기존의 틀에서 벗어난 창의적인 꿈을 가진 학생들을 환영한다. 음악과 과학, 의학, 심리학 등 다른 분야와의 접목이라든지 연주를 하는 데에 가상의 악기를 이용해 보거나 음악 교육의 혁신적인 이론과 방법을 적용해 보는 것 등등. 자신의 관심사가 다른 음악도들과 다르다면 그것은 고민거리가 아니라 자랑거리가 되어야 할 것이다. 이러한 다양한 관심사를 가진 학생들에게 '당신이 바로 새로운 음악 세상을 만들 꿈을 지닌 음악인'이라고 말하며 그들을 열렬히 응원해 주고 싶다.

비평을 받아들이는 마음가짐

예고에 입학한 학생들은 어려서부터 꾸준히 심도 있고 강도 높은 훈련을 받기 시작하기 때문에 고등학생 때 이미 자기 분야에 대한 전문성과 자부심을 갖게 된다. 음악을 공부하는 데 꼭 필요한 것 중 하나가 바로 뚜렷한 주관인데 이는 연주할 때뿐만 아니라 평소에도 학생의 가치관과 일상에 반영되기 마련이다. 강한 훈련 때문인지 대부분 어린 음악도들은 다른 사람의 평가에 매우 민감하게 반응하고 종종 마음의 상처를 입기도 한다. 아주 어렸을 때부터 나와 함께해 온 음악이기에 내 음악에 대해서 누군가 비평을 한다면 그 평가가 마치 나라는 사람에 대한 평가처럼 느껴지기 때문이다.

오랜 기간 혼신을 다해 노력해 왔기에 나의 음악에 대한 주관과 그것을 표현한 연주에 대해 기대와 자부심이 높은 것은 당연한 일이다. 또한 나의 실력을 바탕으로 형성된 음악가로서의 꿈도 정말 소중하고 특별한 것임에 틀림없다. 그렇기에 누군가 나에게 비평을 한다면 그것을 현명하게 받아들이는 방법을 터득하는 것이 중요하다. 우선 누군가가 근거 없는 혹평이나 비방을 퍼뜨린다면 마음에 담아 두지 말고 흘려보내면 된다. 나의 꿈과 실력에 대해 가장 잘 알고 있는 사람은 나 자신이기에 누군가의 부정적인 평가가 사실에 근거한 것인지 그렇지 않은 것인지는 나의 머리와 마음이 바로 알아챌 수 있기 때문이다.

가장 혹독하지만 뼈가 되고 살이 되는 평가는 대부분 나를 매우 잘 아는 가장 가까운 사람들에게서 오는 경우가 대부분이다. 부모님과 가족의 솔직한 의견과 더불어 은사님들의 비평은 나를 음악가로서 굳세게 단련시켜 줄 수 있는 소중한 조언들이다. 그렇기에 이러한 값진 비평이 주어진다면 그것이 내 개인에 대한 평가가 아닌 내 음악에 대한 혹은 음악인으로서의 나에 대한 평가임을 기억하기를 바란다. 여러 음악회나 페스티벌 등에 참석하다 보면 종종 나에게 도움이 되는 조언과 비평을 해 주시는 고마운 분들을 만날 기회가 있는데 이러한 분들 역시 그 조언의 길이가 짧고 간결하되 그 내용은 나의 꿈과 자부심을 깎아내리는 것이 아니고 나를 한 단계 더 발전시킬 수 있도록 만들어 주는 귀한 비평을 해 주신다. 이러한 값진 기회를 접하게 된다면 마음과 귀를 활짝 열고 기쁜 마음으로 비평을 즐기라고 조언해 주고 싶다.

꿈을 꾸는데 나이는 상관없다

이상적인 음악 전공생은 어린 나이에 배움을 시작하여 10대 후반까지 대부분의 음악적 테크닉과 기본적인 레퍼토리 습득을 완료함으로써 대학교와 상위 연구 과정의 교육 내용과 목표를 무리 없이 소화해 낼 수 있도록 기본기를 완성한다. 이러한 장기적인 준비와 노력이 필요하다는 것을 대한민국의 부모님들과 음악 전공생들은 매우 잘 알고 있기에 한국 학생들의 음악 실력과 이해도는 세계에서 손에 꼽힐 정도로 탁월하다.

나 역시 이러한 환경에서 자라 왔고 교육을 받았기에 교수가 된 이후로 이러한 경로를 거치지 않은 채 음악 전공을 하겠다고 찾아오는 미국 학생들을 만나면 적잖이 당황을 했다. 또한 대학에 입학한 뒤 음악에 대한 열정이 생겨 음악 부전공을 하거나 음대로 편입하고 싶다는 학생들, 아니면 10대나 20대에 개인 사정으로 음악을 공부하지 못했지만 가정을 이루고 직업을 가진 이후 늦게나마 다시 학교로 돌아와 음악을 공부하고자 하는 만학도를 종종 보기도 한다. 한국의 조직적이며 약간은 보수적인 음악 교육 체계에 익숙해 있던 내가 이러한 다양한 배경과 연령대의 학생들을 만나면 신선함을 느끼는 동시에 이 학생들의 목표를 이루는 데 내가 꼭 필요한 도움을 줘야겠다는 책임감을 갖게 된다. 내가 지금껏 보아 온 대부분의 음악 만학도들은 음악 공부를 통해 이루고 싶은 꿈과 그에 대한 열정이 대단하기에 그들이 세운 꿈을 향해 맹렬히 질주한다.

　미국 사회의 전반적인 개인주의 성향으로 인해 대부분의 미국인들은 자신의 열정을 바탕으로 꿈을 꾸는 것에 대해 '지금 내 나이와 처지를 보면 남이 어떻게 생각할까?'라든가 '지금 내가 이런 꿈을 꾸는 게 가족에게 피해를 주는 일은 아닌가?'라는 생각은 잘 하지 않는다. 그러므로 그들 주변에 "늦은 나이에 음악 공부를 시작하지 않는 게 좋을 거야." 혹은 "지금 음악 교육을 받아도 성공적인 음악가가 될 수 없어." 등의 부정적인 이야기를 하는 사람들도 매우 적다. 나 역시 이러한 학생들에게 손가락이 유연하지 않아서 혹은 음악 이론에 대한 지식이 부족해서 음악 공부를 하기에는 좀 늦은 것 같다는 조언을 해 준 적이 단 한 번도 없다. 내가 그 학생의 성공을 보장해 줄 수는 없지만 누구나 자신이 처한 상황에 관계없이 무언가를 이루고 싶은 꿈을 가질 수 있다는 믿음까지 그들에게서 빼앗고 싶지 않기 때문이다.

다시 한국의 학생들로 이야기의 초점을 맞춰 보아도 나는 학생들에게 같은 조언을 해 줄 것이다. 지금 이 책을 읽고 있는 독자들 중에 예고 학생이 아닌 학생들, 다른 전공을 공부하고 있는 학생들, 직업을 가지고 가정을 이루었지만 항상 음악에 대한 꿈을 품고 있는 모든 사람에게 나는 꼭 이렇게 이야기해 주고 싶다. "꿈을 꾸는데 나이가 무슨 상관이지?"

마음에 귀 기울이기

불혹의 나이가 되어 지나온 시간들을 되돌아보니 음악을 공부하는 과정에서 즐겁고 보람된 시간도 많았지만 불투명한 미래와 선택의 갈림길에서 방황했던 순간들도 여러 번 있었다. 고민이 많은 경우들은 사실 대부분 너무 고민하지 않아도 다 잘될 일이었고, 고심하며 결정한 몇 가지 커다란 선택들도 내 마음의 목소리에 귀를 기울이고 선택한 결과이기에 걱정하지 않아도 되는 일들이었다.

지금의 내가 그때로 타임머신을 타고 돌아간다면 그때의 나에게 다 잘될 거라고 말해 주고 싶지만, 또 한편으로는 그 당시 어렸던 나에게 주변의 그 누가 어떤 이야기를 해 줬어도 몇 날 며칠 고민을 계속했을 게 분명하다는 생각이 든다. 우리의 장래에 대한 질문들은 이렇게 대부분 비슷할 것이다. 어느 학교로 진학해서 어떤 선생님과 공부를 해야 할까부터 이번 여름엔 어느 프로그램에 참여해야 할까, 대학원은 어느 나라에 있는 학교로 진학해서 무슨 과정을 밟아야 할까, 학위를 받은 후에는 어떤 직업을 선택하고 어느 도시에서 어떻게 살아야 할까 등등….

이와 같은 질문을 누가 지금의 나에게 한다면 우선 정답은 없다고 이야기를 시작할 것이다. 최선과 최악의 선택은 있을 수 있지만 한 가지 결정만이 정답이고 나머지는 모두 다 오답이라고 할 수 없기 때문이다. 그렇기에 자신의 마음에 잘 귀 기울이고 지금 처한 상황에서 내가 최선을 다하여 해낼 수 있는 일이 무엇인가를 생각하는 데에 노력과 시간을 쏟기 바란다. 걱정이 지나쳐서 심리적으로 혹은 육체적으로 쇠약해진다면 좋은 선택을 하기 힘들다. 어떤 일에 대해 집중하여 해답을 얻어 내는 과정에서 길을 잃은 듯 앞이 보이지 않는다면 나는 모든 것을 멈추고 명상을 하거나 산책을 하곤 한다. 시간이 비교적 많았던 학생 때에는 방학 기간을 이용하여 꼭 가 보고 싶었던 곳에서 여행을 하며 잠시 고민에서 벗어나 가벼운 마음과 맑은 정신을 되찾는 시간을 갖기도 했다.

그 여행지 중 한 곳인 이탈리아의 아시시Assisi에서 나는 서른 살 겨울에 내가 그토록 찾고 있었던 음악가로서 또 한 인간으로서 조바심 내지 않고 인생을 살아가는 지혜를 얻어 오기도 했다. 그곳에서 만난 한국인 수녀님과 신부님께서는 수년간 세속적인 가치와 기대치에 부응하려고 노력하다가 지친 나에게 사막의 오아시스를 만드는 단비와 같은 은총을 나누어 주셨다. 내가 세상의 기준에 부합하기 위해 조급해하며 만들었던 목표들과 남들에게 멋지게 보이기 위해 꽉 쥐고 있었던 나와 어울리지 않는 것들을 정리하니 내가 가야 할 길이 또렷하게 보였다. 그 길을 혼자 걸어가는 것에 대한 두려움도 사그라졌다. 매일 시도 때도 없이 내 안에 일어나는 고민과 번민을 잠시 접어 두고 오늘 바로 이 순간에 충실하고 감사하는 시간을 오롯이 보내 보자. 그렇다면 마음속 깊은 곳까지 귀를 기울이는 값진 경험을 할 수 있을 것이다.

♪ 미국 유학을 전략적으로 준비하는 방법

앞서 경험한 선배가 미국 유학을 준비하는 후배들에게 알려 주고 싶은 것들을 정리해 보았다.

입시 요구 사항

음악대학이나 대학원에 지원할 때 주로 요구되는 것들은 지원서, 토플 성적, 추천서, 대학(고등학교) 성적표, 자기소개서, 그리고 오디션 등이 있다. 자기소개서는 형식이 각 학교마다 조금 다를 수 있고, 오디션은 예선 pre-screening 자료를 요구하는데 이에 통과해야 미국 오디션에 초대될 수 있다. 온라인으로 리코딩 파일을 제출하는 경우도 있는데, 작곡 전공은 2-3개 곡의 악보와 리코딩 파일을 제출하고 온 캠퍼스on-campus 인터뷰를 하거나 전화나 화상 통화로 인터뷰를 진행하기도 한다. 학교에 따라서는 예선이나 전화 인터뷰 없이 미국으로 바로 오디션을 보러 오라고 하기도 하는 등 학교와 전공마다 요구하는 사항이 조금씩 다르므로 본인이 지원할 학교의 지원 서류와 입시 과정을 정확히 알고 준비하는 것이 중요하다.

기본적으로 서류 전형의 최소 요구 사항을 충족했다면 입시 당락은 대부분 오디션 결과에 의해 결정된다. 그러므로 학점이나 토플 성적이 완벽하지 않다거나 추천서의 내용이 괜찮은지 확신이 없어 걱정이 되어도 최선을 다해 오디션 준비를 하도록 하자. 토플 성적이 아직 충족되지 못했더라도 일단 자신이 할 수 있는 최선의 점수를 보낸 후에 오디션을 잘 준비한다면 학교 측에서 토플 성적 마감일을 예외적으로 연기해 줄 수도 있으니 끝까지 포기하지 않는 것이 좋다. 미국도 우는 아이 떡 하나 더 준다는 말이 통할 때가 종종 있어서 궁금한 것이 있을 때는 학교 측에 정중히 물어보면 의외의 해결책을 제시해 줄 수도 있다.

학연이나 지연은 잊어라

한국의 예중, 예고, 음악대학과 대학원 이름이 내 지원서에 적혀서 멀리 미국에 전달되었을 때에는 한국계이거나 한국을 매우 잘 알고 있는 교수님이 아니라면 대부분 학교 이름을 알아보지 못하며 어느 학교를 다녔는지에 크게 관심을 두지 않는다. 입시 과정에서는 학교와 학위의 이름이 미국 학교를 지원하는 기본적인 충족 요건으로 보이는 경우가 많다. 물론 한국의 높은 음악 수준과 몇몇 명문 학교들의 이름은 미국을 비롯한 전 세계에 잘 알려져 있지만 한국 학교의 인지도로 당락이 결정되는 경우는 거의 없다고 보아도 무방하다. 다만 본인이 지원하는 학교에 학교 선후배나 같은 지역 출신의 지인이 있다면 아무래도 더 다양한 정보를 사전에 접할 수 있으니 그런 면에서는 학연과 지연이 도움이 될 수도 있다.

좋은 추천서를 받으려면

추천서는 나에 대해 좋은 내용이 많을수록 유리하다. 대부분 실기 선생님, 전공 교수님이나 좋은 성적을 받았던 전공과 관련된 수업을 가르치셨던 교수님께 부탁하는 게 좋다. 추천서는 대부분 추천자에게서 바로 학교로 보내지기 때문에 학생이 내용을 읽거나 수정하는 것이 금지되어 있다. 그러므로 내가 추천서를 부탁했을 때 아무런 의심의 여지도 없이 좋은 추천서를 써 주실 것 같은 선생님께 부탁해야 하는데 추천서는 써 주는 입장에서도 쉬운 작업이 아니므로 다음 네 가지 사항을 명심하여 추천서를 준비하라고 조언해 주고 싶다.

첫째, 최소한 나를 한 학기 이상 가르치거나 알고 지내신 분 중에서 좋은 관계를 유지한 선생님으로 한정한다. 둘째, 추천서 마감일보다 최소 한 달 이상을 남기고 부탁드려서 시간에 쫓겨 추천서 내용이 부실해지지 않도록 주의한다. 셋째, 추천서를 부탁드릴 때 지원하고자 하는 학교와 전공에 대해 최대한 많은 정보를 드리고 추천서를 제출하는 방법과 마감 날짜를 명확히 알려드린다. 넷째, 추천서 내용에 도움이 될 수 있는 다른 자료들(입상 경력, 학점, 영어 성적, 이 학교에 지원하는 이유 등)을 드려서 내가 어떤 학생이고 음악가인지 최대한 많은 것을 알려드리는 것이 좋은 추천서를 받을 확률을 높인다.

추천서는 영어로 제출해야 하는데 한국어로 써 주셔서 영어 번역을 해야 하는 경우가 종종 있다. 그런 경우 영어로 번역하면서 내용이 달라지거나 오역이 생기지 않도록 주의해야 한다. 추천서의 영어가 완벽한 수준일 수는 없지만 내용은 정확히 전달되어야 하기에 영어권 원어민에게 한번 확인을 받거나 공증을 받는 절차를 거칠 수도 있다.

인터넷에 추천서 샘플이 많이 있을 텐데 참고만 하도록 하자. 그 샘플을 전 세계에서 나만 찾아서 보았다는 확신이 없는 이상 샘플의 내용을 일부 혹은 전부 가져다 쓰는 것은 미국 학교에서 가장 비도덕적인 행위의 하나로 치부하는 표절로 간주되어 바로 탈락이 될 수 있다.

추천서는 이 학생을 가르쳤던 교수님이 앞으로 이 학생을 가르칠 교수님께 보내는 편지와 같은 것이기 때문에 학생이 많은 장점과 가능성을 가지고 있어서 가르칠 만한 학생이며 지원하는 학교에 좋은 영향을 줄 수 있는 학생이라는 내용이 있는 것이 가장 중요하다. 내 수업에서 A를 받았고 결석한 적이 없다는 내용만으로 수많은 추천서 중에서 내 추천서가 특별히 돋보이기는 어렵다. 이러한 내용에 덧붙여서 이 학생을 처음 만났을 때와 비교한다면 지금은 음악인으로 얼마나 어떻게 성장했고 어떤 음악적 성취를 이루었으며 왜 이 학생이 미국에서 음악을 계속 공부해야 하는지 등 조금 더 구체적인 내용이 추천서에 실린다면 좋을 듯하다.

추천서의 길이는 제한이 없으나 너무 짧거나 길지 않게 1-1.5쪽 정도가 적당하다. 그리고 기승전결의 짜임이 중요한데 예를 들어 '언제 어떻게 이 학생을 알았고 - 이 학생이 내 수업이나 레슨에서 어떻게 성장했고 - 이 학생이 미국에서 공부한다면 학생 자신뿐 아니라 미국 학교에 기여를 할 것이니 - 추천합니다.'와 같은 흐름을 따른다면 읽기 좋은 추천서가 될 것이다.

대부분의 학교에서 2-3부의 추천서를 요구하기 때문에 만약 추천서를 써 주실 선생님이 두세 분 계시지 않으면 매우 곤란하다. 그렇기 때문에 미국 유학을 준비한다면 가장 먼저 생각해야 할 것이 추천서 준비라고 해도 무방하다. 추천서는 가장 최근까지 나를 가르쳤던 교수님이나 선생님들께 받는 게 이상적이지만 그렇지 않다면 과거에 나를 가르치셨고 나에 대해 좋은 기억이 있으신 분께 받아도 된다. 꼭 대학교에 적을 두신 교수님이거나 강사 선생님일 필요는 없다. 개인 레슨만 하시는 선생님, 은퇴하시거나 프리랜서로 활동하시는 선생님, 박사 과정이나 유학 중인 선생님 등이 추천서를 써 주실 경우에는 추천서에 추천인 본인의 간략한 소개가 들어가면 된다.

장점을 살리고 단점을 최소화하는 전략

지원 서류 중에서 부족하다고 느껴도 다른 곳에서 극복이 가능할 수 있는 서류들은 대학 성적과 토플 점수이며, 어렵지만 꼭 최선을 다해서 준비해야 하는 것은 추천서와 자기소개서이다. 그리고 절대 타협의 여지가 없는 것은 오디션과 인터뷰이기 때문에 자신의 부족한 점을 알고 최소 1년 이상의 기간을 두고 유학 입시를 준비하기 바란다. 항상 실기를 최우선에 두고 준비하여 완벽한 오디션을 치른다면 서류상 조금 부족한 다른 부분들이 보완될 수 있을 것이다.

만약 입상 경험이 부족하거나 학점이 만족스럽지 않다면 자기소개서에서 왜 이런 결과가 있었는지 간략히 서술하며 보완할 수 있다. 무대 공포증이 있다든가 콩쿠르 준비보다 다른 연주나 프로젝트 진행을 더욱 활발히 했다든가 하는 등의 내용을 덧붙일 수 있을 것이다. 또한 음악과 더불어 전문적으로 하는 스포츠나 봉사 활동 등이 있다면 모두 기재하도록 하자. 이러한 경험을 통해 무엇을 배웠고 음악을 하는 데 이러한 활동이 어떤 영향을 끼쳤는지 등을 서술한다면 자신의 다재다능함을 알리고 인간미를 보여 줄 수 있는 독특한 자기소개서가 될 것이다.

입시 전 교수님께 이메일 보내기

미국에서는 입시 전에 지원하고자 하는 학교의 교수님을 만나는 것이 허용된다. 교수님과 미리 연락이 닿았거나 만났다고 해서 입학 확률이 무조건 높아지는 것은 아니지만 만약 좋은 만남이 되었다면 지원자에게 매우 유리한 상황이 될 수도 있다. 교수님들이 매년 지원자들에게서 많은 이메일과 연락을 받을 수도 있다는 걸 감안한다면, 처음 연락할 때는 조금의 전략이 필요하다. 지원하고자 하는 학교에 지인이 다니고 있다면 지인을 통해 물어보는 것이 좋은 방법이다.

만약 아무도 아는 사람이 없다면 용감하게 이메일을 보내 보자. 미국인의 예절에 대한 개념과 기대치가 한국인과는 다르다고 하지만 학생과 교수님 사이의 예의는 여전히 매우 중요하다. 그러므로 올바른 호칭의 사용, 이메일의 시작과 끝에 바른 단어와 인사말 사용, 이메일을 읽어 주신 것에 대한 감사함, 그리고 답장을 꼭 달라는 부담을 주지 말 것 등 최대한 예의를 갖추어 써야 한다. 간략한 자기소개와 연락하는 이유를 쓰고 학교나 학과에 대한 질문, 학교 방문 시 만날 수 있는지 여부 등을 묻는 질문을 명료하게 써서 보내면 된다. 너무 길게 여러 이야기를 장황하게 하거나 다짜고짜 그 학교에 가고 싶으니 만나 달라고 하면 지원서를 보내기 전에 좋지 않은 인상을 남길 수 있다. 만나고 난 후에는 감사의 이메일을 잊지 말고 보내도록 하자.

장학금을 받는 방법

유학을 계획할 때 반드시 생각해 봐야 할 것은 공부와 생활에 들어가는 비용이다. 높은 물가 때문에 미국의 학비와 생활비가 많은 학생들에게 다소 부담스럽게 느껴질 수 있다. 그렇기 때문에 입학 시 장학금을 많이 제안하는 학교를 선택하여 진학하는 것이 중요한데 나 역시 석사와 박사 과정에서 이러한 점을 고려하여 대학원을 선택하고 지원했다. 전액 장학금을 받으며 석사와 박사 과정을 마친 나는 펠로십 장학금 school of music fellowship, 조교 장학금 teaching assistantship, 그리고 멜론 논문 장학금 Mellon Dissertation Year Fellowship 등 세 종류의 장학금을 받았다.

학교와 전공마다 장학금 지원 양식이나 과정이 상이하지만 대부분 지원서에는 '장학금 신청에 지원하십니까?' 정도의 간단한 질문이 있고 여기에 yes 혹은 no로 대답하거나 한 장 내외의 장학금 지원서를 작성해서 제출하면 된다. 장학금 신청에 지원한다고 대답하는 것이 당락에는 영향을 끼치지 않으므로 자신의 필요와 소신에 따라 장학금 신청 의사를 밝히면 된다.

아직 수업을 들으며 공부해야 할 것이 많은 석사 과정은 학교 차원에서 지원하는 장학금 종류와 기회가 박사 과정보다 제한적이다. 나는 석사 1년차에는 펠로십 장학금을, 2년차에는 조교 장학금을 받았다. 펠로십 장학금은 조건 없는 순수 장학금으로 입학 성적에 따라 주어지며 조교 장학금은 학부생 수업을 일주일에 두세 번 정도

하는 조건으로 주어졌다. 오디션이나 인터뷰 심사 과정에서 매우 좋은 실력을 보이거나 입학 후 첫 일 년간 열심히 실력을 향상시키는 모습을 보인다면 석사 과정 장학금의 기회가 주어질 수 있으므로 지속적으로 기회를 찾아보고 지원하는 것이 중요하다.

박사 과정은 전공을 막론하고 극소수의 학생들에게만 입학 허가가 주어진다. 작곡과의 경우 내가 졸업한 대학원에서는 매년 전 세계에서 보내오는 100개 이상의 입학 지원서 가운데 한 명에서 두 명의 학생만을 합격시키고 있다. 그렇기 때문에 학생들도 매우 치열한 경쟁을 해야 하지만 학교 측에서도 실력 있는 학생들을 모집하기 위하여 합격한 학생 모두에게 4년 내지 5년 동안의 학비 전액과 생활비를 제공하는 장학금을 주고 있다. 이러한 장학금 방침이 있는 학교에 지원하는 경우 장학금 신청서가 따로 있지 않고 합격과 동시에 장학금이 자동적으로 지급된다.

내가 받은 5년 장학금은 첫 일 년은 아무런 의무가 없는 순수 장학금으로 학비와 생활비가 지원되었고, 2년째부터는 학부 수업을 가르치는 조교 장학금의 형태로 지급되었다. 그리고 마지막 5년차에는 논문과 졸업 연주에 집중하기 위해 조교의 업무를 면제받는 조건이었다. 여기에 더해 나는 6년차에 대학원 본부에서 모든 전공의 박사 과정 학생 중 7명가량의 학생을 선발하여 수여하는 멜론 논문 장학금을 받게 되어서 논문을 마무리 지으며 졸업 후 계획을 조금 더 여유 있게 세우는 한 해를 보낼 수 있었다.

교수님을 도와 학부 과목을 가르치는 임무를 수행해야 하는 조교 장학금은 영어를 외국어로 말하는 유학생에게 매력적인 동시에 걱정스러운 장학금으로 다가올 수도 있다. 음악 이론이나 시창 청음 수업의 조교 중에 간혹 영어 말하기 실력이 충분하지 않아 장학금을 중도에 반납하게 되거나 몇 년 후에 학교를 떠나게 되었다는 이야기도 간혹 들을 수 있었기 때문이다. 처음부터 완벽한 강의를 하기는 어렵겠지만 매 학기 영어 말하기 실력을 향상시키려는 노력을 할 마음의 준비가 되어 있다면 너무 걱정하지 않아도 된다고 말해 주고 싶다. 대학원생에게 학부생을 가르치는 경험을 할 기회를 주려는 것이 조교 장학금 수여의 목적 중 하나이기 때문에 장학금을 받을 수 있는 기회와 더불어 자신의 강의 능력을 향상시키는 훈련의 기회로 생각하면 좋겠다. 대학원 졸업 후에 교수나 교육 분야에 지원할 때 조교 경력은 이력서 첫 장에 쓸 수 있는 중요한 경력이기 때문에 기회가 주어진다면 최선을 다해 열심히 해 보라고 강력히 권하고 싶다.

유학 후 계획 세우기

유학을 성공적으로 가게 된다면 출발 순간부터 유학 이후의 계획을 생각해 보는 것이 좋다. 미국에서 예술고등학교, 대학교, 석사, 디플로마, 박사 과정 등 각자 진학하는 학교나 과정이 다르기에 다음 학위 과정을 고려해 처음에 지원하고 싶은 학교를 생각해 볼 수 있겠다. 계속 미국에서 공부할 것인가 아니면 유럽, 한국, 또는 아시아의 다른 국가에서 학교나 학위 과정 등을 선택할 것인가도 고려해 볼 문제이다. 만약 대학교나 석사, 디플로마, 박사 과정을 마치고 음악가로서의 직업을 얻고 싶다면 자신이 원하는 분야에 지원할 준비가 되었다고 생각이 들었을 때 최대한 일찍 지원하기를 바란다. 박사 과정 학생들은 졸업 논문을 쓰기 시작하면서 교수직 지원을 같이 시작하는 경우가 빈번하다.

분야의 특성상 음악에 관련된 직업들은 대규모의 공채가 있거나 수시로 채용을 하는 일이 없기 때문에 내가 원하는 직업의 조건에 완벽히 부합되지 않더라도 기회가 생겼을 때 일단 지원해 보고 그 과정을 경험해 보는 것이 중요하다. 일하고 생활해야 할 도시가 마음에 안 든다거나 연봉이 너무 낮거나 혹은 내가 원하는 세부 조건이 맞지 않는다는 등의 이유로 유연하지 못한 태도를 고수한다면 직업을 찾기까지 시간이 매우 오래 걸릴 수 있다. 미국은 직업을 여러 번 바꾸는 일이 흔하고 경우에 따라 이직이 권장되기도 한다. 첫 직장이 내 마음에 들지 않더라도 일단 일을 시작하면 다른 기회를 찾아 지역을 옮기고 연봉을 올릴 수 있는 가능성을 높일 수 있을 것이다.

외국인으로서 미국에서 비자를 발급받아 머물 수 있는 기간이 한정되어 있기에 한국으로 돌아가는 것이 계획이 아니라면 학위 이후의 계획을 세울 때 체류 신분이 큰 영향을 줄 수 있다. 프리랜서로 음악 활동을 하며 지내고 싶다면 시간을 가지고 학생 비자 이외의 다른 종류의 비자나 체류 자격을 충분히 알아볼 것을 권한다. 그중 하나로 예술가 비자(O-1)가 있는데 이 비자 지원 양식은 미국 이민국에 자신이 예술가로서 미국에 어떠한 기여를 하고 있으며 앞으로 어떤 활동을 할지 상세히 적어 내는 것을 요구한다. 서류 준비 과정이 유학 비자보다 복잡하며 취업 비자처럼 신청 과정을 보조해 주고 보증을 해 주는 직장이 있지 않기 때문에 예술가 비자를 발급받으려고 한다면 전문 변호사를 고용해 진행해야 한다. 프리랜서 활동을 같이 할 예정인 미국 단체나 미국 시민이 예술가 비자 지원에 추천서를 써 주거나 보증을 서 주는 것이 비자 승인 확률을 높이는 데 큰 도움이 될 것이다.

요즘에는 인터넷 클릭 몇 번이면 미국 학위 과정이나 유학에 관련된 일반적인 정보를 누구나 쉽게 찾을 수 있다. 그럼에도 불구하고 이렇게 책을 통해 후배들에게 나의 삶과 경험에 바탕을 둔 정보와 조언을 꼭 전해 주고 싶었다. 우리가 무엇을 배울 때 혼자 책으로 독학하며 배우는 것보다 누군가가 옛날이야기처럼 술술 풀어서 이야기해 주면 금방 더 이해가 잘 되고 오래 기억에 남는 것을 경험했을 것이다. 그렇기에 인터넷에서 읽고 해석해서 얻은 정보가 잘 와닿지 않을 때 음악인 선배가 '내가 그때는 말이지.'라고 시작하며 들려준 이야기가 조금이라도 더 기억에 남고 도움이 되었으면 하는 바람이다. 지금까지 그래왔듯이 앞으로도 수많은 시간을 음악을 하며 살아갈 후배들에게 '어떻게 음악을 하는 것이 나를 행복하고 성숙한 음악가로 성장 시켜 줄 수 있을까.'라는 질문에 대한 답변을 종종 생각해 보라고 당부하고 싶다. 정답은 없다. 자신에게 만족스러운 대답이 각자에게 어울리는 최선의 답일 것이며, 그러한 답을 찾는 과정에 나의 이야기가 조금이나마 도움이 되고 희망을 줄 수 있었으면 한다.

PIANIST

이수란

예원학교, 서울예술고등학교, 이화여자대학교 졸업. 미국 하트퍼드 음악대학 The Hartt School, University of Hartford 석사 및 최고 연주자 과정 Artist Diploma을 졸업했다. 음악을 전공하는 대부분의 학생들처럼 연주 여행을 다니는 콘서트 아티스트의 꿈을 좇아 혼신을 다해 피아노를 치며 살았다. 하지만 결혼과 육아의 또 다른 세상을 만나면서 내 마음대로 할 수 없는 부분들이 있음에 수많은 고민을 하게 되었고 여느 워킹 맘들과 같은 현실에 부딪혔다. 아이들을 기르면서 '엄마로서 음악인으로서 다 잘 해낼 수는 없을까?' 셀 수 없는 고민 끝에 가정에 최선을 다하면서 음악을 놓지 않는 방법으로 미국 공립학교 음악 선생님이라는 직업을 선택했다.

SOORAN LEE

어렸을 때부터 예원학교, 서울예술고등학교의 교복이 주는 자신감으로 살아왔지만 나의 가치는 내가 만들어 가는 것임을 깨닫고 '훌륭한 음악인'보다는 '괜찮은 사람'으로 사는 방법을 모색해 가고 있다. 후배 음악인들은 우리 세대보다는 조금 더 편하게 음악 활동을 할 수 있기를 바라는 마음으로 '미국 현지 음악 교사의 알면 쉬운 음악 영어'라는 이름으로 블로그를 운영 중이다. 유학용 음악 영어뿐 아니라 음악인의 자격, 음악인의 진로 선택, 한국 클래식계의 문제점 등 음악인들의 말 못할 고민들을 감히, 용감하게 이야기하며 소통 중이다.

연주도 잘하는
미국 공립학교 음악 선생님

세계적인 피아니스트를 꿈꾸며 살아오다 결혼을 하고 육아를 하게 되었을 때 가장 먼저 든 생각이 '어떻게 연주 생활과 육아를 병행할 수 있을까?'였다. 자녀를 기르면서 피아노 연습을 온전히 하기가 쉽지 않았기 때문이다. 정말이지 학생 때야말로 부모님이 해 주는 밥을 편하게 먹으며 원 없이 공부하고 연습할 수 있는 시기라는 사실을 새삼 절감했다. 아이 기저귀를 갈다가, 낮잠을 재우고 분유를 먹이는 와중에 연습하기란 정말 서커스 단원이 외줄을 타는 것과 같은 수준의 기술을 요구하는 것이다.

그래서 이런 현실에 부딪힐 때마다 '이제는 음악을 놓아야 하나?'라는 마음이 들곤 했다. 하지만 가족과 음악 모두 내 인생에서 가장 소중한 존재들인데 아무리 힘들어도 어느 하나를 놓을 수는 없었다. 그렇다고 해서 또 두 가지를 동시에 잘 가꾸기도 결코 만만한 일은 아니었다.

그렇게 10여 년 동안 고민의 고민을 거듭해 온 결과, 나는 조금은 성장할 수 있었다. 인생의 선배들은 누구나 인생에서 갈림길을 만날 때마다 어느 한쪽을 선택하며 살아왔고, 그 선택은 자신의 능력과는 별개로 개개인이 소중하게 생각하는 우선순위에 따라 결정된다는 것을 깨달았다. 그래서 그 이후로는 어떤 사람을 만나든지 상대방을 이해하는 폭이 넓어졌다. 그동안의 시간을 바탕으로 이제 내가 음악인으로서 지금껏 어떤 선택을 하며 살아왔는지 이야기해 보려 한다.

♪ 미국 초등학교의 음악 교사

멀티플레이어multiplayer라는 말은 영어의 뜻과 한국어의 뜻이 약간 차이가 있다. 영어로 멀티플레이어라는 말을 쓸 때는 주로 온라인 게임에서 '한 게임에서 여러 명이 동시에 플레이하는 것'이라는 뜻으로 쓰인다. 그런데 한국에서는 '여러 명이 동시에'라는 영어의 뜻 대신 '다양한 분야에서 여러 가지 역할을 능동적으로 수행할 수 있는 지식과 능력을 가진 사람'이라는 의미로 사용되고 있다. 내가 말하고자 하는 멀티플레이어는 한국어의 의미에 가까운데 지금 나의 직업을 가장 잘 표현하는 단어이기도 하다.

멀티플레이어 음악 교사

나는 미국 코네티컷주의 한 초등학교 음악 교사로 일하고 있다. 관악 밴드 관리, 관악기 소그룹 레슨, 합창 지도, 일반 음악 교육 등을 PreK(만 3세)부터 6학년(만 12세)까지의 학생들을 대상으로 가르치고 있다. 미국 학교는 보통 합창 선생님, 일반 음악 선생님, 현악 오케스트라 선생님, 관악 밴드 선생님과 같이 음악 선생님의 역할이 나뉘어 있어 학교마다 음악 선생님이 적어도 2-3명은 있다. 다만 지금 근무하는 학교는 학생 수가 적은 지역에 위치하고 있어서 한 명의 음악 선생님이 모든 과목을 가르치고 있다.

· 관악 밴드와 소그룹 레슨

네 살에 피아노를 시작하여 유학을 하기까지 오롯이 피아니스트의 길만 걸어온 나에게 지금의 직업은 그야말로 신세계 중의 신세계였다. 내 인생을 통틀어 내가 색소폰과 트롬본 등을 가르치고 있으리라 상상조차 해 본 적이 없다. 지금 가르치는 초등학교에서 초급반과 중급반 학생들의 관악 밴드 지휘를 하는데, 대학교 때 그렇게 싫었던 총보독법score reading과 지휘법 등의 지식들이 얼마나 유용하게 쓰이는지 모른다. 총보를 계속 보다 보니 이제는 총보가 아니면 더 불편하기까지 하다.

나는 나한테 절대 음감(악보를 보지 않고도 들리는 소리의 음 이름을 알 수 있는 능력)이 있다는 사실을 매우 뿌듯해하며 자랑스럽게 생각하고 살아왔다. 그런데 이 관악 밴드와 소그룹 레슨에서 가장 어려운 점이 바로 나의 '절대 음감'이다. 대다수의 관악기는 악기마다 악보에 쓰인 음written pitch과 실제 소리concert pitch가 달라서 나의 뇌는 악보를 보고 동시에 악기 소리를 듣는 순간이 혼돈의 시작이다. 그래서 학생들을 가르칠 때 학생들이 연주한 음을 듣고 다시 역으로 계산하여 도대체 지금 무슨 음을 연주하고 있는지 파악하는 희한한 과정을 아직도 매일 반복하고 있다.

게다가 악기를 관리하는 법은 뭐가 이렇게도 다 다른지…. 어떤 악기의 어떤 부분은 그리스grease(악기를 조립할 때 빡빡함을 없애 주는 것)를 써야 하고 어디에는 밸브 오일valve oil을 써야 하고, 리드reed(관악기 마우스피스에 끼우는 나뭇조각)의 종류며 두께는 어찌나 다양한지. 아휴… 트럼펫 마우스피스는 왜 이리 자꾸 본체에 꽉 끼어 빠지지 않는지 반대로 클라리넷의 작은 나사는 왜 자꾸 빠지는지. 드럼 키로 조율까지 하다 보면 일이 끝이 없다.

· 재즈 밴드

수요일 방과 후엔 재즈 밴드도 가르치는데 이거야말로 정말 쉬운 게 하나도 없다. 온통 클래식 교육만 받은 나의 지식이 참 부끄럽게 느껴지는 순간이다. 재즈에 문외한인 데다가 리듬 악기(드럼, 베이스 기타 등)가 무엇인지조차 몰랐으니 말이다. 그리고 지휘봉을 가지고 지휘하지 않고 걸어 다니며 몸의 제스처와 박수로 큐cue(시작하라는 사인)를 주고 연습을 할 때는 리듬이 어렵기 때문에 주로 "따~디디 뚜두두 훗, 따답!"처럼 말로 아티큘레이션articulation을 해 줘야 하고 솔로의 즉흥 부분들도 정해 줘야 하니 그야말로 재즈는 또 다른 세상이다.

· 합창

합창은 그나마 좀 나은 게 교회에서 성가대에 섰던 경험도 있고 반주자로 쌓은 경험이 많기 때문에 어떻게 발성 연습을 하는지, 어떻게 곡을 연습해야 하는지 조금은 아이디어가 있었다. 하지만 그렇다고 해서 또 어려움이 아예 없는 것은 아니었다. 내가 반주도 하고 지휘도 동시에 해야 하기 때문에 1인 2역을 해야 하는데 그 와중에 악보 복사부터 학생들 자리 표 만들기와 스크린 프로젝터 준비까지 해야 한다. 그리고 실제 음악회 날에는 반주자를 고용하여 연주해야 하기 때문에 사전에 반주자 섭외도 해야 한다.

· 일반 음악

일반 음악general music 클래스를 이야기하자면 나의 아킬레스건이라 할 수 있다. 가르치는 것 자체는 별 문제가 아닌데 내가 미국에서 어렸을 때부터 교육을 받은 게 아니라서 느끼는 문화 차이 때문에 애로 사항이 적지 않다. 어렸을 때부터 미국인들에게 각인되어 무의식중에 흥얼거리는 노래를 사용하여 리듬이나 신체 활동 등을 가르치는데 우리나라 동요가 아니라서 내게 낯선 노래들이 많기에 한계가 있다. 그럴 때면 집에 돌아와 우리 아이들 셋을 앉혀 놓고 물어본다. 오늘 학교에서 무슨 노래를 배웠냐고. 그러면 이런저런 노래도 배우고 이런 게임도 하고 했단다. 그 대답이 얼마나 고마운지. 나의 소중한 보물들이며 동시에 나의 든든한 자원들이다. 만약 내가 아이들을 낳기 전에 더 일찍 선생님이 되었다면 누릴 수 없었을 나만의 영업 비밀이다.

· 폭넓은 음악 지식

그러고 보면 난 예원학교에서부터 이를테면 영재 교육을 받았고 예고에서는 대학에서 배우는 음악 이론과 음악사 등을 배워 클래식에 대해서는 전문가였지만 그 외의 음악에 대한 지식은 참 부족했다. 미국 공립학교 음악 선생님은 다양한 음악을 가르쳐야 하는데 나의 안목이 너무 좁아 음악 전반에 대한 넓고도 다양한 지식이 더 많이 요구되었다. 위에 언급한 대로 재즈에 대한 지식도 충분하지 않았을 뿐더러 뮤지컬, 세계의 여러 음악, 팝 음악, 혹은 여성 작곡가들의 음악 등에 대한 지식과 경험이 부족했다. 쇼팽과 모차르트만이 아닌 아프리카와 이란, 인도의 전통 음악부터 어린이 뮤지컬까지 모르는 게 없어야 한다. 그래서 나는 아직도 이를 위해 매일 조금씩 노력하는 중이다. 그나마 대부분의 정보는 인터넷 영상 콘텐츠로 다양하게 접할 수 있어 천만다행이다.

· **음악회 총감독**

1년에 두 번 크리스마스와 봄에 학교 전체 행사로 음악회를 여는데 그때는 무엇보다 총감독으로서의 다양한 자질이 요구된다. 리허설 준비는 물론이고 몇 백 명 아이들 줄 세우기, 떠드는 아이들 제어하기, 무대 설치, 음향 확인, 무대 뒤 준비, 프로그램 구성, 편집 및 디자인, 포스터 만들기 등등 연출가로 홍보 기획자로 작가로 선생으로 음악인으로, 무대 위에서 환영의 인사와 진행을 담당하는 사회자로 역할을 해야 한다. 아! 그리고 베테랑스데이 Veteran's Day나 전교 조회 시간에는 종종 소그룹 앙상블로 미국 국가를 연주하거나 노래를 하는데 그것도 준비해야 한다.

피아노 강사에서 음악 교사로

유학 후 미국과 한국을 오가며 사는 동안 계원예중이나 하트퍼드 대학교, 호치키스스쿨 The Hotchkiss School (아이비리그 진학을 위한 기숙 학교 중 하나)에서 학생들을 가르치며 꾸준하게 활동을 이어 오고 있었는데 출산과 육아의 시기를 지나면서 오로지 연주자로의 삶만을 고집하던 나의 생각이 바뀌기 시작했다. 학생들을 가르쳐야 하는 시간이 주로 오후나 저녁 시간이다 보니 내가 레슨하는 동안에는 내 아이들을 직접 돌보지 못하고 베이비시터를 고용하거나 하루 종일 일하고 온 남편이 아이들을 돌봐 줘야 했기 때문이다.

인생은 타이밍이던가? 막내 아이가 학교에 들어가자 신체적,

정신적, 시간적 여유가 생겼다. 그래서 연주자의 꿈을 뒤로하고, 세 아이가 학교를 다 같이 가는 해부터 대리 교사substitute teacher(담임 교사가 아프거나 결근할 때 도와줄 임시 교사)로 공립학교에서 일하기 시작했다. 그러다가 교사 양성 프로그램인 'Alternate Route to Certification(이하 ARC)'이라는 주 정부의 대학원 프로그램을 알게 되었고 입학 준비를 하면서 공립학교 교사 자격증 시험도 보게 되었다. 동시에 장기 대리 교사로 운 좋게 일하기 시작한 학교에서 풀타임 제안이 들어와 월요일부터 금요일까지는 학교 선생님으로 일하게 되었다. 그리고 토요일 아침 8시부터 오후 4시까지는 ARC 수업을 들으면서 주중에는 숙제와 토론을 해야 했다. 여기에 결석은 한 번도 허용되지 않았다. 9월부터 그 다음해 6월까지 학교가 운영되는 거의 1년의 기간 동안 남편의 도움이 없었다면 그 프로그램을 끝낼 수 없었을 것이다.

 ARC 프로그램은 코네티컷주 정부의 고등 교육청에서 운영하는 과정으로 교사 자격증 없이 활동하는 대학교 강사나 사립학교 선생님 가운데 공립학교 교사로 전환하고자 하는 교육자를 위한 교사 자격증 취득 프로그램이다. 나는 운이 좋게 ARC 프로그램을 이수함과 동시에 장기 대리 교사로 일하는 학교에서 정식 교사로 발령받았다. 공식적인 교사 자격증이 나오기도 전에 공립학교 음악 교사로 2학기를 일할 수 있었으니 참 감사한 일이었다. 이론만 배우는 것이 아니라 현장 경험도 배울 수 있는 귀중한 기회였기에 일석

이조였다.

피아노 강사와 음악 교사의 차이점

내가 지금껏 살아온 피아노 강사로서의 삶과 현재 음악 교사로서의 삶은 많은 점이 다르다.

· 풀타임 직업

제일 다른 점은 후자가 정규직이라는 것이다. 정해진 시간만 일하면서 따박따박 들어오는 월급의 기쁨을 느끼고 미국 의료 보험의 혜택을 누리며 교사 노조 가입 및 연금 수령을 할 수 있다는 것은 교사로 일하는 데에 현실적인 동기 부여가 된다. 이를 누리기 위해서는 직장인으로 삶을 살아가야 하는데 그중 가장 중요한 능력은 상사(주로 교장 선생님)와 동료들과의 원활한 소통을 통해 업무 협력 관계를 잘 유지하는 것이다. 운이 좋게도 우리 학교 교장 선생님은 굉장히 좋은 리더의 본보기라고 할 수 있는데, 37명의 정교사와 30명 이상의 보조 교사들, 그리고 교직원들까지 망라하여 학교 구성원들이 굉장히 화목한 분위기를 유지하고 있다.

한 달에 한 번 교사들을 위한 전문성 교육 시간에는 예일대가 개발한 룰러RULER라는 프로그램을 운영하는데 나의 기분과 감정을 잘 깨닫고 이를 학생들에게 적용하여 서로의 필요를 이해하는 데에 도움을 받고 있다. 무엇을 어떻게 가르치는가보다는 스스로 자신의 기분을 잘 파악하는지, 우리가 일터에서 소외감을 느끼지는 않는지, 학생들과의 관계는 어떻게 잘 유지 혹은 극복할 것인지, 직원들의 발언을 교장 선생님을 비롯한 학교 운영팀이 들어주는지 등 소그룹으로 나누어 토론하고 어려운 상황을 연극으로 연출하며 해결 방법까지 모색해 본다. 선생님들은 학생들만 가르치는 게 아니고 무대 뒤에서 참 다양하게 교육받고 있다.

· 일대일 레슨과 다른 교실 수업

피아노 강사와 학교 음악 교사의 차이점은 또 있다. 피아니스트로서 학생들을 가르칠 때는 주로 일대일 레슨을 하거나 혹은 실내악 정도로 구성된 학생을 만난다면, 교실 수업은 적어도 20명 이상이고 합창이나 밴드 같은 경우에는 40명 이상까지 한 번에 가르쳐야 해서 그들을 관리하기가 매우 어렵다. 특히 나는 다수의 학생을 가르쳐 본 경험이 많지 않았기 때문에 교실 운영은 대부분 가르치면서 배우고 있다. 적절한 보상과 규칙, 동기 부여 등등 교실 안에서의 지도도 많은 전략과 기술이 요구된다.

· 아이와 엄마의 같은 시간표

미국 공립학교 선생님으로 일하면서 가장 좋은 점은 내 아이들과 시간표가 거의 같다는 점이다. 아이들이 집에 돌아올 때 나도 집에 오고, 아이들이 방학일 때 나도 방학이다. 퇴근 후에도 쉬지 못하고 육아에 신경 써야 해서 피곤하다는 말을 입에 달고 살지만 우리 아이들에게는 집에 누군가 그저 같이 있어 준다는 사실이 안정감을 주리라 생각한다.

직업적 소명

새로운 세상에서 내가 미처 알지 못했던 것들을 할 수 있다는 것은 참 귀한 경험이다. 보이지 않던 것에 눈이 뜨이고 배우면서 성장한다. 오로지 피아니스트의 길만 바라보다가 선생님으로 전환한 것은 개인적으로 참 어려운 선택이었지만 돌아보면 매우 잘한 일 같다. 그렇지 않았으면 내 생각의 넓이가 이만큼 확장되지 않았을 것이기 때문이다.

내 음악적 기준이 낮아진 것은 절대 아니다. 일반 음악general music이라는 말의 뜻처럼 누구에게나 공평하게 다가가되 내 기준을 흐트러뜨리지 않는 것이다. 클래식 음악이 지니는 불변의 진리와 절대 가치, 나의 신념과 기준을 지키며 세상에는 이렇게 좋은 음악도 많다는 것을 알려 주는 음악 선생님으로 살아갈 것이다. 클래식 음악은 들리는 자에게만 들리기 때문에 그들만의 리그라고 많이 불린다. 만약 내가 넓은 세상으로 나아가 많은 학생과 그 가족에게 좋은 음악의 가치를 소개하는 역할을 계속할 수 있다면 이 또한 나의 귀중한 직업적 소명이 아니겠는가.

♪ 미국에서 아이 셋 워킹 맘으로 살기

나는 아이 셋의 엄마이자, 아내 그리고 2년차 음악 교사로 일하는 워킹 맘이다. 미국 코네티컷주 하트퍼드카운티에 살고 있다. 이렇게 말하면 사람들은 "코네티컷? 하트퍼드? 거기가 어디예요?"라고 묻곤 한다.

미국에서의 생활

하트퍼드는 미국 동부의 중심 뉴욕과 보스턴 사이쯤이라 하면 되겠다. 유학 와서 지금까지 이곳에 산 지가 벌써 19년이다. 그래서 이제는 어디가 고향이라 말하기 애매한 지점에 와 있다. 늘 재미있는 한국 드라마를 찾고 90년대 가요를 들으며 드라마 속 한국 빵집을 갈 수만 있으면 좋겠다는 바람을 가진 채 이곳에 살고 있다. 이 동네에 한국 반찬 가게 하나만 있으면 내가 만든 반찬과 믹스 앤 매치의 기법으로 매우 풍성한 식탁이 차려질 텐데 그게 좀 아쉽다.

그리운 건 한국 음식만이 아니다. 속 편하게 이야기를 나눌 수 있는 친구들이 보고 싶다. 멀리 있다는 이유로 그들의 귀국 독주회나 연주회를 가 볼 수 없으니 매우 안타깝다. 또 나의 가족, 친척들도 너무 보고 싶고 그립다. 특히 양가 부모님과 그저 평범하고 사소한 일들을 같이 할 수 없어서 안타깝고, 우리 아이들이 할머니와 할아버지의 사랑을 자주 느끼면 좋으련만 많아야 일 년에 한 번 몰아서 만날 수밖에 없으니 이런 점들이 외국 생활을 하는 단점이라면 단점이겠다. 그럼에도 귀국이 머뭇거려지는 이유는 바로 아이들의 교육 때문이다. 한국 아이들이 학교와 학원에서 공부하느라 피곤한 생활을 하는 것과 다르게 이곳은 아이들에게 천국이다. 따로 사교육을 하지 않고 학교 교육만으로도 마음 편하게 아이들을 가르칠 수 있으니 참 다행이다. 당연한 것이 다행으로 느껴지니 이런 아이러니도 없다.

아이 셋 워킹 맘

누구의 도움 없이 부부 둘만이 아이 셋을 키우기는 정말이지 안 해 본 사람은 얼마나 힘든지 모를 것이다. 매일매일이 전쟁이다. 새벽 다섯 시 반에 기상하여 도시락 네 개를 챙기고 내가 먼저 출근하면 바통을 이어받은 남편이 아이들을 스쿨버스에 태운 후 출근한다. 그리고 퇴근을 하면서 서로 다른 시간에 아이들을 액티비티(축구, 체조, 음악 레슨 등)에 데려다주는 생활을 하고 있다.

남편과 둘에서 인생의 가장 바쁜 시기를 지나며 내 경력도 차근차근 쌓는다는 것이 참 어려웠다. 그럼에도 불구하고 음악을 놓지 않은 채 아이 셋을 키우는 워킹 맘으로 살 수 있는 건 가족 위주의 미국 문화 덕분이 아닌가 생각한다. 아침 8시부터 오후 5시 정도까지만 일하고 곧장 집으로 복귀하는 남편의 규칙적인 회사 생활, 새벽 6시부터 저녁 6시까지 제공받을 수 있는 비싸지만 양질의 자녀

돌봄 서비스, 자녀가 아플 경우 눈치 보지 않고 쓸 수 있는 직장 내 휴가 문화 등 가족 중심의 미국 문화가 나와 우리 가족을 살렸다.

가족 친화적 엄마

아이가 둘이 되고 셋이 된 후 아이들이 엄마를 더 필요로 하면서 남편과 나는 아이들을 돌보는 것을 우선순위에 두기로 했다. 그래서 가족 누구에게나 도움이 되는 가족 친화적 엄마가 되기 위해 아이들이 학교 간 사이에 일할 수 있는 직업을 선택했다. 물론 결정을 하기까지 수만 번도 더 고민하고 고민했다. 과연 지금껏 내가 사랑해 온 연주자로서의 삶을 놓을 수 있을까? 어떤 일을 하면 내가 좋아하는 음악도 계속하면서 내 사랑하는 가족들을 챙길 수 있을까? 그래, 음악 선생님이 좋겠다. 그런데 음악 교육은 약간 나랑은 거리가 먼 게 아닐까? 난 카네기홀 독주회며 시카고 문화 센터 Chicago Cultural Center 독주회도 하고 내 연주가 라디오 방송으로 생중계도 되었는데, 이제 와서 공립학교 선생님이라니…. 조금 자존심이 상하는 것 같았다.

그때의 나는 세상을 바라보는 시야가 너무 좁아서 내가 나 자신을 좁은 우물에 가둬 놓은 줄도 모르고 그렇게 많은 고민의 시간을 보냈다. 하지만 사랑하는 나의 가족을 위한 역할도 분명히 있었기에 오후 시간에 집을 비우는 레슨을 줄이고 주말 저녁 시간대의 연주를 줄이면서 음악 안에서 꿈과 현실 두 마리 토끼를 다 잡기로 마음먹었다. 남편과 함께 많은 이야기를 하고 같이 고민하며 그렇게 공립학교 선생님이 되기로 결정했다. 이것은 남편과 오랜 시간 동안 의논한 후 정한 결론이었고 그의 선택이 아닌, 바로 나의 선택이었다.

난 아직도 가끔씩 연주 여행을 하며 세계 곳곳으로 멀리 다니고 싶다는 생각을 하곤 한다. 하지만 보석과 같은 내 아이들과 함께할 수 있을 때 옆에 있는 것이 내 인생에서 얼마나 소중한 일인가를 생각해 보면 연주하는 것쯤이야 잠시 미뤄 둘 수 있다.

내가 간절히 원하는 일이라도 우리에게 어렵고 힘든 일이라면 다른 방법을 찾아보자. 나와 사랑하는 가족을 위해서 말이다. 나의 자유를 조금 줄이더라도 가족을 향한 사랑을 증명해 보자. 화목한 가정은 나의 희생 없이 당연히 이뤄지는 것이 절대 아니다. 가정을 지키려는 나의 '의지'가 필수 조건이다.

♪ 미국 문화와 교육 이해하기

한국에서는 많은 학생이 어렸을 때부터 학교 수업 외에도 여러 과목의 선행 학습을 한다고 들었다. 미국은 조금 다르다.

다름을 인정하는 것이 보편화된 사회

미국도 선행 학습이 있는데 이는 부모나 학원이 주체가 되어 학생들을 가르치는 것이 아니라 학교에서 공부를 잘하는 그룹과 보통의 그룹을 분류해 수준별로 다르게 가르치는 방식으로 이루어진다. 예를 들면 공부를 잘하는 아이들에게 더 도전이 될 만한 수업 내용과 자료들을 준다거나 중고등학교로 올라갈수록 공부를 잘하는 학급과 일반 학급의 수업 내용을 차별화시킨다. 고등학교에서는 자격이 되는 학생들에 한해서 일반 대학 학점을 미리 들을 수 있는 수업 AP classes도 제공한다.

그만큼 학생들 개개인의 수준을 이해하고 지원해 주는 시스템이 공립학교 안에 있다고 할 수 있는데, 이 외에도 선생님들은 장애가 있는 학생들과 비장애인 학생들을 위한 수업 준비를 다르게 해야 한다. 또 시각 자료로 배우는 게 빠른 학생들과 청각으로 배우는 것이 수월한 학생들, 쓰면서 배우는 게 편한 학생들과 손 감각으로 배우는 게 빠른 학생들에게 맞춘 수업 자료를 각각 준비한다. 난독증이 있는 아이들을 비롯하여 글자를 읽는 속도가 다른 학생들, 악보를 읽을 수 있는 아이들과 읽을 수 없는 아이들 등을 고려하여 학생들의 상황과 수준에 맞는 수업을 준비하고 진행한다.

이 모든 것은 선생님의 역량에 달려 있는데, 보통의 선생님들이라면 수준별 학습에 있어서 공통적으로 'accommodation(다른 학생들과 같은 목표를 갖되 가르치는 방법을 다르게 함)'과 'modification(학생의 목표 레벨이나 기대치를 다른 학생들과 상이하게 수정함)', 이 두 가지를 중요하게 생각한다. 전자의 예를 들면 전교 학생들이 같은 시험을 볼 때 난독중 학생에게는 시험 시간을 몇 시간 더 넉넉히 주는 것이 될 수 있겠다. 후자의 예로는 대부분의 학생들은 100쪽의 책을 읽는 것이 숙제였다면 난독중 학생에게는 아예 다른 책 10페이지를 읽게 하는 방법이 있겠다. 여기서 중요한 점은 학생들이 각기 다르게 교육을 받지만 그것으로 인해 다른 친구들에게 위화감을 주거나 차별하는 분위기가 형성되지 않는다는 사실이다. 미국은 다름을 인정하는 것이 체계화되고 보편화되어 있는 사회임이 분명하다.

긍정적인 학습 환경

빠른 시간에 많은 것을 배우는 한국식 교육이 음악에도 여전히 적용되고 있는데 이를 옳다 그르다 할 수 없다. 왜냐하면 음악이라는 것이 예술이면서 동시에 학문이기에 끝이 없는 과정이고, 많은 실력을 갖추었다 한들 끝이 없는 여정에서 고작 몇 걸음 빨리 앞선 것이기 때문이다. 게다가 음악은 시간 예술이기에 한 번 실수하면 시간을 되돌릴 수가 없어서 그동안의 수고가 물거품이 될 수 있기 때문에 부모나 선생님들은 자주 학생들을 다그치게 된다.

그래서 어쩔 때는 여러 부정적인 감정들이 생기게 되는데 교수님을 만날 때 느끼는 불안감, 빠른 심장 박동, 두려움은 수명을 단축시킨다고 할 정도이다. 또 레슨실에 들어갔다 오면 종종 엄마나 학생이나 눈물바다가 되는 상황들, 학부모들이 선생님 댁에 들어가는 것조차 어려워하는 분위기 등은 예전이나 지금이나 여전히 음악계에 존재하는 것 같다. 하지만 시대가 시대이니만큼 이제는 선생님과 제자 사이의 관계도 바뀔 때가 되지 않았나 생각해 본다.

이는 교실에서 가르치는 음악 수업도 마찬가지인데 '이 수업은 무섭지 않아. 친구들과 선생님 앞에서 실수해도 괜찮아. 대답이 틀릴지라도 나는 편하게 손들고 내 의견을 말할 수 있어.'라는 안정감을 학생들이 느낄 때 그들의 잠재력이 더욱 실력으로 발휘될 것이다. 만약 레슨 선생님이 "너 연습 안 했지? 다시 못하니? 연습 안 할래? 넌 이게 맘에 드니? 이래서 대학 가겠니?"라는 말 대신 "지금 틀려도 괜찮아. 뭐 어때? 아무도 상관 안 해. 네 마음껏 연주해 봐."라는 말을 먼저 해 준다면 학생들 입장에서는 훨씬 덜 긴장되지 않을까 싶다.

좋은 선생님이라면 개인 레슨이나 교실 수업을 할 때 학생들에게 제일 먼저 실수해도 괜찮다는 안정적인 인상을 주어야 한다. 그 다음에는 배울 목표를 매우 구체적으로 알려 주고 학생들이 어느 정도 도전 의식을 느낄 수 있게 도와줘야 한다. 그들의 실력을 향상시키려면 스스로 최선을 다하는 법을 실제적으로 알려 주어 궁극적으로는 학생들이 최종 무대에서 실력의 극치를 표현할 수 있도록 도와줘야 한다. '너희가 무슨 이야기를 해도 나와 의견이 다를지라도 너희를 존중해 줄게. 모두 들어줄 수 있어.' 눈과 귀와 손과 발, 온몸이 그들을 향해 있고 적극적으로 들어줄 준비가 되어 있는 선생님이야말로 진정한 스승이 아닐까?

학생 주도형 수업

학생 주도형 수업 방식은 정말 내가 많이 겪어 보지 못한 방법 중에 하나인 것 같다. 내가 자랄 때는 주로 선생님이 강의하고 학생들은 필기하는 형태의 수업이 대부분이었기 때문이다.

교생 실습 기간 중에 교사 평가 위원이 참관하는 날이 몇 번 있었다. 어느 날 나를 담당한 평가원이 내가 지휘하는 관악 밴드 리허설에 참관했는데, 나더러 구닥다리 강의 방식을 보여 줬다고 평가했다. 충격 그 자체였다. 나름 신세대 선생님이라 생각했는데 나 혼자만의 착각이었던 것이다.

그가 말하기를 선생님이 주로 이야기하는 방식, 교수가 강단에서 가르치는 방식은 이제 안 통한단다. 선생님이 어떤 질문을 하면 학생들이 짝을 이뤄 의견을 나눈다거나 조별 활동을 한다거나 학생들끼리 평가의 기준을 정한 다음 서로에게 코멘트를 한다거나 자기들끼리 아이디어를 모아 숙제를 하게 하는 방법 등을 알려 주고 그 다음 참관 수업에 꼭 사용하라고 말했다. 그는 선생님이 수업의 틀을 정해 주지만 그 안에서 학생들이 주도적으로 수업을 이끌어 가도록 유도하는 기술이 이 시대 선생님들에게 꼭 필요하다고 했는데 참 맞는 말인 것 같다. 그래서 나는 확신한다. 학생들 스스로 정한 방향과 목표, 약속을 지켜 가면서 그들은 성취감을 느낄 것이며 더불어 그들의 자존감도 높아질 것이라고 말이다.

일대일 레슨이나 앙상블에서도 선생님이 하는 대로 따라하는 방식은 이제 별로(구식)라는 사실을 인지하고, 선생님이 정해 주는 수업의 틀 안에서 학생들이 스스로 목표를 정하고 자신을 되돌아보고 어떻게 하면 실력을 향상시킬 수 있는지 생각하게 만드는 선생님이 좋은 선생님이라고 생각한다.

♪ 꿈을 조율할 수 있는 용기

음악을 전공한다고 하면 주로 연주자의 길만을 생각하게 되는데 음악인은 연주자보다 더 큰 의미를 가진 단어임을 인식할 필요가 있다. 내가 예원학교를 다닐 때만 해도 한 학년에 80명이 피아노과였다. 국내에 다른 예술학교도 있음을 감안하면 적어도 한 해에 수백 명 이상의 피아노 전공자가 배출되는 셈이다. 대학교는 어떻게 다들 들어갔다 치자. 그들이 졸업하고 유학하고 각종 대회에 나간다고 해도 치열한 경쟁을 뚫고 조성진, 손열음과 같은 콘서트 아티스트로 성공할 수 있는 확률은 어느 정도일까? 다시 생각해 봐야 할 부분이다.

국내 음악계에서는 독주회를 한다고 해서 연주자에게 수입이 생긴다기보다는 투자에 더 가깝다고 봐야 한다. 독주회를 하고 싶은 장소는 한정적이라서 돈을 내고 대관하겠다고 해도 장소를 이용할 수 있는 날짜를 따내는 것 자체가 무시무시한 경쟁이다. 수요와 공급 대비, 장소에 대한 수요가 비정상적으로 많기 때문에 이런 세태가 쉽게 바뀔 것 같지는 않다. 게다가 보통은 초대권으로 관객을 채우는데, 이는 다시 말하면 연주를 한다고 경제적 소득 창출이 보장되지 않는다는 뜻이다. 연주홀을 대관하고 연주를 기획하고 팸플릿과 초대권 인쇄, 헤어, 메이크업과 드레스까지 돈이 안 들어가는 부분이 없다. 연주자의 꿈만 쫓다가 독립적 생계를 위한 경제 활동을 놓치지는 말자. 음악인에게 연주자로서의 삶만이 정답은 아니다.

꿈을 수정할 수 있는 용기

그렇다면 꿈과 현실의 기로에서 음악인이 선택해야 할 길은 무엇일까? 공연에서 연주하는 것만이 음악을 하는 것은 아님을 다시 한 번 되새기자. 나의 꿈이 조금 수정되거나 조율될 때 행복해질 가능성이 더 클 수도 있다는 점을 인정하자. 이것은 나의 실력이나 잠재 능력을 무시하거나 자신을 낮추는 것이 아니다. 음악인에게 주어진 다양한 선택지 앞에서 나의 꿈을 수정하고 조율할 용기가 때론 필요하다는 것이다. 나는 진로 수정을 고민할 때 다음과 같이 세 가지 기준을 고려한다면 음악을 놓지 않고 끝까지 할 수 있는 확률이 높아질 것이라고 생각한다.

첫 번째, 꿈을 쫓는 속도를 조정한다. 예를 들어 만약 20대에 박사를 졸업할 계획이었으나 30대 혹은 40대로 박사 학위 졸업이 늦춰질 경우에 조급해하지 말고 의연해하자. 두 번째, 꿈의 레벨을 조정한다. 예를 들어 박사 학위를 계획했으나 석사 학위까지만 해야 하는 상황이 되더라도 좌절하지 말고 그 안에서 내가 음악인으로 할 수 있는 일을 찾아보자. 또 다른 예로 세계적인 연주가로 활동하는 것 대신에 국내에서 혹은 지역에서 열심히 연주 활동을 할 수도 있다. 혹은 솔로 연주자에서 합창단 반주자로 역할을 조율할 수도 있다. 또 어쩌면 우리에겐 전공자만 가르쳐야 한다는 기준에서 벗어나 비전공자도 가르칠 마음가짐이 필요할 수 있다. 세 번째, 꿈의 방향을 조정한다. 예를 들어 나에게 여기저기 돌아다니며 연주를 할 수 있는 여건이 허락되지 않는다면 방향을 약간 틀어 가까운 곳에서 나의 음악적 배경과 지식, 재능을 활용하여 경제 활동을 할 수 있는 일을 찾아보자. 일례로 교직 과목을 들어 음악 교사가 된다거나 문화 공연 기획자, 공연장 스태프, 문화 진흥 관련 공무원, 언론계 종사자 등을 할 수 있다.

끝까지 하는 자가 남는다

40대가 된 지금 내가 얻은 인생의 값진 교훈 중 하나는 '직접 경험하지 않은 것에 대해 함부로 이야기해선 안 된다.'라는 것이다. 유학 시절에 뉴잉글랜드 음악학교New England Conservatory를 나온 여자 분이 동네에서 아이들에게 레슨하는 것을 보며 '저렇게 좋은 학교까지 나와서 연주 활동을 안 하고 왜 이렇게 좁은 곳에서 어린 아이들이나 가르치고 있을까?' 하고 생각했던 적이 있다. 얼마나 교만하고 무지

한 생각인지 그때를 떠올리면 지금도 얼굴이 붉어진다. 그분도 인생에서 선택의 매 순간에 본인에게 가장 중요한 것들을 결정하고 책임지고 꿈을 이뤄가며 살아가는 중이었을 텐데 말이다.

꿈꾸는 젊은이들이여, 차세대 음악인들이여! 끝까지 하는 자가 남는 자임을 잊지 말자. 각자 그릇의 모양도 다르고 담길 음식도 다름을 인정하자. 나의 행복은 결국 가정과 음악 안에서 완성되어 간다는 사실을 잊지 말자. 조금은 느릴지라도 조금은 돌아갈지라도 나의 꿈이 조금 수정될지라도 꿈을 잃지 말고 해내길 바란다. 그리고 언제나 선택에는 책임이 따른다는 것을 잊지 말길 바란다. 나의 후배 음악인들도 앞으로 펼쳐질 그들의 삶 속에서 꿈꾸며 목적을 이루며 성장해 나가길 기대해 본다.

♪ 미국 공립학교 음악 교사가 되는 방법

미국에서 공립학교 음악 선생님이 되려면 다음과 같이 네 가지 조건을 충족해야 한다. 첫째, 각 주state에서 지정한 대학교의 음악교육과나 교육 프로그램을 졸업한다. 둘째, 교사 자격증 시험인 Praxis I과 Praxis II를 패스한다. 셋째, 교원의 능력을 평가하는 포트폴리오 시험 EdTPA에서 일정 점수 이상을 받는다. 넷째, 8주에서 몇 개월의 교생 실습을 통과한다.

한국과 미국의 음악교육과에 대하여

음악 교육은 음악 연주 실기와는 다른 분야로 음악을 '잘 가르치는 방법'을 배우는 학문이다. 한국에는 음악교육과라는 전공이 있는 대학의 숫자가 그리 많지 않다. 교대나 음악교육과를 나와 임용고시를 보는 경우가 아니라면 일반 음악대학 학부생이 음대의 수업과 교육대학의 수업을 동시에 들으면서 교직 과목을 이수하면 이들에게 음악 교사의 자격이 주어진다. 이는 일반 대학교 안에 음악교육과 자체가 많지 않기 때문인데, 수학교육과, 과학교육과, 영어교육과, 유아교육과, 특수교육과 등이 독립적으로 존재하는 것과는 상황이 많이 다른 이야기이다.

하지만 미국은 음악 교육이라는 학문 자체가 많이 발달되어 있는데, 그 이유를 꼽자면 실제 공립학교에서 음악 선생님을 많이 필요로 하기 때문일 것이다. 동네나 주마다 다르겠지만 보통 중고등학교에서 한 학교에 현악기 오케스트라 선생님, 관악 밴드 선생님, 합창 선생님이 따로 있는 경우가 많고, 초등학교의 경우에는 일반 음악 선생님이 합창을 같이 지도하는 경우가 많다.

미국 음악교육과 학부 과정은 보통 4년이지만 요즘은 선생님이 되려면 석사 2년을 보통 더 요구하거나 학·석사 통합 과정으로 5년을 요구하는 학교들도 많아지고 있다. 전공 악기는 한 가지를 정해서 학부를 다니는 동안 레슨을 받으면 되는데 전공 실기 수업 외에도 음악 교육 관련 수업의 양이 굉장히 많다. 담당 교수님들도 연주를 전공한 박사가 아닌 음악교육학 박사들이 대부분이다. 한국도 이제 조금씩 음악교육과가 발전하고 있지만 아직까지는 연주로 박사 학위를 받은 박사 선생님들이 음악교육과 학생들을 가르치는 경우가 많은 것으로 알고 있다. 최근에 음악 교육에 대한 관심도가 높아지면서 음악교육학 박사 학위를 취득한 선생님들이 늘고 있다고 한다. 연주 실기와 학교에서 음악 과목을 가르치는 것은 서로 다른 영역임을 서서히 알아가고 있는 듯해서 다행이다.

앞으로 공립학교 안에서 음악 선생님의 위치가 점차 주목받고, 전국의 음악 선생님의 숫자가 늘어나고, 일반 음악에 대한 전반적인 관심도가 높아져서 우리나라 음악 교육이 하나의 전문적인 학문으로 인정받기를 기대해 본다.

미국의 음악 교육은 어떻게 다른가

미국의 음악 교육은 한국과 다른 점이 많은데, 유학이나 이민을 오기 전에 미리 알아 두면 도움이 될 것들을 여기에 적어 본다.

· 공립학교의 음악 교육

보통의 경우 K-3학년 정도까지는 일반 음악 수업만 듣다가 4-5학년이 되면서 현악 오케스트라, 관악 밴드를 배울 수 있는 기회가 주어지는데 아주 기초적인 단계부터 시작한다. 예를 들어 악기 케이스 뚜껑을 여는 방법이라든지 악기를 잡는 방법부터 배우게 된다. 이를 위해 학생들은 악기를 구하거나 학교에서 빌리게 된다. 학교 내에 악기가 구비되어 있어 이를 빌리는 경우가 상당수이고, 학부모가 악기사에서 빌리는 경우도 많다.

· 연주 실력 향상을 위한 개인 레슨

학교에서의 레슨은 기초적인 부분을 다루게 되고 따로 개인 레슨을 해 주지는 않는다. 그래서 자녀의 실력이 향상되기를 원하는 경우 개인 레슨 선생님을 두고 악기를 배운다. 보통 음악대학교가 있는 곳의 지역 학생들을 위한 커뮤니티 음악학교가 있는데 이를 활용하면 좋은 선생님을 만날 수 있을 것이다. 음악대학의 선생님들이나 전공 학생들은 이곳을 통해 가르칠 학생을 구할 수 있고 지역 학생들은 좋은 선생님을 찾을 수 있으니 상부상조라 하겠다.

· 손쉬운 악기 대여 시스템

미국은 한국과 비교해서 악기에 대한 접근성이 매우 높은데 이는 아이들이 악기를 한 가지 정할 때까지 다양한 악기를 다뤄 볼 수 있도록 시스템이 잘 정비되어 있기 때문이다. 이를테면 처음 6개월 동안 악기를 대여하는 총 비용이 30불(3만원 정도)이고, 원할 때 언제든 악기 반납이 가능하다. 그리고 이후에 그 악기를 계속 빌리려면 매달 30-50불 정도만 내면 악기를 대여할 수 있다. 여기에 악기 보험료도 포함된다. 부담 없이 악기를 시작할 수 있는 여건이 잘 마련되어 있다.

그리고 학교에서는 한 음악 선생님이 여러 악기를 다룰 줄 알기 때문에 학생들의 소그룹 레슨이 시작되면 선택한 아이들에 한해서 일반 수업 중 30분 정도 음악실에 가서 레슨을 받을 수 있다. 되도록 학급에서 새로운 지식을 배우는 시간은 피하도록 레슨 시간을 조정해 주며 이를 통해 학교 음악회 등을 준비하게 된다.

· 개인 레슨비

미국에서는 무슨 일이든지 사람의 노동을 거치는 순간 가격이 올라가는데 이는 어떤 일이든 상관없다. 배관 수리공도 한 번 출장 나오면 많은 돈을 받는다. 하물며 개인 레슨비도 마찬가지이다. 그런데 한국에서의 레슨비는 학원에서 배우냐 개인 레슨으로 배우냐, 학생이 전공자냐 비전공자냐에 따라 레슨비가 천차만별인데 비해, 이곳에서는 전공 학생이나 비전공 학생이나 관계없이 선생님이 받는 레슨비에 큰 차이가 없다.

· 전국음악강사연합

전국음악강사연합MTNA, Music Teachers National Association은 실기 레슨을 하는 선생님들의 전국 연합으로, 지역 혹은 전국 단위로 대규모 회의도 하고 콩쿠르도 진행한다. 집에서 가르치는 선생님이든 대학교 교수든 모두 동일한 자격으로 가입하게 되며 학술 대회에서는 교육학, 마스터 클래스, 연주회, 논문 발표 등이 진행된다. 이곳에서 만나는 사람들이 후에 좋은 인맥이 될 수도 있음을 염두에 두자.

교사 양성 프로그램

앞에서도 언급했지만 미국에는 교육과를 졸업하지 않고도 교사가 되는 길이 있는데 이를 'Alternate Route to Certification(이하 ARC)'이라고 부른다. 각 주에서 요구하는 기준이 다르기 때문에 그 주에서 제공되는 프로그램을 잘 알아보기 바란다. 코네티컷주에서는 ARC 프로그램을 주 정부 교육부 산하 고등 교육청에서 운영하고 있다. 외국에서 학부를 졸업한 사람이 ARC에 지원할 때에는 지정된 공식 기관에서 학부 성적표를 공증받아 점수 환산 후 제출한다. 이 프로그램은 1년 과정으로 운영되는데 입학하기 전에 Praxis I과 Praxis II를 주 정부에서 요구하는 기준 점수 이상으로 취득해야 하며, ARC 운영진과의 면접시험도 통과해야 입학할 수 있게 되어 있다. 이 교육 프로그램은 이미 사립학교나 대학교, 혹은 어떤 방식으로든 학생을 가르치는 일과 연관이 있는 선생님들에게 공립학교 교사 자격증을 주기 위해 운영하는 교육대학원과 같은 프로그램이다. 따라서 공립학교가 아닌 다른 학교에서 이미 수년 동안 선생님으로 일하고 계신 분들도 많이 참여한다.

교사 자격증 시험

미국 음악교육과 학생들은 보통 학부를 졸업하기 전에 교사 자격증 시험인 Praxis I과 Praxis II 시험을 보며, 최근 생긴 포트폴리오 형식의 시험인 EdTPA라는 시험도 패스해야 한다. 각 주마다 요구하는 시험이 다를 수 있다.

· Praxis I

영어 시험으로 읽기와 쓰기, 수학 과목으로 구성되어 있는데, 하루에 다 볼 수도 있고 나눠서 볼 수도 있다. 토플과 토익 시험을 운영하는 ETS 기관에서 시험을 접수한다. 외국인에게만 요구되는 시험이 아니라 미국에서 선생님이 되려면 누구나 봐야 하는 필수 시험이다.

· Praxis II

전공과목 시험인데 같은 음악 교육 전공 시험이라도 종류가 여러 개이기 때문에, 주마다 요구하는 시험이 다를 수 있음을 알아 둘 필요가 있다. 미국 각 주에서 요구하는 시험을 정확히 알고 무엇을 공부해야 하는지 무슨 시험을 봐야 하는지 유의해야 한다. 도서관이나 서점에 가면 Praxis 시험 준비를 위한 문제집들이 많아 공부하기는 어렵지 않으나 시간을 충분히 두고 공부하며 시험 준비를 하는 것이 좋다.

· EdTPA

포트폴리오형 시험으로 교생 실습을 하는 동안에 쓰는 논문 정도로 생각하면 된다. 교생 실습을 하는 내내 요구되는 아주 세세한 조건들이 들어가며 교육 계획, 지도 실습, 학습 평가의 세 가지 파트로 구성되어 있다. 게다가 문서만 제출하는 것이 아니라 실제 학생들을 지도하는 동영상을 촬영하여 업로드도 해야 하는데, 교육 계획서와 지도 실습과 학습 평가와 연계해 교사에게 요구되는 세밀한 조건들이 그 동영상에 드러나도록 촬영해야 한다. 실제로 본인이 가르친 수업의 자료와 학생들의 답이 적힌 질문지, 장애가 있는 학생들을 어떻게 다르게 가르쳤는가 등이 포트폴리오 안에 필수로 포함되어야 한다. EdTPA 시험은 굉장히 까다롭기 때문에 시험 자체를 이해하기까지가 무척 어렵고 미국인 학생들도 그 시험에서 요구하는 단어 하나하나를 굉장히 어려워한다. 이 포트폴리오 형식의 시험을 이해하기 위한 도움 자료로 여러 종류의 팸플릿이 제공되는데, 종류별로 다 몇 번씩은 봐 두고 완전히 이해한 다음에 포트폴리오 계획 및 작성을 시작하는 것이 좋다. EdTPA는 한 번 치르는 시험 비용이 300불이기 때문에 탈락하거나 부분 보충해야 할 경우 재시험 비용이 부담스러울 수 있다는 점을 기억해야 한다.

교생 실습

음악교육과나 ARC의 마지막 단계에서 필수 프로그램으로 교생 실습을 하도록 되어 있다. 선생님이 되고자 하는 학생들은 보통 8주에서 몇 개월 가량 교생 실습을 하게 되는데, 이때 공립학교 음악 선생님은 K-12학년까지 가르칠 수 있기 때문에 각기 다른 학년을 가르치는 경험을 해 보기 위해 초등학교, 중학교, 고등학교 등 학교당 2-3주씩 교생 실습을 하게 된다. 이때 앞으로 자신이 관악 밴드 선생님이 될 것인지 현악 오케스트라 선생님이 될 것인지 아니면 합창이나 일반 음악을 가르치는 선생님이 되고 싶은지에 따라 원하는 학교와 담당 선생님 이름을 써서 지원할 수 있지만, 정부에서 꼭 원하는 학교로 발령을 내 준다는 보장은 없다.

개인적으로 여러 학교를 다양하게 경험해 볼수록 취업하기가 수월하리라 생각한다. 나 같은 경우에는 현재 학교의 음악 선생님이 공석인 상태에서 대리 교사로 들어가 수업을 시작했다가 풀타임으로 취업을 했기 때문에 나를 담당해 주는 담임 선생님 격의 음악 선생님이 없었지만 보통은 발령받은 학교의 음악 선생님이 담당 선생님이 되어 그 기간을 잘 마칠 수 있도록 도와준다. 나는 지금 학교에서 멘토 선생님 한 명, ARC에서 선배 선생님 한 명이 옆에서 지원해 주었고, 그들의 서슴없는 충고와 지원으로 교생 실습을 무사히 마칠 수 있었다.

교생 실습에 있어 대여섯 번의 교사 평가 위원의 수업 참관은 필수 항목이다. 이는 매우 까다로운데 평가 위원이 매번 25개 항목에 걸쳐 점수를 매기고 코멘트를 하게 되어 있다. 또 교생 선생님은 그에 대한 응답으로 본인의 생각을 정리하여 에세이를 써야 하고, 8-10주 동안 매주 자기가 무엇을 배우고 무엇이 힘들었는지, 그래서 앞으로 도움을 받았으면 하는 부분은 무엇인지에 대한 것뿐만 아니라 앞으로 본인이 어떻게 노력하겠노라는 다짐까지 글로 표현해 내야 한다. 원어민이 아닌 처지에 영어로 많은 분량을 잘 써 내기가 조금 까다로웠으나 나도 했으니 누구나 다 할 수 있으리라 생각한다. 처음엔 무섭고 떨리는 참관 수업일 수 있지만 깐깐한 평가 위원을 만날수록 본인이 더 발전할 수 있다는 사실을 명심하도록 한다. 그리고 학교에서 지정해 준 멘토나 담임 선생님도 참관 수업에 참여하기 때문에 그들도 피드백을 의무로 주게 되어 있다. 그래서 다양한 관점에서 평가를 받을 수 있다.

대리 교사 경험의 중요성

대리 교사는 정식 교사가 되기 위한 첫걸음이라 할 수 있다. 회사에 입사하기 전 인턴으로 경험을 쌓는 것과 비슷한 것인데, 이를 위해서는 관할 교육구의 면접을 봐야 한다. 미국은 대리 교사의 인력이 꽤 많은 편인데, 이는 현직 선생님을 그만큼 학교에서 지원한다는 뜻이기도 하다. 대타 선생님이 있으니 정식 교사는 편하게 휴가를 사용할 수 있다. 그래서 보통 자신의 자녀가 다니는 학교가 오전 수업만 있거나 눈이 많이 오는 날에 내 직장인 학교는 수업을 하지만 자녀의 학교가 문을 닫는 경우, 혹은 추수 감사절처럼 긴 주말을 앞둔 경우에 많이 휴가를 사용한다. 또한 아프거나 개인적인 일이 생겼을 때도 물론 휴가를 충분히 낼 수 있다. 이때 대리 선생님이 오는데 원래의 담임 선생님이 계획표와 학급 명단, 위급 시 탈출 경로 등을 자세하게 문서로 작성해 전달한다. 보통 학급에 대리 선생님을 위한 폴더가 비치되어 있는 경우가 많다.

자격증을 취득하기 전이든 후이든 간에 취업을 알아보기 전에 일단 대리 교사로 일을 시작하는 것이 매우 중요하다. 그래야 점심시간에 아이들을 관리하는 방법, 노는 시간에 당번 선생님으로 학생들을 감독하는 일이 무엇인지 알 수 있고, 학생들을 어떻게 음악실이나 체육관으로 데려가고 데려오는지 등의 일들을 구체적으로 알 수 있다. 보조 선생님과 튜터 선생님들이 어떻게 교실에 왔다 갔다 하는지도 알 수 있다. 경험하고 안 하고의 차이는 분명하기 때문에 일단 공립학교 안으로 들어가 보는 것이 중요하며 그것이 취업을 위한 내 경력이 된다는 사실을 기억할 필요가 있다. 단 대리 선생님으로 일하면서 내가 석사 학위가 있다거나 박사 학위가 있다는 등의 것들은 전혀 내세울 필요가 없다는 사실을 기억하자.

취업 준비와 인터뷰

미국의 공립학교 선생님이 되고자 한다면 위의 여러 가지 정보들을 숙지하고 최선을 다해 준비해 보자. 간절히 원하는 자에게 길은 꼭 있다. 그리고 당신은 좋은 선생님이 될 수 있다.

· **취업 정보 웹 사이트**

보통 직업을 많이 구하는 웹 사이트(예를 들어 indeed.com이 있다.)에 구인 광고가 나고 각 학교의 교육구 사이트에도 공고가 나지만, 선생님들을 찾는 주된 사이트가 따로 있다. (예를 들면 schoolsprings.com 등이 대표적이다.) 각종 사이트에 알람을 설정해 두면 찾는 직종에 맞는 경우에 본인에게 이메일이 오게 할 수 있다.

· **이력서**

이력서를 수시로 업데이트해 두고 원하는 학교의 구인 광고가 뜰 때마다 지원한다. 가장 중요한 것은 자기소개서가 확실히 준비되어 있는 것이며, 각 학교마다 원하는 서술형 문제들이 3-4개 정도 있을 수 있으니 그에 맞춰 에세이를 작성한다. 본인의 생각이 확고하게 있다면 에세이를 작성하는 것은 큰 문제가 아니다. 하지만 기본적인 문법과 맞춤법 정도는 확인하기 위해 글을 잘 쓰는 원어민에게 한번 읽어 봐 달라 부탁하는 것도 좋다.

· **면접**

그 다음에 서류 전형에 합격하면 보통 면접을 하자고 담당자한테서 전화 연락이 온다. 면접을 보러 갈 때는 최대한 단정한 옷차림으로 가는 것이 좋고 본인의 경험과 경력, 자기소개서의 내용들을 머릿속에 필히 입력하고 가는 것이 좋다. 남들이 다 하는 평범한 답보다는 평소에 본인이 생각해 오던 것을 솔직하고 확실하게 전달하는 것이 좋다. 부정적인 단어 사용은 금물이다. 좋은 쪽으로 바꿔 말해 보자. 가장 많이 하는 질문은 아래와 같다.

1. 자신을 소개해 달라.
2. 수업에 적극적으로 참여하지 않는 학생이 있을 경우에 어떻게 할 것인가?
3. 동료들 간에 문제가 있다면 어떻게 할 것인가?
4. 중요하게 생각하는 교육 철학이 있다면?

면접을 통과한 이후에 연봉 협상을 하는 것이 통상적이며 면접 자리에서 연봉 이야기는 되도록 하지 않는 것이 현명하다. 다른 사기업과는 달리 공립학교는 국민의 세금으로 운영되기 때문에 그 정보가 공식적으로 문서화되어 있다. 학력과 경력에 따른 직위와 연봉이 차트로 되어 있기 때문에 인터넷으로 본인이 어디에 위치하는지 미리 찾아보고 협상할 부분이 있다면 면접시험에 합격한 후 정확한 사실에 근거해 조심스럽게 말할 필요가 있다.

좋은 선생님의 자격

언젠가부터 한국에서 '관계'라는 말이 유행처럼 번지기 시작했다. 부모와 자녀와의 관계, 직장 동료와의 관계, 인간관계. 모든 것은 이 관계에서 시작한다고 말한다. 이와 마찬가지로 스승과 학생 사이에 가장 중요한 것은 좋은 관계인데 이는 하루아침에 생성되는 것이 아님을 우리는 모두 안다. 학생을 인격적으로 인정해 주면서 이끌어 주고 시간을 할애해 관심을 가져 주는 진정한 멘토만이 학생들과 좋은 관계를 유지할 수 있다. 신뢰를 쌓는 것은 한순간에 되는 것이 아니기 때문에 꾸준한 노력과 진실함이 요구된다. 좋은 관계를 만들기 위해 수많은 자료를 바탕으로 다양한 방법들을 고심하고 연구하면서 통찰하고 갈고 닦아야 한다. 나의 의지가 들어가야 한다는 말이다. 적절한 거리를 두면서 긍정적 관계를 유지하는 것은 매우 어렵기에 경험으로 배우고 깨우쳐 가야 한다. 한 번 깨어진 관계는 아무리 시간을 들여도 회복되기 어렵다. 회복될 수도 있으나 회복되기까지 이전보다 더 많은 시간과 노력이 필요하다.

그러면 좋은 관계란 무엇일까? 내가 학생들과 좋은 관계를 유지한다는 것은 무엇을 뜻하는 걸까? 구체적인 예를 들어 보자. 우선 전교생을 만나는 음악 선생님이 몇 백 명이나 되는 학생들 한 명 한 명의 이름을 알아 주는 것. 그것이 그들에겐 온 세상을 알아 주는 것과 같을 것이다. 나를 알아봐 주는 것, 그것이 바로 관계의 시작일 수 있다. 그 다음엔 작은 대화 하나가 관심의 표현이 될 수 있다. "어제 너희 언니를 중학교 음악회에서 봤는데 반갑더라.", "어제 축구대회 한다더니 잘했니?", "발 다친 건 좀 어때?"라고 적극적인 관심을 표현해 보자. 학생들은 매우 반가워할 것이다. 게다가 끝까지 꿈을 심어 주고 학생을 위해 시간을 할애하며 그들의 이야기에 귀 기울여 주는 선생님이라면 오래도록 좋은 관계를 유지할 수 있을 것 같다. 제자가 10년, 15년 뒤에도 연락을 끊지 않고 언제든 찾아와서 스스럼없이 인사할 수 있는 관계가 된다면 스승으로서의 보람을 느낄 수 있지 않을까?

지난 시간 내 꿈을 어렵게 수정한 만큼 나는 지금 꾸는 새로운 꿈에 다다르도록 노력하고 있다. 계속해서 꿈을 꾸며 성장해 갈 것이다. 좋은 선생님은 내가 평가하는 것이 아니고 학생들이 평가하는 것이라는 점을 기억하며 말이다.

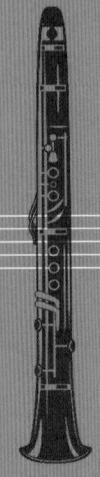

CLARINETIST

조
원
진

뉴욕에서 10년째 사는 클라리네티스트. 오케스트라 연주자를 꿈꾸며 외길로 매진하다 뉴욕에 정착하면서 다양한 경험을 쌓고 있다. 하트퍼드 심포니 오케스트라Hartford Symphony Orchestra, 빙엄턴 필하모닉 오케스트라Binghamton Philharmonic Orchestra의 정단원이고 버몬트 심포니 오케스트라Vermont Symphony Orchestra, 메트로폴리탄 오페라Metropolitan Opera에서 객원 단원으로 연주한다. 뉴욕 내에서는 디코다Decoda, 리디머 장로교회Redeemer Presbyterian Church에서 독주와 실내악 연주, 그리고 녹음 활동 중이다. 카네기홀의 앙상블 커넥트Ensemble Connect를 수료함으로써 청중에게 가까이 다가갈 수 있도록 음악을 재미있게 가르치는 방법을 배웠고 현재 호러스맨 학교Horace Mann School, 뉴욕 음악학교에서 학생들을 가르치고 있다.

PAUL WONJIN CHO

예원학교, 서울예술고등학교, 한국예술종합학교 예술사, 서울대학교 석사, 남가주 대학교 University of Southern California 수료, 예일 대학교 Yale University 석사 학위 및 최고 연주자 과정 Artist Diploma을 취득했다. 부산 음악 콩쿠르와 동아 음악 콩쿠르 1위, 울지홀 콩쿠르, 올가 쿠세비츠키 콩쿠르 등에서 입상하고, 예일 음악대학 목관 악기 우수상과 학장상을 받았다. 우에벨 F. Arthur Uebel 클라리넷 아티스트이다. 사랑하는 음악 연주를 통해 아름다움을 전하는 것이 삶의 목표이다. 무대 연주뿐만 아니라 브롱크스의 집 안에 마련한 스튜디오를 통해 청중과 교감한다. 자전거, 수영을 즐기며 야구 관람을 좋아한다. 지혜로운 아내와 물살을 함께 가르는 11살 딸과 함께 살고 있다.
(개인 홈페이지 www.bereitedich.com)

천의 얼굴을 지닌
뉴욕의 프리랜서

　나는 프리랜서다. 스케줄을 스스로 관리하고 그 스케줄에 맞추어 연습 방향을 정한다. 때때로 살인적인 일정에 맞춰 이색적인 장소 안에서 다양한 음악을 소화해야 한다. 그래도 프리랜서 클라리네티스트로서의 삶은 끊임없는 도전과 재미와 성취감에서 오는 기쁨을 안겨 준다.

　보통 나의 하루는 먹는 시간을 제외하고 연습하는 시간이 가장 많고 집중하는 정도도 크다. 그래서 곡에 따라 음악만 한번 들어 보면 되는지 아니면 어느 정도 연습이 더 필요한지 판단하는 것, 즉 연습 시간의 분배가 중요하다. 만약 오케스트라 오디션을 준비한다면 더 세밀한 시간 쪼개기가 필요하다. 엑섭excerpt은 얼마나 연습해야 하고 다음 주에 있을 5중주 곡은 얼마나 연습해야 하는지 잘 분담한 후 연습해야 한다.

　하지만 어느 때는 1,2주씩 스케줄이 없을 때도 있다. 그땐 감사히 휴식을 취한다. 다음에 하게 될 연주를 위해 연습도 조금씩 하면서 당일이나 2박 3일로 가족과 함께 여행을 떠나기도 한다. 만난 지 오래된 친구를 불러내어 맨해튼에서 맛있는 식사를 하기도 하고 박물관에 가거나 연주회를 보거나 악기를 수리하는 등 자유롭게 시간을 보내기도 한다.

♪ 프리랜서이면서 오케스트라 단원

내가 사는 뉴욕은 세계 문화의 수도이자 없는 것이 없는, 공연 예술가에게는 천국과 같은 곳이다. 시간이 많을 때는 예술 감상을 많이 할 수 있어 삶의 질을 향상시키고, 또 못지않게 그만큼 다양한 음악적 프로젝트들에 참여할 수 있는 제의가 들어와 정신없이 살기도 한다. 무용의 메카인 조이스 극장에서 유명한 다방면 예술가 multidisciplinary artist 헬가 데이비스와 무용수들과 공연하고, 카네기홀에서 링크업 오케스트라의 수석 주자로 3000여 명의 초등학생들과 함께 '움직이는 오케스트라 체험 The Orchestra Moves' 공연을 하고, 트리니티 월스트리트 교회에서는 〈필립 글래스 심포니 5번〉을 작곡가 앞에서 녹음하고, 디코다의 일원으로 싱싱 교도소 Sing Sing Correctional Facility에 방문하여 작곡 프로젝트를 진행하는 것 등 각양각색의 수많은 음악 경험을 쌓으면서 "내가 하는 일은 바로 이것입니다."라고 자랑스럽게 말한다.

물론 프리랜서로서 연주 두세 달 전에 연락을 받아 스케줄을 잡고 준비하는 것만이 내 일의 전부는 아니다. 오케스트라 단원으로서 하트퍼드 심포니 오케스트라의 3rd 클라리넷 겸 베이스 클라리넷 주자이자 빙엄턴 필하모닉 오케스트라의 수석 단원이다. 버몬트 심포니 오케스트라와 뉴헤이븐 심포니 오케스트라에서는 수석 객원 단원으로, 메트 오페라단과 아메리칸 심포니 오케스트라, 해리스버그 심포니 오케스트라, 오케스트라 오브 세인트 루크스에서는 객원 단원으로 연주했다. 많은 오케스트라에 객원 단원으로 참석하게 되면 각 오케스트라의 분위기를 알게 되는데 연주 후에도 연주자 및 지휘자들과 관계를 잘 유지하는 것이 중요하다.

뮤지컬 연주자

〈레미제라블〉, 〈지붕 위의 바이올리니스트〉, 〈1812, 위대한 혜성〉 등 브로드웨이 뮤지컬의 객원 단원으로 여러 차례 공연했다. 브로드웨이 공연에 객원 단원으로 출연하면 정단원과 동일한 대우를 받는다. 뮤지컬은 준비하는 과정이 독특해 집중력을 필요로 한다.

하나의 작품이 브로드웨이 공연을 하기로 확정되면 오케스트라는 보통 2-3개월 정도 준비한다. 처음부터 '완벽한' 공연을 선보이기 위해서다. 일단 성공적으로 뮤지컬을 몇 주일간 공연하고 나면 각 오케스트라 단원들은 본인에게 무슨 일이 생겼을 때를 대비해 각자 지인 중에서 같은 악기를 연주하는 사람들에게 개별적으로 연락한다. 가령 더 좋거나 하고 싶은 공연이 나타났을 때나 휴식이 필요할 때와 같은 상황에서 말이다. 나도 그렇게 연락을 받아 피트$_{pit}$ 안에서 연주하는 브로드웨이 오케스트라를 경험하게 되었다.

하지만 초연 전까지 진행되었던 리허설은 쇼가 시작된 다음부터는 존재하지 않는다. 모두 뮤지컬 내용을 너무나 잘 알고 있어서 몇 명의 객원을 위해 리허설을 하진 않는다. 그러면 정단원은 실제적으로 어떻게 객원들을 최대한 준비시킬까? 우선 지휘자 영상, 음원, 악보 등 디지털로 제공할 수 있는 모든 것을 공유하고 음악적 또는 음악 외적 세부 사항을 최대한 알려 준다. (이 때문에 상임 단원이 친한 동료들에게 자기의 객원이 되어 줄 수 있냐고 물어보는 것은 당연하다.) 그리고 오케스트라 피트에 들어가 상임 단원 옆에서 한차례 뮤지컬을 관람하는데 관악기 주자로서 무대 위 뮤지컬을 마음 편히 관람할 여건은 되지 않는다. 더군다나 완벽히 연주해야 할 다음번 방문을 위해서 벼락치기 하듯 머릿속과 악보에 필요한 것을 꼼꼼히 메모해야 한다.

이 모든 과정 안에서 객원 단원은 음악적으로 어떤 위치에서 연주해야 하는지 파악해야 한다. 그리고 준비가 되면 정단원 대신에 연주를 하게 되는데 이 연주를 바탕으로 뮤지컬에 계속 객원 단원으로 참여할 수 있는지가 지휘자의 판단에 의해 결정된다. 객원 단원으로 인정이 된다면 지명 객원 단원$_{designated\ substitute}$으로 승인이 되고 스케줄을 맞춰서 뮤지컬에 참여할 수 있게 된다. 정단원은 대략 5-10명의 승인된 객원 단원을 보유하고 있어야 하며 그들에게 골고

루 연주 기회를 주는 것은 정단원의 몫이다.

실내악 연주자

오케스트라 말고도 내가 몸담고 있는 소중한 2개의 소규모 공동체가 있다.

· 디코다

디코다는 앙상블 커넥트의 2007-12년 수료자들이 합심하여 만든 단체로 미국 전역은 물론 세계 곳곳을 다니며 연주와 마스터 클래스, 그리고 특히 교감 연주회interactive performance를 진행하고 있다. 공연 기획사나 주최자를 통해 계획되는 일반적인 연주와는 달리 연주자들과 디코다 스태프가 직접 공연장을 섭외하고 기획자와 연락하여 연주를 만들어 내는 특별한 그룹이다. 카네기홀에서 연중 2회 공연을 계약하고 매년 진행하고 있는데 공동 음악 감독들이 디코다의 정체성에 맞으면서 청중들과 교감할 수 있는 프로그램을 짜서 선보인다.

2017년과 2018년에는 내가 직접 프로젝트를 짜서 한국 방송사 CBS의 초청으로 디코다 단원들을 이끌고 2회 방한한 적이 있다. 첫해에는 서울, 춘천, 창원, 여수, 울산, 제주 등지에서 8회 공연을 했고 둘째 해에는 서울에서만 했는데 많은 분이 관람해 주셨다. 디코다가 장기로 하는 교감 연주회가 아니라 연주자들이 돌아가며 해설을 하는 연주회로 진행했다. 요즘엔 한국에도 서서히 연주자가 직접 해설하는 음악회들이 생기고 있다고 한다. 아주 바람직한 현상인 것 같다.

음악 평론가나 입담이 구수한 사회자를 해설자로 모시고 음악회를 진행한다면 분명히 그 화자가 전하는 방식과 펼쳐내는 지식이 음악을 풍부하게 장식할 것이다. 하지만 그 곡을 직접 연주하거나 노래하는 음악가가 자신이 경험한 음악 세계를 청중들과 직접 나눈다면 그것은 정말 더 특별한 경험이다. 작곡가와 연주자와 청중이 그 자리에서만 교감할 수 있는 경험인 것이다. 음악에 앞서 연주자의 언어로 청중과 직접 만나면 자주 듣는 음악은 물론이고 처음 듣는 음악, 좋지 않게 들었던 음악들까지도 듣는 사람에게 새롭게 다가가기 시작할 것이다.

· 리디머 장로교회

리디머 장로교회는 1989년에 맨해튼에서 가정교회로 시작되었는데 지금은 미국에서 가장 영향력 있는 교회 중 하나로 성장했다. 난 2012년부터 다운타운 지교회에서 2개월에 한 번씩 클라리네티스트로 예배를 섬기고 있다.

음악 연주가에게 예배는 보통 '전주곡prelude-헌금송-후주곡postlude'으로 이루어지는 연주 부분과 회중 찬송을 이끌며 연주하는 부분의 두 영역으로 나뉜다. 리디머 예배의 예술적인 부분 중 하나는 전주곡과 헌금송, 그리고 후주곡의 연주 부분에 음악적으로 통일성을 부여하는 것이다. 그 주일이 교회력으로 무슨 주일인지, 또 설교 내용이 무엇인지에 맞춰서 곡을 정한다. 예를 들어 이번 주일의 설교 제목이 '안식하는 자들을 위한 기도'였을 경우에 지극히 낭만적인 브루흐Max Bruch의 〈클라리넷, 비올라, 피아노를 위한 8개의 소품〉을 나누어 연주한다. 또 '현대의 문제들과 신앙인으로서의 이겨내기'라는 메시지에는 현대 곡인 엘리엇 카터Elliott Carter의 〈목관 5중주〉두 악장을 앞과 뒤에 연주하고 헌금송으로는 피아졸라Astor Piazzolla의 〈오블리비언Oblivion〉을 연주한다.

'어떻게 하면 예술적으로 가장 좋은 것으로 예배할 수 있나.'라는 관점에서 보면 신앙과 전혀 관련이 없는 곡을 예배의 방향에 맞춰 선정하고 연주하는 것이 연주가에게는 가장 큰 영광이요 기쁨이라 할 수 있겠다. 섬기는 교회가 따로 있지만 이러한 음악적 정체성을 인정받고 연주를 할 수 있다는 점에서, 또 경제적으로도 그만큼 대가를 받는다는 점에서 리디머 장로교회의 음악 커뮤니티는 내가 속한 소중한 단체 가운데 하나이다.

오케스트라 연주자

나는 빙엄턴 필하모닉 오케스트라, 하트퍼드 심포니 오케스트라, 버몬트 심포니 오케스트라 등 세 군데 오케스트라에서 정기적으로 연주한다.

· 빙엄턴 필하모닉 오케스트라

빙엄턴 필하모닉 오케스트라에는 2016년에 발탁되어 수석 정단원으로 연주하고 있다. 3시간 정도 운전해서 가야 하는 번거로움 외에 집이 아닌 다른 곳에서 자야 하는 불편함도 있다. 보통 토요일 저녁 한 번의 연주가 있으면 목요일 저녁, 금요일 아침, 저녁 리허설을 하게 된다. 그리고 토요일 저녁에 연주하고 다시 3시간을 달려 집으로 돌아온다. 그러면 이틀을 빙엄턴 지역에서 묵게 되는데 오케스트라에서는 보통 홈스테이 가정을 연결해 준다. 오케스트라 측에서는 자원 봉사자나 후원자들, 이사회 지인들에게 부탁하여 홈스테이 장소를 마련하는데 이를 허락하는 가정들은 보통 클래식 음악을 좋아하고 오케스트라에 관심이 많은 경우가 대부분이다. 오케스트라에서는 호스트에게 그 주말 연주회 티켓을 주거나 그들이 원하는 다른 이벤트의 초청권을 주기도 한다. 2박을 하는 동안 오케스트라 리허설이 어떻게 진행되는지, 독주자와 지휘자는 어떤 식으로 음악을 표현하는지 등 이번 연주회에서 호스트가 궁금해 할 만한 것들을 이야기해 줌으로써 오케스트라도 홍보하고 호스트와의 친밀도도 쌓아간다.

· 하트퍼드 심포니 오케스트라

하트퍼드 심포니 오케스트라는 2020년 2월 마지막 날 오디션에 합격함으로써 정식 단원이 되었는데, 안타깝게도 오디션 직후에 코로나19 팬데믹이 터져서 아직 무대에 서 보지는 못했다. 하지만 단원들이 있는 곳에서 동영상을 제작하여 오케스트라의 연주를 녹화 제작하는 방식으로 온라인 콘서트를 열고 있다. 팬데믹이 끝나면 한 달에 세 차례씩 하트퍼드에서 연주하게 될 것이다.

· 버몬트 심포니 오케스트라

버몬트주는 정말 아름다운 곳이다. 나무와 산이 강과 한데 어우러져 있고 인구 밀도는 미국에서 가장 낮은 곳 중의 하나다. 운전하다 보면 강원도 산골짜기 사이의 국도를 달리는 것과 비슷한 느낌을 많이 받는다.

　버몬트에 대한 나의 사랑은 2016년에 친구 메리와 에반이 창단한 페스티벌 Scrag Mountain Music Festival에 참가하며 시작되었다. 일주일간 버몬트에서 쇤베르크 Arnold Schönberg의 〈달에 홀린 피에로〉의 리허설과 연주를 하게 되었는데 그때 우연히도 버몬트 심포니 오케스트라의 클라리넷 수석 자리를 위한 오디션이 있었다. 고맙게도 친구 에반은 리허설 시간은 조절해도 되니 오디션을 하고 오라고 격려해 주었다. 하루 전날까지 짬을 내어 친구들 앞에서 모의 오디션 비슷하게 진행을 했고 좋은 평가를 많이 받았다. 결국 파이널 라운드에서 만족스러운 연주를 한 끝에 러너업 runner-up(즉 2등)이 되었다. 그 후로 버몬트 심포니는 클라리넷 연주자가 필요할 때마다 내게 연락한다. 일 년에 네다섯 차례 꾸준히 버몬트를 방문하면서 거장 제이미 라레도Jaime Laredo와 함께 연주하고, 버몬트산産 메이플 시럽과 맛 좋은 IPA(인디안 페일 에일) 맥주를 즐기고 있다.

가르치는 음악가

클라리넷은 물론이고 음악 전반에 대해 배우고자 하는 사람을 가르치는 일이 내 삶의 일부라고 생각하기 때문에 헌신적으로 임하려고 노력한다.

· 호러스맨 학교와 뉴욕 음악학교

현재는 브롱크스에 위치한 호러스맨 학교와 뉴저지에 위치한 뉴욕 음악학교에서 약 8-10명의 학생을 가르치고 있다. 호러스맨에서는 학생의 수업 일정에 맞춰 레슨 시간을 짠다. 학생과 개별적으로 수업 조정을 할 수 있기 때문에 프리랜서의 입장에서는 스케줄 맞추기가 용이하다. 뉴욕 음악학교는 집에서 차로 약 30분 걸리는 거리에 있다. 덕분에 일주일에 한 번씩 조지 워싱턴 다리를 건너서 뉴저지로 넘어간다. 약간 한국의 음악학원과 비슷한 시스템이고 좋은 시설에서 5년째 가르치고 있다. 미국에는 주state, 카운티county, 도시city 별로 밴드나 오케스트라가 많이 있고 매년 오디션을 치른다. 아이들에게 그런 오디션과 매 학기 있는 학교의 음악회 일정에 맞춰서 연주 방법을 가르쳐 주는 일을 한다.

· 디코다에서의 가르침

디코다 멤버로서 대학교나 사립학교에 초청을 받아 연주회 및 마스터 클래스를 여는 경우도 제법 있다. 연주회와 마스터 클래스는 통상적으로 클래식 음악인으로서 많이 하는 일인데, 그것 외에 디코다는 항상 초청하는 단체와 어떠한 맞춤형 프로젝트를 진행할 수 있을지 소통한다. 각 단원이 모두 '교감 연주회'에 익숙하여 청중과 음악을 더 알아가는 설명 음악회를 기획하고 음악과 관련 없는 수업에도 들어가 디코다가 비즈니스 모델로 어떻게 사회와 소통하는지 등을 나눈다.

스키드모어 대학Skidmore College의 정물화를 그리는 수업에 들어가서 즉흥 연주를 함으로써 라이브 음악이 화가에게 어떤 영향을 미치는지에 대한 수업을 한 적이 있다. 대부분 긍정적인 반응을 보였는데 기억에 남는 피드백 중 하나는 음악에 따라 색깔의 선택이 달라지고 획의 사용이 좀 더 다양해진다는 답변이었다. 자연스러운 결과 아닌가! 음악을 들으면 누구나 어떤 식으로라도 반응을 하게 되어 있는데 라이브 음악이 미술학도들의 작업 현장에 있으니 그들의 예술적 감각에 당연히 영향을 미친 것이다. 서로 영향을 주고 서로에게 배우는 이런 활동이 아직도 커지는 내 음악 세계에 조그마한 퍼즐이 되어 맞춰진다.

다양한 경험, 다채로운 만남, 새로운 시도. 모두 프리랜서가 늘 맞닥뜨리는 것이다. 그 덕에 뉴욕에 온 후 나의 성격은 조금 더 외

향적이고 활동적으로 바뀌었다. 조금씩 변하는 상황에 적응해 가며 인생을 즐기고 긍정적으로 반응하는 것이 삶을 풍요롭게 만드는 것 아닐까. 우울할 때도 실패할 때도 있지만 어떤 일이 펼쳐질지 모르는 내일을 기대하고 주어진 환경에 감사하며 사는 것이 내 영혼을 더 살찌게 해 주는 것 같다. 지나간 순간은 추억이 되며 미래의 계획은 어느새 현재가 되고, 지금을 살아 내는 것이 내가 가장 잘할 수 있는 것 아닐까.

 이 지구에 영원한 것은 없다. 슬플 때나 행복할 때나 모든 순간은 지나간다. '이 또한 지나가리라. This too shall pass.' 이 마음가짐으로 지금까지 난 무슨 꿈을 꿔 왔고 앞으로 그 꿈을 이루기 위해 어떻게 살 것인가를 생각한다.

♪ 보다 많은 사람에게 음악을 전하자

예고 1학년 때, 타워레코드점에서 푸르트벵글러Wilhelm Furtwängler의 〈베토벤 교향곡 6번〉, 카라얀Herbert von Karajan의 〈베토벤 교향곡 8번〉, 발터Bruno Walter의 〈슈베르트 미완성 교향곡〉을 잡은 기억이 아직도 생생하다. 서울시청소년교향악단(이하 소향)에 응시하려면 세 가지 엑섭을 연주해야 해서 무작정 명동에 있는 큰 음반점에 갔던 것이다. 박식한 직원의 도움으로 좋은 음반 3개를 손에 쥐게 되었고 응장한 교향곡의 울림에 감동하며 오디션에서 연주해야 할 부분을 찾아서 들었다. 그 경험이 내 가슴 속에 씨앗이 되었고 여러 오케스트라에서 연주하고 있는 현재에 이르러 향기로운 잎 내음을 내뿜는 숲이 된 것 같다.

고등학교 때부터 시작된 소향에서의 오케스트라 연주는 내 안에 자라고 있던 꿈의 나무들에 좋은 토양이 되었다. 학부 4년간은 예술의전당(이하 예당)에 붙어 있는 캠퍼스 덕에 교향악 축제나 외국 유수 오케스트라의 연주를 보고 들었다. 학교의 도서관이나 예당의 자료실에서 나만의 교향악 세계에 빠져서 시간 가는 줄 몰랐다. 오케스트라라는 공동체 안에서 내 클라리넷 연주를 아름답게 조화시키고 또 솔로 연주를 할 때는 존재감을 드러내는 역할이 내가 음악인으로서 삶을 유지할 수 있는 길인 것 같았다.

앙상블 커넥트

미국에서 공부하면서 오케스트라에 취업하는 것이 신분과 경제적 안정을 가져다 줄 것이라고 굳게 믿었던 탓에 많은 오디션을 치렀다. 하지만 유학하며 배운 오케스트라 엑섭 연주를 오디션에 적용하는 것은 생각보다 만만치 않았다. 좋은 가르침과 최선의 연습만이 오디션의 성공을 가져다 주지 않았다.

30회가 넘는 오디션을 치르며 마인드 컨트롤하는 법, 계획을 세워 연습하는 것, 효과적으로 시뮬레이션을 하는 법, 컨디션 조절하는 법 등에 대해 많이 연구했다. 모든 것이 계획대로 잘 진행되더라도 나의 연주 스타일과 색깔이 오디션 심사 위원들의 마음에 들어야 그나마 결선에 오르거나 마지막 2명 중 하나에 들어간다. 마지막 두세 명의 결선 진출자 중 한 명을 선택하는 절차는 그 오케스트라가 의사 결정을 하기 위해 가장 좋다고 생각하는 방식으로 진행하는데, 유학 생활 5년간 나를 받아 준 오케스트라는 없었다. 결국 카네기홀과 줄리아드 학교에서 진행하는 프로그램인 앙상블 커넥트(당시에는 The Academy, Ensemble ACJW)에 발탁되어 2년간의 펠로십을 하게 됐다.

당시에는 그리 이상적인 진로는 아니라고 생각했다. 첫 아이가 막 태어났을 무렵이라 뉴욕에서 산다는 것을 상상하기가 어려웠기 때문이다. 예일 대학교 재학 당시 뉴욕을 몇 번 방문했을 때 휘황찬란한 빌딩과 조명, 그리고 차가운 사람들의 인상에 압도당했다. 아내와도 '뉴욕은 즐길 수는 있지만 살 수는 없는 곳'이라는 이야기를 여러 번 하기도 했다. 하지만 결국 하고 싶은 오케스트라 생활이 아닌 19명의 다른 동료들과 부단히 어울리며 프로젝트를 만들고 실내악을 연주하고 학교에서 가르쳐야 하는 이 과정을 나에게 주어진 어쩔 수 없는 결과로 받아들였다.

앙상블 커넥트는 설립될 당시에는 세계에 하나밖에 없는 프로그램이었다. 선발된 사람들을 이 시대에 적합한 음악인으로 길러 내자는 이념으로 2005년에 창단된 앙상블 커넥트는 오케스트라에 들어가거나 바로 학교에서 가르치는 일을 선택할 수밖에 없는 음대 졸업생들의 극히 제한된 진로에 조금이나마 숨을 틔워 줬다. 펠로십 기간은 2년이고 매년 의무적으로 카네기홀, 줄리아드 학교를 비롯하여 뉴욕 전역에서 10회 정도 연주회를 진행한다. 또한 지정된 공립학교에 25회 방문하여 음악 수업, 오케스트라, 관악 합주, 개인 레슨 등의 기본적이면서 창의적인 수업을 하고, 일주일에 한 번 전문성 개발 프로그램을 통해 다양한 강의를 들으면서 음악인으로서 어떻게 살아가야 하는지 전반적이고 구체적인 수행을 하게 된다.

쉽지 않았던 펠로십 생활

큰 기대 없이 차선책으로 들어가게 된 앙상블 커넥트에서 사실 첫해에는 심적인 고생을 많이 했다. 우선 미국 전역에서 모인 19명의 사람들이 선보이는 수준 높은 연주 실력에 기가 많이 죽었다. 오케스트라 연주에서는 잠깐씩 나오는 멜로디, 선율만 잘 연주하면 된다고 학생 때는 생각했으나, 앙상블 커넥트에서는 거의 모든 연주가 실내악이다 보니 그 안에서 균형을 맞추기가 쉽지 않았다. 자기 의견이 확실한 연주자들인지라 리허설을 하는 방식도 달랐기 때문에 나는 그것에 쉽게 적응하지 못했다.

가르치는 학교에선 언어 문제가 발목을 잡았다. 5년을 미국에서 공부했지만 초등학교 4,5학년 아이들에게 하는 말과 대학원에서 교수들, 연주자들, 또래 학생들과 사용하는 언어는 극과 극이었다. 미국 초등학교 방침 및 분위기는 내가 80-90년대에 경험한 학교생활과는 완전히 달라서 학교에 출근하는 날은 매번 현실에 없는 미지의 세계를 방문하는 것 같았다.

리허설, 연주, 학교 방문을 마치고 집에 돌아오면 한 살배기 딸이 아빠를 맞이했는데 아이를 껴안고 노는 기쁨은 컸지만 아내의 짐을 덜어 준다고 오랫동안 아이와 함께 있으니 개인 연습할 시간은 사라지고 삶에 피곤함만 가득했다. 되돌아보면 그때가 아마도 지금껏 살아오며 겪은 가장 힘든 시기가 아니었나 싶다.

새로운 음악가로 재탄생하다

미국 교육은 여름 휴식 기간이 상당히 길다는 특징이 있다. 그래서 교육계에 종사하는 사람들은 3개월 동안 쉬고 재충전하면서 다음 해를 준비하는 기간으로 삼는다. 이 시간은 나에게 뒤를 돌아보고 삶을 다시 긍정적으로 바라보는 계기가 되었다. 그래서 남은 1년의 앙상블 커넥트 기간을 감사하고 알차게 보낼 수 있었다. 돌아보면 펠로십의 경험은 지금의 '클라리네티스트 조원진'을 만든 귀중한 밑거름이 된 것 같다.

무엇보다 의사소통하는 것에 자신감을 가지고 실수를 두려워하지 않게 되었다. 이민자라는 사실을 솔직하게 밝히고 확실히 알고 있는 영어로 대화하면 상대방도 거기에 맞춰서 대화해 줬다. 무대에서 이야기하는 것은 대본을 쓰고 반복적으로 연습하며 말하려고 하는 요점을 중심으로 암기하니 한결 쉬워졌다. 아티스트로서 어떻게 사회의 일원이 되어 가는지, 꿈을 이루기 위해 앞으로의 인생을 어떤 식으로 설계해야 하며 관계를 만들어 가고 시간 관리는 어떻게 하는지에 대해 전문성 개발 시간에 배워 갔다.

다른 사람들과 음악을 만들 때는 어떻게 효과적으로 음악을 이끌어 갈지에 대해서도 동료들과 같이 고민했다. 종종 함께 즉흥 연주를 함으로써 미지의 영역에 발을 들여놓기도 했다. 내가 맡았던 초등학교뿐만 아니라 다른 여러 학교에 방문함으로써 학년별 관심사를 대체적으로 알게 되었고 그에 맞게 연주와 수업을 준비할 수 있는 능력을 길렀다. 후원자, 기부자와 어떻게 의사소통해야 하는지도 배웠다. 이러한 지식과 지혜는 모든 음악인에게 큰 도움이 되는 요건이라고 생각한다.

고등학교 때부터 꿈꿔 왔던 오케스트라 주자가 되는 꿈은 변함이 없다. 지금도 그 꿈을 좇아 살아가고 있다. 그런데 앙상블 커넥트를 수료한 후에는 '나만을 위한 꿈'이 아닌 '타인까지 품는 꿈'을 갖게 되었다고 할까. 꿈이 변했다. 아니 커졌다. 단순히 오케스트라 안에서만 아름다운 음악을 만드는 것이 아니라 주어진 어떠한 상황에서든지 음악의 아름다움을 전하고 싶다. 그것은 '나는 왜 음악의 아름다움을 나누고 싶을까, 내 음악을 듣는 이 사람(들)과 공감하고 싶은데 내 음악을 어떻게 공유할까.'라는 기본적 물음에서 나온 생각들이고 늘 이것을 곱씹으며 살아가려고 한다. 2000명이 모인 카네기홀이든

5명이 모인 노인정이든 어디서나 연주할 기회를 얻는 것이 프리랜서로서 내 꿈을 실현하는 데에 큰 발판이 된다. 특히 세계적인 팬데믹 상황에서는 녹화 영상이나 실시간 영상으로 연주하며 사람들과 교감할 수 있다. 늘 따뜻하고 아름답게 음악을 하고 싶다. 음악 자체가 그런 것처럼.

♪ 새로운 것을 시도해 보자

대학에 들어가면 방학이 길다. 긴 방학을 아무 계획 없이 보낸다면 시간은 금세 지나가고 그다음 학기에 적응하기가 더 어려울 것이다. 쉬고 놀더라도 계획을 잘 세워서 보내고 이후 학교생활에 어떻게 적응할지를 준비해야 한다.

슬기로운 방학 생활

방학을, 특히 여름을 알차게 보내라고 이야기하고 싶다. 더욱이 음악도에게는 캠프라는 좋은 기회가 있다. 국내에서 운영하는 캠프도 재미있고 도움이 되지만, 기회가 된다면 외국의 여름 캠프 일정에도 관심을 가져보는 건 어떨까.

나는 아시아 청소년 오케스트라Asian Youth Orchestra(이하 AYO), 미주 청소년 오케스트라Youth Orchestra of the Americas(이하 YOA), 탱글우드 뮤직

센터Tanglewood Music Center(이하 탱글우드) 이렇게 세 곳에서 여름을 보냈는데, 이 여름은 모두 잊지 못할 음악적 경험을 안겨 주었다.

AYO는 한국에서도 쉽게 오디션을 볼 수 있는 단체다. 음악 감독 리처드 폰처스Richard Pontzious가 1990년에 창단하고 지금까지 건실하게 운영하는 이 오케스트라는 동북, 동남아시아의 고등학생 및 대학생들을 대상으로 오디션을 해서 약 6주간 리허설 및 연주 투어를 한다. 새로운 사람들과 만나 음악을 만드는 일은 실력의 차이를 불문하고 언제나 즐겁고 신나는 일이다. 또 공용어가 영어이기 때문에 언어 훈련에 큰 도움이 된다. 외국에서의 긴 시간을 친구들과 보내는 것, 생각만 해도 설레지 않는가? 또한 실력 있는 독주자를 초빙하기 때문에 즐거움은 배로 늘어난다. 자세한 사항은 웹 사이트를 참고하도록 하자.(asianyouthorchestra.com)

YOA와 탱글우드는 LA에서 유학하고 있을 때 라이브 오디션에 선발되어서 참여했다. YOA는 참석한 해에 특별하게도 유럽 투어를 해서 잊지 못할 경험을 안겨 주었고, 탱글우드는 말이 필요 없는 미국의 여름 음악 페스티벌의 메카이다. 이 두 단체에 지원하기 어려울 수 있겠지만 요즘은 녹화 연주로 지원받는 여름 페스티벌도 많다. 아스펜Aspen 음악 축제가 가장 대표적인데, 녹화 영상을 만들어 지원할 수 있다. 페스티벌 일정이 두 달로 다소 길지만 절반만 참여해도 된다. 미국인이 아니어도 당연히 지원이 가능하며 계획을 잘 세워서(여름 방학이 끝나가는 8월부터 오디션 곡들과 영어 서류들을 준비하면 좋다.) 입시 준비하듯 오디션을 치르면 좋은 결과를 얻게 될 것이다.

서머 페스티벌

서머 페스티벌의 접수와 오디션은 대부분 그 전 해 12월부터 그해 3, 4월까지 진행되는데 마감일을 맞춰 지원하고 실기 시험, 독주회, 오케스트라 오디션을 보듯이 잘 준비해서 보아야 한다. 오디션이 겹치지 않는 한도 내에서 많이 지원하면 나중에 몇 군데가 동시에 되더라도 본인이 원하는 곳에 최종 등록을 할 수 있다. 그리고 대부분 전액 장학금으로 운영이 되니 경제적인 부담도 없다. 미국과 유럽 등의 대표적인 페스티벌을 여기에 소개하려고 한다. 한국에도 좋은 페스티벌, 캠프가 많이 있는데 정보를 쉽게 구할 수 있으므로 여기서는 언급을 생략하겠다.

(지원 분야: 오케스트라(오), 실내악(실), 독주 피아노(독), 반주 피아노(반), 성악(성), 오케스트라 지휘(오지), 합창 지휘(합지), 작곡(작), 클래식 기타(클기))

| 미국 |

페스티벌	웹 사이트	지원 분야
Aspen Music Festival and School	aspenmusicfestival.com	오, 실, 독, 반, 성, 오지, 작
Bowdoin International Music Festival	bowdoinfestival.org	오, 실, 반, 작
Brevard Music Center	brevardmusic.org	오, 독, 반, 성, 작, 클기
Kent Blossom Music Festival	www.kent.edu/blossom	오, 실, 독, 반

페스티벌	웹 사이트	지원 분야
Marlboro Music Festival	marlboromusic.org	실, 독, 반
Music Academy of the West	musicacademy.org	오, 독, 반, 성
National Orchestral Institute	theclarice.umd.edu/noi	오, 작
National Repertoire Orchestra	nromusic.org	오
Norfolk Chamber Music Festival	music.yale.edu/norfolk	실, 독, 반, 성, 합지
Sarasota Music Festival	sarasotaorchestra.org/festival	실, 독, 반
Tanglewood Music Center	bso.org/Home	오, 실, 독, 반, 성, 오지, 작
Yellow Barn	yellowbarn.org	실, 독, 반, 성

| 유럽 |

페스티벌	웹 사이트	지원 분야
Britten-Pears Young Artist Program	snapemaltings.co.uk/music/britten-pears-young-artist-programme	오, 독, 반, 성, 오지, 작
Lucerne Festival Academy	lucernefestival.ch/en	오, 실, 오지
Schleswig-Holstein Musik Festival	shmf.de/en/home	오, 성
Verbier Festival Academy	verbierfestival.com/en/academy	오, 실, 오, 실, 독, 반, 성, 오지

| 일본 |

페스티벌	웹 사이트	지원 분야
Pacific Music Festival	www.pmf.or.jp	오

인생의 밑거름

굳이 음악을 직접 연주하는 여행이 아니어도 2주에서 4주간 악기를 잠시 내려놓고 또는 악기를 가지고 의미 있는 여행을 다녀오는 것도 좋은 생각이다. 인터넷을 적극적으로 활용하여 전국 일주를 하거나 유서 깊고 자연이 어우러진 곳들을 방문하는 것이다. 나도 그랬듯이 대부분의 음악도는 서울에서 많은 시간을 보낼 것이다. 그러나 대한민국 곳곳에 아름다운 곳이 넘쳐난다. 다음 여행의 목적지로 시골이나 산, 바다를 방문하면 어떨까?

외국에 나갈 형편이 되면 유럽 여행을 적극적으로 추천한다. 유럽에 남아 있는 문화는 서양 음악의 토양이다. 오스트리아 빈의 지금 그 거리를 모차르트가 지나다니며 곡을 썼고, 라이프치히의 성 토마스 교회St. Thomas Church에서 바흐는 매 주일 새 칸타타를 연주했다. 바이로이트에서는 매년 여름 바그너 축제가 열린다. 이 외에도 유럽에는 수많은 음악 축제와 박물관들이 있어서 음악 역사를 몸소 체험할 수 있다.

더 많은 사람을 만나고 그들과 정을 쌓아 보라. 신문을 읽고 사회의 흐름을 파악하라. 정당하게 생각하는 사회 이슈가 있다면 목소리를 내 보라. 소중히 생각하는 자선 단체에 당신의 예술이나 돈을 기부해 보라. 영적으로 믿는 것이 있다면 영성 생활에 힘쓰라. 이러한 행동들이 당신의 인격은 물론이고 속한 사회의 한편을 조금씩 변화시킬 것이다. 모든 사람에게 공감을 받고 마음을 움직이는 예술을 하고 싶다면 모든 사람에게 다가가는 예술을 이해하고 연습해야 한다. 일찍이 프리드리히 실러는 이렇게 외쳤다. "모든 사람은 서로 포옹하라! 이것은 온 세상을 위한 입맞춤!Seid umschlungen, Millionen! Diesen Kuß der ganzen Welt!" 베토벤은 이 시에 불멸의 교향곡을 붙였다.

♪ 전문성을 갖춘 연주자가 되는 방법

프리랜서인 덕에 앞에 열거한 일들 외에도 여러 상황의 수없이 많은 연주 기회를 가졌다. 연주뿐만이 아니다. 때론 동료를 대신하여 학교에서 여러 명의 학생을 대상으로 그룹 또는 개인 레슨을 해야 하는 상황도 있었다. 음악 이론을 가르치거나 관악 합주 지휘를 부탁 받은 경우도 있었다. 이러한 모든 상황에 알맞게 대처할 수 있는 황금률 두 가지가 있는데, 첫째는 인간관계를 잘 유지해야 하고 둘째는 스케줄 관리를 잘해야 한다. 이것을 잘할 수 있다면 '좋은 사람', '신뢰가 가는 사람' 즉 전문성을 갖춘 사람이 될 것이다.

미국 유학을 준비하려면

미국은 한국인들이 제일 많이 고려하는 유학지로 매년 6만 명 이상이 미국 학교에 입학한다고 한다. 미국으로 유학 가고 싶은데 땅도 넓고 학교도 많은 미국에서 어디로 가야 할까? 음악가의 입장에서 본다면 다음을 고려해야 할 것이다.

· 선생님

'나는 누구에게 배우고 싶은가?'라는 질문을 해 보자. 좋은 선생님, 제자를 아낌없이 가르치는 선생님이 있는 학교를 일순위로 놓는 것이 바람직하다. 운 좋게도 난 클라리넷 티칭의 대가 예후다 길라드Yehuda Gilad를 한국에서 만나서 몇 번의 레슨을 받은 후에 이 사람에게 배워야겠다고 굳게 다짐했다. 그래서 그가 있는 LA에 위치한 남가주 대학교에 가게 되었다. 세계적으로 알아주는 길라드의 가르침은 정말 탁월했고 나의 연주 스타일을 180도 좋은 방향으로 바꿔 놨다. 각자에게 선생님을 처음 만나는 기회가 어떻게 찾아올지 모르겠지만 여러 정보를 종합해 보고 연주자이면 연주 스타일을, 가르치는 사람이면 마스터 클래스의 동영상과 입소문을 들어 보고 선생님을 결정하는 게 좋다. 학교가 좋지 않더라도 이 선생님에게 꼭 배워야겠다고 생각하면 그렇게 방향을 정하면 된다. 학교의 분위기는 학교에 다니는 동안만 경험하지만 선생님과의 레슨은 평생 영향을 미치기 때문이다. 더불어 학교의 지명도가 높지 않다면 장학금의 기회가 더 클 수 있다는 점을 참고한다.

· 학교

모든 학교마다 학풍이 다르다. 학교가 음악학교conservatory인지 사립 종합 대학인지 공립(주립) 대학인지 알아보면 좋다. (음악학교로는 Juilliard School, New England Conservatory, Cleveland Institute of Music, Peabody Institute 등이 있고, 사립 종합 대학으로는 Indiana University, University of Southern California, Rice University, Yale School of Music 등이 있으며, 공립(주립) 대학으로는 University of California Los Angeles, SUNY Stony Brook, Rutgers University, University of Washington 등이 있다.) 왜냐하면 위의 세 가지 다른 운영 방향으로 학풍이 크게 나뉘기 때문이다. 음악학교에는 모조리 예술을 전공하는 학생들만 있다. 그래서 심도 있게 한길로 정진하려면 음악학교만 한 곳이 없다. 하지만 학생들의 수준이 대부분 높아 입학이 다른 곳보다 쉽지 않고 학비도 비싸다. (Curtis Institute, Colburn School 제외)

사립 종합 대학은 연세대학교, 이화여자대학교 등과 분위기가 비슷하다. 다양한 전공생들이 있고 그만큼 학생 숫자도 많다. 큰(뭐든지 큰 미국적 스케일을 상상해 보라.) 대학 캠퍼스 내에서 숙박 및 식사를 거의 모두 해결할 수 있고 다양한 전공생들과 교류할 수 있는 장점이 있다. 하지만 어떤 학교에는 음대 학생이 너무 많아서 그것이 단점이 될 수 있다. 공립 대학은 주state에서 운영하는 학교로 분위기는 사립 종합 대학과 비슷하다. 주 정부가 주인이어서 음대 시설이 빈약한 학교도 더러 있고 전반적 수준도 아무래도 음악학교만 하지는 못하다. 하지만 교수진이 좋은 학교도 많이 있으니 선생님이 좋고 잘 맞는다면 비교적 저렴한 주립 대학교도 좋은 선택이 될 수 있다.

유학을 가기 전에 한 가지 중요한 것은 어느 선생님께 배우고 싶다는 결정을 하는 즉시 그 선생님, 아니면 학교에 연락해서 시험 보기 전에 레슨을 받을 수 있는지 물어보는 것이다. 입학 오디션을 하기 전에 레슨을 받아 보는 것은 굉장히 좋은 경험이며 조금 과장되게 말하면 관례처럼 볼 수도 있다. 교수의 입장에선 새로운 학생을 만나 볼 수 있어서 좋고, 학생의 입장에선 학교를 미리 방문함으로써 분위기도 파악하고 교수에게 레슨을 받으면서 긴장감도 조금 덜 수 있으니 얼마나 좋은가. 그리고 실력도 중요하지만 최선을 다하는 성품 좋은 학생을 찾는 것이 학교 측의 큰 목표 중 하나이기 때문에 학생 신분으로 미국의 땅을 밟게 될 그때까지 모든 과정에 성실히 임하면 반드시 좋은 결과가 올 것이다.

유학 중에

유학 생활은 많은 유학생에게 일생에 한 번 외국에서 오래 살아 보는 기회가 된다. 그 기회를 잘 살려 얻을 수 있는 것을 최대한 얻어 가려면 어떻게 해야 할까.

첫째, 학교생활에 충실하라. 최선의 학교생활은 지식과 실력을 갖추는 것과 동시에 많은 경험을 쌓게 해 준다. 경험을 쌓으려면 그 나라의 문화와 언어에 익숙해져야 한다. 최대한 유학 나오기 전에 그 나라 말을 공부해 둬야 한다. 그래야 문화 충격도 심하지 않고 한국에 돌아가고 싶은 마음도 줄어든다. 외국인을 위한 기초 영어 수업 대신 '슈만 실내악 음악의 분석과 연주법', '스트라빈스키의 발레 음악', '코딩의 기초' 등의 수업을 들으면 인생에 큰 도움이 될 것이다.

둘째, 학교 내 실내악이나 오케스트라에 활발히 참여하는 것은 물론 국제 콩쿠르, 모의 오디션을 통한 실제 오디션을 적극적으로 경험하라. 실내악은 친구를 사귈 수 있는 절호의 기회다. 아는 한국 친구들 말고 새로운 친구와 함께 음악을 만들면서 갈등도 겪어 보고 아름다움도 창조해 보라. 콩쿠르도 큰 경험이다. 내가 다닌 예일 음대는 국제적으로 나가는 콩쿠르나 먼 곳으로 가는 오디션에 어느 정도 여행 경비를 지원해 줬다. 많은 학교에 그런 프로그램이 있으니 물어보면 학교에서 조금이나마 도와줄 수도 있을 것이다.

오디션

오디션은 '되려는 마음가짐'으로 준비해야 한다. '경험 삼아'의 마음가짐이 들어가면 준비도 완벽히 되지 않을 뿐더러 막상 마지막 라운드에 가더라도 모든 것이 순조롭게 진행되기가 어렵다. 나의 첫 오디션은 라스베이거스 필하모닉 오케스트라의 2nd 클라리넷 오디션이었다. 1차와 준결선 모두 연습한 대로 연주하지 못해서 상심했는데 마지막 2명의 결선까지 올라가게 되었다. 하지만 파이널에서 수석 주자와 각각 연주하고 난 후에도 심사 위원들은 누구를 뽑아야 할지 결정하지 못했다. 그래서 일정에 없던 인터뷰를 했는데, 그 자리에서 내가 "외국인이라서 사실 이 오디션이 되어도 일할 수 있을지 없을지 모르겠다."라고 솔직히 말해 버렸다. 이야기를 들은 심사위원들은 당연히 고용하는 데 문제가 없었던 다른 미국인 연주자를 선택했고 난 친구들과 선생님의 질타를 맞아야 했다.

대부분의 미국 오케스트라는 오디션을 발표할 때 평등고용법 Equal Opportunity Employer Act을 함께 명기한다. 인종, 성별, 국적, 나이, 종교, 장애를 고용의 요소로 삼지 않는다는 성명이다. 또한 미국의 이력서에는 한국과는 달리 사진을 첨부하지 않는다. 만약 오디션에 뽑혀서 외국인 학생으로 일하게 된다면 졸업 전후에 전공과 직접적으로 관련해 실무 경험을 쌓을 수 있는 비자 제도인 CPT Curricular Practical Training와 OPT Optional Practical Training를 적극적으로 활용해서 일하면 된다. 그것에 관해서는 학교 사무실에서 자세히 알아볼 수 있다.

엑섭 공부

엑섭을 준비하는 과정에서는 오케스트라 안에서 해당 엑섭이 본 곡에서 어떤 역할을 하는지 잘 파악하고 그것에 맞게 해석해야 한다. 해석의 방향은 씨름하게 될 엑섭의 개수만큼 많지만, 클라리넷 연주자로서 대략 정리해 보면 다음과 같다.

1st Clarinet
· 나 외에는 아무도 연주하지 않는 솔로인가.

- 현악기가 반주를 하는 솔로인가.
- 다양한 악기군이 반주를 하고 있는 솔로인가.
- 어떤 목관 악기와 같이 연주하는 솔로인가, 아니면 대화식 연주인가.
- 카덴차 cadenza 인가
- 클라리넷군과 같이 연주하는 부분인가.

2nd Clarinet

- 1st clarinet과 동일한 음을 부는가/주고받는가.

  (색깔을 맞춰 불어야 한다.)

- 1st clarinet과 3도, 4도, 6도, 8도 등으로 받쳐 주는가.

  (음정 관계를 잘 파악하고 과장되지 않게 불어야 한다.)

- 솔로인가.

  (튀지 않으면서도 자신 있게 불어야 한다.)

E♭ Clarinet, Bass Clarinet

- 이 플랫 클라리넷, 베이스 클라리넷 엑섭은 대부분 솔로다. 그렇다고 협주곡을 연주하듯이 불어야 한다는 소리는 당연히 아니다. '좋은 소리'로 연주하되 엑섭의 역할을 잘 이해하고 있어야 하며 깔끔하고 정확한 테크닉을 보여 줘야 한다.

음식 조절

먼 곳으로 오디션을 보러 가게 되면 음식 조절을 잘해야 한다. 숙소 근처 음식점을 조사하거나 필요한 즉석 밥, 김 등을 미리 챙겨 가서 익숙한 것으로 배를 채우고 오디션에 임하는 것이 개인적으로 도움이 됐다. 컵라면은 편리하지만 나트륨이 많기 때문에 피하는 것이 좋다. 만약 당일에 여러 라운드를 하게 된다면 바나나 혹은 다크 초콜릿 등을 준비하면 도움이 된다. 본인의 몸을 파악해서 카페인과 설탕을 얼마나 섭취하면 몸이 어떻게 반응하는지, 긴장했을 때 무슨 음식을 먹으면 소화가 잘 안 되는지 등을 알아 놓는 것도 지혜로운 일일 것이다.

오케스트라 오디션은 콩쿠르나 실기 시험과는 전혀 다른 과의 종목이다. 근육 하나하나를 다지고 수많은 이미지 트레이닝을 하는 올림픽 체조 선수와 동일한 마음가짐으로 각 엑셉과 한 몸이 되어야 한다. 집중적으로 연습 과정을 녹음하거나 녹화해 아주 미세한 결점도 보완하도록 노력하자. 메트로놈과 튜너는 가장 객관적인 선생이다. 또한 친구들을 모아 놓고 모의 오디션을 많이 치러 봄으로써 현장감을 기르려는 노력도 잊지 않아야 한다. 오디션을 하게 될 장소와 비슷한 울림이 있는 홀이나 강의실을 빌려서 모의 오디션을 치를 수 있다면 도움은 배가 된다. 일 년에 네 번 연주하는 오케스트라든 열두 달 중 한 달 밖에 휴식이 없는 엄청나게 바쁜 오페라 오케스트라든 오디션에는 차별이 없다. '무조건 된다!'라는 마음가짐으로 최선을 다해 준비하자.

자투리 조언

경험해 보니 비로소 알게 된 것들을 나누고자 한다.

· 음 이름

미국 교육이 좋고 본받을 점도 참 많은데 한 가지 이해가 가지 않는 것 중 하나는 대부분의 음악 수업에서 솔페즈Solfége(도레미파솔라시도)를 어렸을 때부터 가르치지 않는다는 것이다. ('절대 음감이나 상대 음감에 따라 다르잖아.'의 질문은 접어 두자.) 그것 때문인지 아니면 단지 하나의 문화적 습관인지는 몰라도 앙상블 시간에 음 이름을 이야기할 때는 영어 알파벳으로 표현한다. 나는 그들이 말하는 음 이름을 알아듣기까지 그렇게 오래 걸리지 않았으나, 적용하기까지는 시간이 좀 걸렸다. 예를 들면 '레 샵(#)'은 'D Sharp', '라 플랫(♭)'은 'A Flat'이라고 말해야 상대방이 알아듣는다.

· 문자와 이메일과 전화

카카오톡과 같은 모바일 메신저가 없었다면 우리는 어떻게 되었을까? 상상하기 어렵다. 카카오톡은 이미 우리의 삶에 너무나 깊숙이 들어와 버린 것 같다. 문자, 전화, 영상 통화, 스케줄 맞추기, 투표, 인터넷 문서나 영상 공유하기 등 전달하고 싶은 게 있으면 일단 카카오톡을 먼저 연다. 학급 알림이나 국정 업무도 카카오톡에서 나눈다. 공사 구분 없이 카카오톡이 약 6000만 명의 전 세계 한국인의 의사소통 수단이 되었다.

그런데 서구권에서는 이렇게 표준화된 메신저가 딱히 없기도 하고 의사소통을 할 때 공사를 구분하여 문자, 이메일, 전화를 주고받는다. 개인차가 좀 있지만 예의를 갖춰 어떻게 의사소통 매체를 사용해야 할지 알아 둬야 한다. 문자로 상관, 즉 교수나 지휘자 등에게 연락하는 것은 실례가 될 수 있다. 이메일을 이용하는 것이 좋다. 이메일을 쓸 때는 깔끔하고 논리적으로 이메일을 보내는 이유를 정확하게 써서 전달해야 한다. 전화로 이야기해야 하는 경우에는 미리 이메일로 언제가 좋은지 약속을 잡는다.(전화 연락은 익숙해지기까지 시간이 걸린다.) 복통으로 병원에 가야 해서 리허설에 참석하지 못하는 경우처럼 예기치 못한 상황이 발생하면 제일 빠른 수단으로 바로 연락하는 것은 괜찮다. 공과 사를 구분하는 것은 사회생활의 첫걸음이다. 그것에 빨리 익숙해질수록 합당한 사회적 지위를 찾아갈 수 있을 것이다.

강산이 한 번하고도 반 이상 바뀐 미국에서의 생활에서 실패하고 성공하고 울고 웃었던 일들이 많았다. 지난 시간의 아쉬운 점들이 많지만 지금은 그것들을 돌이킬 수 없고 현실은 앞으로만 나아간다. 그 때문에 난 이전 것을 통해 더 좋은 것을 만들어 가는 희망으로 살아간다. 결국엔 행복하기 위한 것 아닌가. 말로 표현할 수 없는 예술을 창조하고 전달하는 것을 배우는 예고생들은 복되다. 그것으로 그대들도 행복하고 그 기쁨을 많은 사람과 나누길 간절히 바란다.

OPERA SINGER

같은 세상을 살아가고 있지만 서로 다른 모습, 다른 생각을 가지고 있는 우리에게 같은 모습, 같은 생각을 갖기를 기대하는 세상. 그러한 세상의 기대 속에서 나만의 색깔과 음악으로 자신만의 그림을 그리기 위해 노력하는 클래식 음악계의 몽상가다.
서울예술고등학교, 서울대학교에서 성악을 전공했다. 한국에서 우연히 접한 유럽의 오페라 극장 공연을 본 후 클래식 음악의 본고장인 유럽에서 성악을 더 공부하기로 결정했다. 독일 드레스덴 국립음악대학Hochschule für Musik Dresden에서 성악과 디플롬Diplom과 오페라과 석사Master를 졸업하고 본격적으로 오페라 극

황인수

INSOO HWOANG

장 무대에 서는 꿈을 이루기 위해 유럽 이곳저곳으로 여행을 떠났다. 그 꿈을 이루는 여정 가운데 안토닌 드보르자크 국제 콩쿠르 우승, 프라하 국립 극장 오페라 〈카르멘〉의 에스카미요 역 데뷔 등 다양한 경험을 한 후에 종착점인 베를린 국립 오페라 극장 Deutsche Staatsoper 에서 현재 오페라 합창단 종신 단원으로 활동하고 있다. '음악은 교육되는 것이 아니라 문화 속에서 형성되는 것'이라는 배움을 토대로 아시아 문화권에서 자란 음악가로서의 정체성을 지키며 유럽의 클래식 음악계에 다양성을 부여하고 있다.

세계 거장들과 일하는
독일 공무원

베를린 콘체르트하우스Konzerthaus Berlin, 프랑스 돔Französischer Dom과 독일 돔Deutscher Dom이 있는 유럽의 고풍스러운 젠다르멘마르크트 Gendarmenmarkt 광장에서 이 책을 위한 첫 펜을 들고 있다. 한국에서 서울예고와 서울대를 졸업하고 이곳 독일에서 음악 활동을 하며 살아온 그동안의 삶을 돌아보고 이 길을 따라 걸어오고 있을 음악가들에게 어떤 이야기를 들려 주면 좋을지 생각해 보고 있다. 독일에서 살아가며 느끼는 장점들은 무엇인지, 문화적 차이에서 오는 어려움을 어떻게 음악적으로 극복했는지, 독일 오페라 극장에서 합창단 생활을 하며 나에게 주어진 책임과 앞으로 주어질 역할들에 대해 이야기하려 한다.

♪ 베를린 국립 오페라 극장 종신 단원

젠다르멘마르크트 광장에서 조금만 걸어가면 서울의 광화문 세종대로 같은 운터 덴 린덴Unter den Linden이라는 큰 길이 나오는데 그 길 위에 내가 일하고 있는 베를린 슈타츠오퍼Deutsche Staatsoper라고 하는 베를린에서 가장 아름다운 국립 오페라 극장이 있다. 베를린에서 가장 아름다운 오페라 극장이라 표현한 데서 알 수 있겠지만 베를린에는 베를린 코미셰오퍼Komische Oper Berlin, 베를린 도이체오퍼Deutsche Oper Berlin, 두 개의 오페라 극장이 더 있다.

베를린 코미셰오퍼는 다양한 오페라 작품의 공연도 많이 하지만 조금은 가벼운 오페레타Operetta나 뮤지컬 작품들을 제작하고 공연하는 극장으로 독일 관중들을 위해 독일어로 된 작품들을 주로 제작하는 극장이다. 베를린 도이체오퍼는 제2차 세계 대전 이후 베를린이 동베를린과 서베를린으로 분단되어 있던 시절 서독 정부가 국가의 명예와 문화적 자존심을 걸고 새롭게 건립한 현대식 오페라 전용 극장이다. 유럽의 타 오페라 하우스에 비해 비교적 짧은 역사를 가진 도이체오퍼는 '문턱이 낮은 오페라, 열린 오페라'라는 타이틀 아래 작품들을 선정하고 관객들과 공감할 수 있는 공연들을 주로 올린다.

베를린 국립 오페라 극장

베를린 슈타츠오퍼는 베를린을 동서로 가로지르는 중심 도로인 운터 덴 린덴에 자리하고 있어 슈타츠오퍼 운터 덴 린덴Staatsoper Unter den Linden이라고도 불리며 프리드리히 2세가 왕위에 오른 1742년 왕립 오페라 극장으로 문을 열었다. 제2차 세계 대전 당시 두 차례 폭격을 당해 파괴되었다가 1955년 재건되었고 2010년에 7000억 원 정도의 비용을 들여 극장 보수에 들어가 7년 만인 2017년에 재개장했다. 천문학적인 금액이 들어간 대규모 공사였음에도 극장 실내와 실외의 모습이 공사 전과 거의 변하지 않은 것에 놀라워하는 사람들이 많았는데 이는 이번 보수 공사가 문화재를 복원하듯이 겉면을 모두 떼어 내고 안의 내장재와 골격을 단단하게 한 후 다시 처음 모습과 동일하게 붙여 놓았기 때문이라고 한다. 리하르트 슈트라우스Richard Georg Strauss, 헤르베르트 폰 카라얀Herbert von Karajan 등 당대 최고의 지휘자, 작곡가들이 음악 총감독을 지냈고 1992년부터 다니엘 바렌보임Daniel Barenboim이 종신 지휘자로 음악 총감독을 맡고 있다.

다니엘 바렌보임은 450년 전통의 베를린 슈타츠카펠레Staatskapelle Berlin를 이끄는 수장으로 1950년에 일곱 살의 나이에 첫 공개 연주회를 개최해 신동으로 불렸고 아홉 살인 1952년 이탈리아에서 첫 지휘 수업에 참가하면서 지휘에도 관심을 나타내기 시작했다. 당시 주빈 메타Zubin Mehta, 클라우디오 아바도Claudio Abbado와 같이 훗날 지휘자로 대성하는 이들과도 동기로 지휘를 배웠다. 이후 잘츠부르크,

파리 등 전 세계를 다니며 10대 중반의 나이로 피아니스트 활동을 활발히 했고 1966년에 지휘자로 공식 데뷔해 피아니스트와 지휘자로 본격적으로 활동하기 시작했다. 파리 오케스트라, 시카고 심포니 오케스트라 등 세계적인 오케스트라에서 지휘하다 1992년에 베를린 국립 오페라단의 음악 총감독 및 지휘자로 부임했다. 2000년에는 베를린 슈타츠카펠레 종신 지휘자라는 명예를 얻게 되었다. '슈타츠카펠레'라는 단어가 다소 생소하게 느껴질 수 있는데 이는 국립 교향악단이라는 뜻으로 독일어 슈타트Staat와 카펠레Kapelle의 합성어이다. '슈타트'는 국가, 정부라는 뜻이고 '카펠레'는 영어의 채플chapel과 같이 왕실 성당이라는 원래의 뜻을 가지고 있다. 점점 교회 음악과 세속 음악의 구분이 없어지면서 자연스럽게 카펠레는 교향악단이란 의미로 바뀌었다. 슈타츠카펠레는 각 도시의 극장에 소속되어 오페라 시즌에는 주로 오페라를 연주하고 비시즌에는 교향곡, 협주곡을 연주하는 오케스트라로 활동하게 되었다.

독일의 경우에는 오케스트라가 각 도시에 여러 개씩 있는 경우가 많은데, 예를 들면 베를린에는 베를린 필하모닉홀에서 주로 공연하는 베를린 필하모닉 오케스트라와 베를린 국립 오페라 극장에서 주로 활동하는 베를린 슈타츠카펠레가 있다. 이처럼 드레스덴에는 드레스덴 필하모닉 오케스트라와 드레스덴 슈타츠카펠레가 있다. 같은 도시에 있는 오케스트라이기에 한국에서 내한 공연을 하는 경우 포스터만 보고 종종 헷갈리는 경우가 있는데 원어의 의미를 알고 보면 오케스트라를 구분하는 데 도움이 될 수 있다.

베를린 국립 오페라 극장에는 슈타츠카펠레와 슈타츠오펀코어 Staatsopernchor라는 두 개의 음악 단체가 소속되어 있다. 슈타츠카펠레는 극장 소속 오케스트라이고 슈타츠오펀코어는 극장 소속 오페라 합창단이다. 베를린 슈타츠오펀코어는 '베를린 국립 오페라 합창단'이라는 뜻이다. 독일 오페라 극장들은 오페라를 무대에 올리기 위한 필수 요소인 오케스트라와 합창단을 극장의 전속으로 두어 극장 운영의 효율성과 안정성을 높이고 있다. 또한 음악가들에게 공무원의 신분으로 정년까지 고용을 보장받는 계약을 제공함으로써 안정적인 삶을 살아갈 수 있게 도움을 준다. 베를린 슈타츠오퍼에는 사이먼 래틀Simon Denis Rattle, 주빈 메타 등의 세계적인 지휘자들이 객원 지휘자로 소속되어 있다. 또 극장 전속 가수 르네 파페, 엘자 드라이시히를 필두로 안나 네트렙코, 나디네 시에라, 엘리나 가란차, 플라시도 도밍고, 롤란도 빌라존, 연광철 등 수많은 세계적인 가수들이 함께 오페라 공연을 무대에 올린다.

세계적인 음악가와 함께하는 공연

세계적인 음악가들과 함께한 특별히 기억에 남는 공연은 2018년 베르디의 〈맥베스Macbeth〉 공연일 것이다. 그 이유는 성악을 처음 공부하고 싶다는 마음이 생기게 해 준 '쓰리 테너the three tenors' 성악가 중 한 명인 플라시도 도밍고Plácido Domingo, 성악을 포기하려고 할 때 한

줄기 빛이 되어 주었던 안나 네트렙코Anna Yuryevna Netrebko, 유학 중 혼자 발성을 연구할 때 가장 많이 들으며 영향을 받았던 연광철과 함께 한 무대에 설 수 있었기 때문이다. 특별히 이 공연에서 단역으로 노래할 수 있게 되어 안나 네트렙코와 같은 무대에 섰는데 그의 눈을 마주 보았을 때의 떨림은 말로 표현하기 힘든 감동이었다. 그리고 그 공연 후에는 베이스 연광철에게 오페라 가수로는 독일어권 성악가 최고의 영예인 '캄머젱어Kammersänger(궁정 가수)'라는 칭호를 베를린 국립 오페라 극장의 이름으로 수여했는데, 이런 역사적인 자리에 함께할 수 있는 것 또한 같은 한국인으로서 자랑스럽고 영광스러운 순간이었다.

이렇게 훌륭한 음악가들과 오케스트라가 있는 유서 깊은 극장에서 함께 음악 작업을 할 수 있는 것은 꿈만 같은 일이다. 멀리서 관객의 입장에서 바라보는 오페라의 매력도 있지만 이렇게 함께 무대에서 공연하며 근거리에서 느낄 수 있는 그들의 모습은 또 다른 감동으로 다가온다. 특히 무대 위 공연에서는 볼 수 없는 무대 뒤에서의 인간적인 모습들, 오페라 공연을 준비하며 연습하는 시간에 그들이 보여 주는 유쾌하고 때로는 익살스러운 모습들은 무대에서 진지하기만 한 그들의 또 다른 이면이라서 더욱 흥미로운 것 같다.

세계적인 거장들과 함께 무대를 준비하고 무대에서 그들의 몸동작 하나하나에서 표현되는 음악을 느끼고 있노라면 가끔 여행을 떠나 대자연을 만났을 때나 유럽의 역사적인 건물들을 보면서 느끼는 감정들과 흡사 비슷한 감동이 몰려온다. 이렇듯 세계적인 대가들과 함께 교감하고 동료로서 서로 존중하며 함께하는 시간은 어쩌면 내가 어릴 적 그려 왔던 꿈에 한걸음 가까워진 것과 같다는 생각이 든다.

어렸을 때 무대 위에서 노래하는 쓰리 테너의 공연을 티비로 보면서 루치아노 파바로티 Luciano Pavarotti, 호세 카레라스 José Carreras, 플라시도 도밍고처럼 멋진 성악가가 되어 많은 사람에게 아름다운 음악을 전해 주고 싶다는 꿈으로 성악을 시작하게 되었다. 서울예고와 서울대에서 성악을 공부하며 많은 것들을 보고 경험하게 되면서 성악을 그만 둬야겠다는 생각이 들 정도로 좌절했던 시간도 있었다. 하지만 그 힘든 시간을 통해 나만의 음악에 대해 더 깊이 생각하고 나의 가치관들이 정립되어 가면서 '무대 위에서 빛나는 사람보다는 무대가 빛나게 할 수 있는 사람', '수많은 사람이 만들어 가는 그 빛나는 무대에서 나의 역할을 잘 감당할 수 있는 사람'이 되고 싶다는 새로운 꿈이 생기게 되었다.

나만의 역할을 찾아가는 꿈을 이루기에 너무나도 완벽한 자리, 세계적인 대가들과 호흡하고 그들을 통해 매 공연마다 배움을 얻으며 성장할 수 있는 환경, 그리고 순수 음악을 하는 음악가로서 항상 가지게 되는 불안정한 삶에 대한 두려움과 스트레스에서 자유로워져 순수하게 음악에만 집중할 수 있는 곳이 나에게는 이곳 베를린 국립 오페라 극장이다.

♪ 생각이 바뀌니 음악이 바뀌다

아이들을 극장 근처 음악 유치원에 데려다 주고 천천히 산책하며 포츠다머 플라츠Potsdamer Platz를 지나 티어가르텐Tiergarten 공원 쪽으로 가다 보니 지난 시즌 공연했던 노란색의 나지막한 베를린 필하모니Berlin Philhamonie 공연장 건물이 시야에 들어온다. 베를린 필하모니 공연장 출연자 입구를 지나 계단을 하나씩 오르면 그동안 베를린 필하모니를 지휘했던 헤르베르트 폰 카라얀, 클라우디오 아바도, 사이먼 래틀 등 지휘자들의 사진들이 벽에 걸려 있고 복도를 따라가 보면 무대로 오르는 입구가 나온다. 무대에 올라 만나게 되는 객석은 일반적인 콘서트홀과는 다르게 비대칭적이고 층에 구분이 없으며 앞뒤의 구분도 모호한 특이한 구조를 하고 있다. 베를린 필하모니 공연장의 특이한 구조가 음향을 극대화하기 위한 것이라는 건 알고 있었지만, 무대에서 본인의 소리가 바로 귓가로 들려오는 홀의 음향은 그동안 다른 많은 콘서트홀을 경험해 봤던 나에게도 너무나 신선하게 다가왔다. 이렇듯 지난 시즌 베를린 필하모니 공연장에서의 무대를 돌아보니 세계 최고의 공연장이라고 불리는 이곳에 오기까지 걸어온 시간이 주마등처럼 스쳐 지나갔다.

　삶이란 돌아보면 어디서 출발했는지 알 수 있지만, 앞을 보면 어디까지 가야 하는지 알 수 없는 길 위에 서 있는 것과 같아 때로는 걸어온 길을 돌아보며 아쉬워하기도 하고 앞으로 걸어갈 길이 막막

해 두려워하기도 하는 것 같다. 하지만 걸어온 길을 지혜롭게 돌아보면서 앞으로 걸어갈 길을 기대하며 기다린다면 아쉬움과 두려움보다 감사함이 삶 속에 더 많아질 거라 생각한다. 나무가 한 해 한 해 더위와 추위를 견디며 나이테가 늘어가는 것처럼 우리의 삶도 시간을 지나가며 여러 가지 경험을 통해 조금씩 성장하여 지금의 내 모습이 만들어지는 게 아닐까 생각해 본다.

서른 살에 유학을 떠나게 된 계기

서울예고를 졸업하고 1년간 재수하며 어렵게 서울대에 들어갔지만 모든 게 생각한 것처럼 아름답지만은 않았다. 전공인 클래식 음악, 성악은 지루하고 재미가 없었고 그때쯤 홍대에 힙합 클럽들이 생겨나면서 대학생들 사이에서 유행하던 힙합이 내 마음을 사로잡아 버렸다. 그렇게 학업에 집중하지 못하고 대학 시절의 시간이 빠르게 지나가 군대에 가게 되었는데 휴가 때 우연히 들른 광화문 서점에서 마침 한국에서 처음으로 한글 자막이 들어간 〈사랑의 묘약L'elisir d'amore〉 오페라 DVD를 광고하고 있었다. 표지에 있는 소프라노가 너무 아름다워서 자연스럽게 시선이 멈췄는데 알고 보니 세계적인 성악가 안나 네트렙코였다. 바로 DVD를 구매해서 부대로 복귀해 어렵게 틀어 봤는데 그 안에는 그동안 내가 접해 보지 못한 완전히 새로운 세상이 있었다.

그동안 무슨 말인지 알아듣지 못해 지루했던 오페라는 한글 자막이 생기자 할리우드 영화를 보는 듯 재미있었고 무대 위 성악가들의 연기와 몸동작은 한 편의 연극을 보는 듯이 자연스러웠으며 노래는 연기에 전혀 지장을 주지 않는 자연스러움 그 자체였다. 그리고 무대의 완성도를 더욱 높여 줬던 건 빈 국립 오페라 극장 Wiener Staatsoper 합창단 단원들이었다. 마치 진짜 마을 사람들이 된 것처럼 같이 호흡하며 몰입하고 있는 단원들의 모습이 너무 놀라웠다. 이런 것이 진정한 유럽의 오페라라면 유럽으로 가서 공부하고 그 무대를 꼭 경험해 보고 싶다는 마음이 생겼다. 그렇게 힙합만 좋아하던 성악도는 오페라 무대를 꿈꾸며 서른 살의 나이에 유럽으로 늦은 유학을 떠나게 되었다.

독일을 선택한 이유

유학 장소를 결정하기 전에 먼저 유럽의 나라들을 방문해 현지의 상황들을 직접 접하고 그곳에서 유학하고 있는 선후배들을 만나 대화를 나누며 정보를 얻기 위해 이탈리아에서 한 달, 독일에서 한 달 이렇게 두 달 동안 유럽을 방문하기로 했다. 많은 유럽의 나라들 중에 이탈리아를 선택했던 이유는 오페라의 많은 작품이 이탈리아어로 되어 있어 언어를 먼저 알아야 오페라 공부에 도움이 될 것이라고 생각했기 때문이었다. 그리고 독일 방문을 선택한 이유는 많은 도시의 극장들을 국가에서 안정적으로 운영하고 있어 성악가들이 무대에 설 수 있는 기회가 많다고 생각했기 때문이었다.

각자 다른 음악적 방향성과 목적이 있기에 유학지 선택에 있어서는 관점이 다를 수 있겠지만 나의 경우에는 발성에 많이 집중하는 이탈리아보다는 음악을 전반적으로 바라보며 극과 연기를 중요하게 생각하는 독일이 더 좋았다. 무엇보다도 학업을 마친 후에 유럽 극장 무대에 서 보는 것이 꿈이었기 때문에 매일 수많은 도시의 극장에서 활발하게 오페라가 공연되고 있는 독일이 더 매력적으로 다가왔다.

여행 후 급하게 독일로 유학을 오게 되면서 독일어를 배울 기회가 충분하지 않아서 독일 교수님들과의 수업이 제대로 진행되지 않았다. 그러나 첫 여름 방학 동안 어학원에 열심히 다니며 독일어를 공부하고 부족하지만 독일 친구들과 적극적으로 어울리며 조금씩 언어가 해결되기 시작하니 교수님이나 독일 친구들과의 대화를 통해 정말 많은 것을 배우고 느낄 수 있었다. 예를 들면 그들이 생각하는 독일 가곡에서의 적절한 발성은 시를 더 잘 표현하기 위한 하나의 수단이라는 점이었다. 오페라에서의 적절한 발성은 무대에서 관객들에게 대사를 더 잘 전달하고 그들과 호흡하기 위한 하나의 수단일 뿐이라는 것이다. '발성은 언어에서 답을 찾아야 한다.'는 그들의 생각은 당시 다른 사람에 비해 소리가 크고 화려한 것이 장점이어서 항상 그 점을 가지고 어떻게든 더 화려하게 보이려고 했던 나에게는 너무도 놀라운 발상의 전환이었다.

또한 수업 중에 교수님과 자유롭게 대화하고 앞으로 나아갈 방향들을 잡아가며 누가 맞고 틀린 것이 아니라 서로 다른 생각을 하고 있음을 인정하며 이성적이고 합리적인 대화를 통해 서로를 이해시키려고 하는 그들의 노력은 나에게 무척 새롭게 다가왔다. 어느 날 교수님과의 대화 중에 '최선의 가치'에 대한 이야기를 나누었는데 그 후 내 삶을 다시 한번 돌아보게 되었다. 한국의 문화 속에서 교육받고 자라오며 자연스럽게 삶의 목표가 언젠가 최고의 자리에 서는 것이 되어 있었던 나에게 아직 다가오지 않은 불확실한 미래보다 현재 주어진 삶에 최선을 다하는 것이 더 의미 있을 수 있다는 이야기는 큰 울림을 주었다.

독일은 종교 개혁이 시작된 나라로서 그 후에 많은 법과 문화들이 기독교에 근간을 두고 형성되었다. 그래서 그들의 삶 속에 깊이 뿌리 내리고 있는 생각들 중에 '신이 우리의 삶을 주관하신다.'라는 기독교적인 가치관으로 인해 각자에게 허락된 하루하루에 감사하는 마음을 가지고 주어진 역할에 최선을 다하며 살아가야 한다는 생각을 갖게 된 것 같다. 이렇게 교수와 학생이 수평선상에서 서로가 서로에게 선한 영향력을 미치고 존중하며 서로에게 배워 가려는 열린 자세가 앞으로 누군가를 가르치며 스승이 될 미래의 내 모습을 그려 가는 데에 정말 큰 영향을 주었다. 생각이 바뀌니 음악이 바뀌고 삶이 바뀌기 시작하는 걸 느꼈다.

♪ 우연과 필연의 연결이 만든 외국인 음악가의 생활

6월 17일 거리 Straße des 17.Juni 는 베를린 전승 기념탑을 지나 베를린의 상징인 브란덴부르크 문까지 동서를 가로지르는 거리의 이름이다. 6월 17일이라는 거리의 이름은 1953년 6월 17일에 동독에서 일어난 노동자들의 봉기에서 당시 소련군과 동독 경찰들에 의해 목숨을 빼앗긴 사람들을 추모하기 위해 지어졌다고 한다. 6월 17일 거리는 광대한 티어가르텐 공원을 관통하고 있어 양옆에는 나무가 울창하고 앞으로는 브란덴부르크 문이, 뒤로는 전승 기념탑을 볼 수 있는 너무도 아름다운 거리이다. 이 아름다운 거리를 얼마나 오래전부터 얼마나 많은 사람들이 지나다녔을까. 또 한국에서 온 한 음악가가 매일 아이들과 함께 지나며 꿈을 키워 가게 될 줄 누가 알았을까. 이렇듯 삶은 우연과 필연이 만나 각각의 삶에 영향을 주며 또 다른 길을 만들어 가는 과정인 것 같다.

독일 사람들의 삶의 가치와 문화

독일은 가정을 이루며 아이들과 함께 살아가기에 여러 가지 좋은 조건들을 갖추고 있다. 독일 사람들의 인식 속에는 가정을 가장 우선시하는 생각이 있어서 직장의 출퇴근 시간이나 휴가 등 많은 부분이 자녀들의 학교 스케줄에 맞춰져 있고 주말이나 휴일에는 가족들과 함께 시간을 보내는 것이 너무도 자연스러운 문화이다. 예를 들면 독일에서는 퇴근 후에 아이들과 저녁 식사를 하고 함께 시간을 보내는 것이 중요하기 때문에 야근하거나 회식을 하는 등 회사에서 더 많은 시간을 보내도록 강요받지 않는다. 그리고 아이를 출산한 후 육아 휴직을 하는 것, 아이가 아프거나 문제가 있을 때 회사에서 휴가를 받는 것 또한 보장되어 있어 가정을 돌보는 아빠의 역할을 잘 감당할 수 있는 좋은 환경에 있다.

독일 오페라 극장에서 일하는 것은 주말이나 평일 저녁에 공연이 있어서 가족들과 보내는 시간을 보장받는 직장이 아니기 때문에 독일에서는 조금 특별한 직장으로 인식된다. 하지만 극장의 시즌이 끝나고 휴식에 들어가는 7월 초부터 8월 중순까지 7주 정도의 기간 동안 여름휴가를 보낼 수 있어서 출근을 하지 않기 때문에 평소 주말에 함께 있어 주지 못한 가족들과 이 기간 동안 함께할 수 있는 시간을 충분히 가지며 휴식을 취할 수 있다는 장점도 있다.

베를린 음악 유치원

베를린 국립 오페라 극장에서 일을 하게 되면 한 가지 더 좋은 점이 있는데 자녀들을 지휘자 다니엘 바렌보임이 만든 베를린에서 하나뿐인 베를린 음악 유치원Musikkindergarten Berlin에 보낼 수 있다는 것이다. 이곳에서는 '음악 교육이 아닌 음악을 통한 형성Nicht Musikerziehung, sondern Bildung durch Musik'을 목표로 아이들이 음악을 교육받는 것이 아니라 자유롭게 음악 안에서 생활하며 자아가 형성될 수 있게 도움을 준다. 그래서 악기나 음악을 가르치는 음악 수업보다는 베를린 국립 극장 소속 슈타츠카펠레, 국립 합창단, 솔리스트 등 수준 높은 음악가들이 방문해서 음악회를 열어 주고 아이들이 자연스럽게 음악과 가까워질 수 있는 기회를 제공한다.

각 반에는 각종 악기들이 장난감처럼 놓여 있어서 눈으로 보고 귀로만 듣는 것이 아니라 직접 만져 보고 연주해 볼 수 있다. 유치원 선생님들도 대부분 음악을 전공한 선생님들이어서 피아노, 기타, 바이올린 등의 악기를 아이들이 춤을 출 때나 낮잠을 잘 때 직접 연주해 주며 음악을 생활 속으로 끌어오려는 노력을 한다. '문화는 교육되는 것이 아니라 삶 속에서 형성되는 것'이라는 유럽 사람들의 생각을 잘 보여 주는 사례인 것 같다. 독일은 평등한 교육을 중시하기 때문에 저렴한 비용으로 모든 아이를 유치원에 보낼 수 있는데, 베를린주는 특별히 주 정부에서 각 가정에 유치원 비용을 지원해 줘서 베를린에서 하나뿐인 특성화 음악 유치원에 아이들을 무료로 보낼 수 있다.

음악 유치원에 아이들을 보내며 독일 사람들의 이런 생각들을 접하면서 우리가 한국에서 경험하는 음악에 대해 생각하게 되었는데 내가 독일에서 음악 공부를 시작했을 때 어쩌면 이런 문화적인 차이로 인해 더 어려웠을지도 모르겠다는 생각이 들었다. 우리는 음악을 삶 속에서 자연스럽게 접하며 알아가기보다는 어려서부터 서양의 음악을 전공으로 선택하고 그 분야에만 집중해서 최고가 되기 위해 교육을 받는다. 그러다 보니 자연스럽게 다른 악기나 전공에는 무관심해지고, 음악을 폭넓게 이해하고 연주하기보다는 본인이 전공하는 분야나 본인의 연주에만 열중하는 경향이 생겨난 것 같다.

지혜롭게 음악 활동하기

유럽에서 음악 활동을 하다 보니 한국에서 주입식 교육을 받으며 음악을 접했던 습관들 때문에 곡에 대한 내 생각을 충분히 표현하는 방법을 알지 못했던 시간이 아쉽고 안타깝게 다가왔다. 그래서 어떻게 내 생각들을 음악에 더 잘 표현할 수 있을까를 고민하던 중 지금까지 한국에서의 교육과 문화적 환경으로 나의 자아와 생각이 이미 형성되었다는 사실을 받아들이고 그 안에서 길을 찾는 방향으로 나아가는 것이 더 지혜로운 방법이라는 생각이 들었다.

우리가 접하는 클래식 음악의 대다수 작품은 이미 아주 오래전에 작곡되어서 수없이 많은 음악가에 의해 연주됐기 때문에 나만의 이야기, 나만의 음악이 들어 있지 않으면 그동안 수없이 많은 훌륭한 음악가들에 의해 반복된 음악을 내가 또다시 반복하는 것이라 큰 의미가 없다고 해도 과언이 아니다. 그렇기 때문에 우리는 음악에 나만의 색깔을 넣는 작업, 나만의 그림을 그리는 연습을 꼭 해야만 한다는 생각이 들었다. 악보를 보고 음악을 들으며 작곡가가 곡에서 표현하려는 것을 파악하고 이 곡을 통해 느낄 수 있는 나만의 감정에 집중하여 머릿속으로 그림을 그리는 것이다. 작곡가의 의도와 음표는 그림의 밑그림이 되고 나의 감정과 소리는 그림의 색을 입히는 것과 같다. 그 후로 나의 음악은 나만의 그림이 되었다.

독일의 오페라 극장은 합창단원들과 정년이 보장되는 계약을 하게 되는데 정년까지 무대에 설 수 있다는 것은 그들의 삶을 함께 걸어가는 것과 같은 것이다. 이는 무대에서 노래하는 성악가의 역할뿐만 아니라 경우에 따라 무대에서 노래를 못하는 상황이 된다면 사무직으로의 전환 등 극장 안에서 여러 가지 다른 역할들을 맡을 수도 있게 된다는 것을 의미한다. 꾸준히 노래를 연습하며 본인의 실력 향상을 위해 노력하지만, 합창단원 모두가 처음 신입으로 극장에 들어올 때처럼 노래 실력을 유지하기란 쉽지 않은 일이다. 하지만 나이가 들어감에 따라 노래가 조금씩 약해진다고 해서 합창단 안에서 그들의 역할이 없어지는 것이 아니라 다른 역할로 바뀌는 것이다. 예를 들면 신입으로 극장에 들어온 젊은 단원들은 좀 더 풍부한 성량과 소리로 음악의 풍성함을 만들어 주고, 나이가 있는 단원들은 음악의 작은 소리지만 가사의 전달이나 표현이 중요한 부분에서 도움을 줄 수가 있는 것이다. 그리고 무대에서의 연기나 동선에 대해서 그동안 무대 경험을 통해 습득한 노하우로 젊은 단원들에게 도움을 줄 수도 있다. 이렇듯 나이대에 맞는 여러 가지 역할들이 주어지기 때문에 무대 위에서 서로를 존중하고 서로에게 배워 가면서 서로의 삶을 같이 나누고 극장 생활을 하게 된다.

나의 삶의 일부인 베를린에서의 생활은 매번 새로운 이야기가 쌓여 간다. 독일은 그동안 무수히 많은 역사적 사건 속에서 무수히 많은 사람의 숨결과 흔적들로 만들어진 곳이라 생각한다. 나의 숨결이 남은 이곳 베를린에 여러분의 숨결이 담기는 순간이 오기를 기대해 본다.

♪ 독일에서 유학하고 취업한 나만의 방법

나의 경험이 누군가에게 도움이 되기를 바라며 나만의 노하우 보따리를 풀어 보려 한다.

수포자(수능을 포기한 사람)도 할 수 있어요

중학교, 고등학교 학창 시절 동안 외우면서 공부하는 것을 워낙에 싫어해서 암기 과목을 좋아하지 않았다. '외우는 것을 너무 싫어하는 내가 어떻게 공부를 좋아할 수 있을까?' 고민하던 중 '수능은 패턴'이라는 누군가의 말이 떠올라 '어떻게 하면 교과서에 나오는 내용을 다 외우지 않고 수능에 나올 만한 것들을 골라서 그 유형에 익숙해질 수 있을까?'를 고민하게 되었다. 그렇게 많은 문제를 풀어서 반복적으로 나오는 내용들을 익히고 수능 문제가 어떤 유형을 가지고 있는지를 연구하면 좋겠다는 생각이 들었다.

바로 서점에 가서 과목별로 모의고사 문제집을 10권씩 사서 독서

실로 향했고 사 온 수십 권의 책들을 독서실 옆자리에 놓고 한 장 한 장 집중해서 풀기 시작했다. 한 장 풀고 문제를 잊어버리기 전에 채점하고 틀린 문제를 다시 확인하며 '나는 이렇게 생각해서 이렇게 답을 했는데 틀렸구나. 그러면 다음에는 이렇게 답을 하면 안 되겠다.'라는 식의 문제를 이해하는 방향으로 풀어 나갔다. 매일매일 하루 12시간 이상을 이 같은 방법으로 문제집을 풀며 시간을 보냈고 조금씩 맞는 문제가 생기면서 점점 공부에 재미를 붙여 가게 되었다. 그러면서 더 노력하면 좋은 결과가 있을 거라는 확신이 들었다. 최종적으로 수능 성적표를 받아 봤을 때 지난해보다 점수가 100점 이상 올라 당시 400점 만점에 350점 가까이를 받을 수 있었다.

학창 시절 안 하던 공부를 재수하며 최선을 다해서 해 보니 공부만큼 노력하면 결과가 따라오는 단순한 게 없다는 생각이 들었다. 내가 했던 방법이 모두에게 적용되는 것은 아닐 수 있겠지만 동기부여를 통해 무언가에 열정을 가지고 그것을 성취하기 위해 하루하루 최선을 다해 노력한다면 좋은 결과를 얻을 확률이 분명히 높아질 것이다.

성악, 혼자서도 잘해요

유학을 오기 전 3년 이상을 혼자 공부하며 터득한 혼자서 음악을 공부하는 방법 중에 가장 중요하다고 생각하는 것이 있다.

성악, 피아노, 관현악 등 전공에 상관없이 우리가 하는 모든 악기, 음악은 우리의 몸을 사용해 소리를 발생하게 하는 구조를 가지고 있다. 그렇기 때문에 몸은 음악을 하는 데 있어서 굉장히 중요한 부분을 차지하는데 우리의 몸은 각자가 다 다르기 때문에 자신의 몸에 맞는 방법을 찾는 것이 중요하다. 하지만 기본적인 악기나 음악에 대한 이해 없이 본인의 것을 무작정 찾아가는 것은 굉장히 위험한 일이다. 그렇기 때문에 학창 시절에는 좋은 선생님들께 레슨을 받으며 모두에게 적용되는 기본적인 자세나 연주 기법 등을 배우는 것이 무엇보다 중요하다. 이는 마치 일반인들에게는 피카소의 그림과 어린아이의 그림이 비슷하게 보일 수 있지만, 미술에 대한 전문 교육을 받고 본인의 생각을 그림으로 표현한 피카소의 그림과 기본 교육과 작품에 대한 깊은 이해 없이 본능적으로 그린 아이의 그림은 분명히 차이가 큰 것과 같다. 기본 교육을 충실히 받으며 본인만이 가지고 있는 몸의 장단점을 파악하고 나의 생각을 음악에 표현하는 연습은 연령에 상관없이 음악을 공부하는 누구나 할 수 있는 것이라고 생각한다.

혼자 공부하는 방법이 여러 가지 있겠지만 그중에 성악을 혼자 공부하는 데 있어서 내가 개인적으로 위험하다고 생각하는 부분은 핸드폰이나 녹음기로 녹음하는 것이다. 녹음을 해서 음악을 들으며 공부하면 장점도 있지만 그에 비해 단점이 더 많다고 생각하기 때문이다. 물론 우리가 연주를 하며 자신의 음악을 객관화해서 들을 수가 없기 때문에 녹음해서 들으면 습관적으로 틀리는 부분들을 찾는다거나 가사를 듣고 수정하는 등 장점이 분명히 있다.

    하지만 클래식 음악이 원래 마이크를 통해서 전해지는 음악이 아닌 공명과 파장을 통해서 전해지는 음악인데 녹음을 하다 보면 아무리 좋은 마이크를 사용하여도 소리에 왜곡이 생기게 된다. 왜곡이 생긴 녹음된 소리를 들으며 본인의 소리를 찾아가는 것은 정말 위험한 일이다. 그리고 녹음을 하며 연습하거나 레슨을 받는 습관이 생기기 시작하면 몸의 감각보다는 녹음 소리에 의존하게 되는 경향이 생겨서 몸의 감각을 사용하여 음악을 표현하는 연습을 하기가 어려워진다. 우리가 연주할 때는 머릿속의 생각이 신경을 자극하여 근육들을 움직이게 하고 좋은 움직임을 반복적으로 연습해서 근육과 뇌가 기억할 수 있게 해 주는 과정이 건강한 방법인데 녹음을 하게 되면 귀에 들리는 소리에만 집중하게 되어서 여러 다른 감각들을 사용하는 데 방해가 될 수 있다.

    그래서 녹음은 가끔씩 틀린 부분을 찾거나 가사를 수정하기 위해 사용하고, 평소 연습을 할 때는 레슨 중에 선생님이 좋았다고 말씀하신 몸의 감각을 기억해서 그 감각과 가장 흡사한 감각을 찾아가는 연습 방법을 추천한다. 이렇게 연습하기 위해서는 레슨을 받을 때나 연습할 때에 높은 집중력이 요구되기 때문에 처음에는 많이 힘들겠지만 감각을 찾는 연습을 반복적으로 하다 보면 언젠가 무의식중에도 감각을 느끼게 되는 새로운 경험을 할 수 있을 것이다. 우리의 생각이 신경들을 통해 근육으로 전해지며 몸이 움직이는 것이기 때문에 우리가 어떤 생각을 가지고 연습과 연주에 접근하는지가 정말 중요한 부분이라는 점을 다시 한번 기억하면 좋겠다. 그래서 연습하기 전에 건강한 생각을 먼저 하는 습관을 가지면 큰 도움이 될 것이다.

독일살이 10년, 서당 개의 풍월

독일에서 10년 동안 유학하고 생활하며 경험을 통해 얻은 노하우가 또 있다. 독일로의 유학을 생각하며 어떤 장점이 있을지를 먼저 고민해 보고 생각을 거듭하게 될 것이다. 학생들이 독일로 유학 왔을 때의 장점은, 독일은 모두에게 공정하게 교육의 기회를 보장하는 것이 평등을 이루는 첫 번째 길이라고 생각하기 때문에 외국인에게도 평등하게 교육의 기회를 제공하고자 학비를 받지 않는다는 점이다. 그리고 대부분의 주에서는 학생증을 소지할 경우 해당 대학이 있는 주에서 버스와 기차 등 대중교통을 무료로 이용할 수 있고 기숙사 문화도 잘 발달되어 있어서 숙소가 필요한 학생들은 합리적인 가격에 기숙사를 제공받을 수 있는 것 또한 큰 장점이다. 학생들을 위한 복지가 잘 되어 있기 때문에 경제적인 것보다 공부에 더 집중하며 유학 생활을 하기에 좋다.

음악 공부를 하는 학생들에게 장점이라고 한다면 보통 음악대학이 있는 도시에는 오페라 극장이나 오케스트라가 있는 경우가 많기 때문에 대학 졸업 후 독일에서 취업을 할 수 있는 길이 넓다는 점이다. 독일은 정책적으로 문화, 예술을 굉장히 중요하게 생각해 정부에서 많은 지원이 이루어지고 있어서 대부분의 도시에 있는 극장들은 정부의 지원으로 운영되는 경우가 많다. 안정적으로 운영되는 극장들이 많다는 것은 음악을 하는 사람에게는 그만큼 일자리가 많다는 뜻이기 때문에 유학 후에 독일 극장이나 오케스트라를 경험하고 취업을 원하는 사람들에게는 굉장히 큰 장점일 수 있다.

· **독일 대학 입시 준비**

독일 대학교에서 공부를 하기 위해서는 입시를 치러야 하는데, 입시를 치르기 위해서는 보통 독일어 자격증이 필요하다. 독일어 자격증은 한국에서 준비할 수도 있지만 독일에 와서 어학원을 다니며 준비하고 어학 시험을 보면 딸 수 있다. 그리고 독일은 다른 유럽의 나라들에 비해 좋은 점이 비자를 독일 현지에서 신청하고 받을 수 있다는 점이다. 독일은 3개월 무비자 여행 가능 국가이니 무비자로 방문해 어학원을 등록하고 바로 어학 비자를 신청해서 받을 수 있다. 따로 한국에서 준비하지 않고 유학을 시작할 수 있다는 것은 굉장한 장점이다. 많은 학생이 베를린에서 유학을 많이 시작하게 되는데 그 이유는 베를린이 독일의 수도이지만 생활 물가가 많이 높지 않고 외국인들에게 비자를 잘 발급해 줘서 독일에서 처음 유학을 시작하며 기본적인 생활을 하는 데에 불편함이 적기 때문이다.

비자, 어학 등 대학 입시 지원에 필요한 준비를 마치면 원서를 접수하고 시험을 보게 되는데, 독일은 매 학기 입학시험이 있고 원하는 대학에 모두 원서를 넣을 수 있는 시스템이라 독일 전역을 다니며 한 학기에 10개가 넘는 학교로 시험을 보러 다니는 경우도 생기게 된다. 그러다 보면 가장 중요한 것이 체력과 컨디션인데 많은 학생이 처음 독일로 유학을 와서 새로운 환경에 적응하며 입시에 대한 스트레스를 받다 보면 체력이 많이 떨어져 그동안 준비한 실력을 제대로 보여 주지도 못하는 경우가 많다. 처음 입시를 준비할 때는 무엇보다 체력과 정신력을 챙기는 것이 가장 중요하고 너무 많은 학교의 입시를 준비하는 것보다는 선택과 집중을 하는 것이 더 현명할 수도 있다.

· **독일에서 취업하는 방법**

독일에서 음악을 전공한 후 취업하는 방법에는 여러 가지가 있을 수 있는데 오케스트라나 합창단처럼 극장에서 정규직을 고용하는 경우에는 공식적인 극장 웹 사이트나 음악 잡지들을 통해 공고가 나오는 경우가 많고 나라에서 운영하는 에이전시들을 통해서도 정보를 얻을 수가 있다. 많은 극장에서 언어 자격증이나 독일에서 학사 과정 이상을 졸업한 증명서를 요구하는 경우가 많기 때문에 독일에서 유학하는 것이 극장 취직에 도움이 많이 된다. 합창단 오디션은 각 극장에서 원하는 합창곡들을 두세 곡 정도 준비해야 하는데 이 곡들을 외워서 부르게 되면 심사를 하는 지휘자나 동료들에게 성실하다는 인상을 심어 줘 합격할 확률을 높일 수 있다. 합창단은 합격하면 종신 계약을 맺기 때문에 오디션에서 노래를 잘하는 것도 중요하지만 성실함과 좋은 인상을 심어 주는 것도 무척 중요하다.

극장에서 고용하지만 정규직이 아닌 계약직이나 프리랜서로 계약을 하는 솔리스트들의 경우에는 에이전시가 있어야만 구인에 대한 정보를 얻을 수 있기 때문에 솔리스트로 극장에 취직하기가 쉽지가 않다. 큰 콩쿠르에 나가서 좋은 에이전시와 만나서 취직이 되는 경우도 있지만 대부분의 경우는 극장에서 젊은 성악가들을 위해 운영하는 오펀스튜디오 Opernstudio를 통해 2년 정도의 수련 과정을 거치고 솔리스트로 취직하는 경우가 많다. 극장마다 프로그램에 대한 명칭도 조금씩 다르고 시스템도 조금씩 다르지만 젊은 성악가들에게 음악 수업과 언어 수업을 제공하여 실력 향상을 도와주고 시즌 중에 중·단역으로 오페라 무대에 설 수 있는 기회도 제공한다. 보통 2년 정도의 과정이 지나면 극장의 솔리스트로 정식 채용되는 경우가 많아서 취직을 할 수 있는 가장 현실적이며 좋은 방법일 것이다. 하지만 나이의 제한이 있고 젊은 성악가들을 선호하다 보니 관심이 있는 경우에는 독일에서 음악대학교에 입학한 후에 바로 여러 오페라 극장의 홈페이지에 들어가 정보를 확인하고 오펀스튜디오에 지원해 보는 것을 추천한다.

독일에서의 시험이나 오디션을 준비하며 가장 중요하게 생각해야 하는 부분은 표현력이다. 얼마만큼 곡에 몰입하고 그것을 표현해 낼 수 있느냐가 결국에는 관객의 마음을 움직이기 때문이다. 시험이나 오디션의 심사 위원들도 결국에는 나의 무대를 보기 위한 관객의 입장에서 심사를 하기 때문에, 무대를 즐기며 몰입해 역할을 잘 표현해서 그들의 마음을 움직인다면 좋은 결과를 얻을 확률이 그만큼 높아진다. 한국에서 공부한 많은 학생이 독일에서 테크닉은 좋지만 표현력이 부족하다는 소리를 많이 듣게 되는데, 테크닉은 배워서 향상시킬 수 있지만 표현력은 본인이 깨달아 생각이 변하지 않으면 절대로 좋아지지 않는 부분이다. 생각이 바뀌면 음악이 바뀌는 것처럼 표현력을 어떻게 향상시켜서 나만의 색깔을 담아 낼 수 있을지를 부단히 고민하고 연습하다 보면 분명 자신만의 길을 발견할 수 있으리라 생각한다.

PUBLIC OFFICIAL

이
주
영

초등학교 4학년에 처음 콩쿠르에 나가기 시작해 대부분 떨어졌으나 가끔 감격의 입상을 했다. 예원학교, 서울예술고등학교 6년 중 4년간 실기 우수상도 타면서 나중에 당연히 피아니스트가 될 줄로만 알았다. 그런데 이화여자대학교 음악대학에 잠시 입학만 했다가 인문계열로 바꿔서 수능을 다시 봤다. 서울대학교에서 서양사학과 외교학을 복수 전공하고 서울대 석사 2개(국제학과 행정학), 미국 듀크대학교 Duke University 석사 1개(국제개발정책학)의 학위를 받으면서 웬만한 문과 쪽 과목은 대충 한 번씩 다 배운 거 같은데, 막상 박사학위는 없어서 제대로 아는 건 하나도 없다.

JOOYOUNG LEE

행정고시에 합격하여 2007년 산업자원부(현재 산업통상자원부)에 들어가 서기관으로 일하고 있다. 전형적인 대한민국 워킹 맘으로 회사 생활에 종종 상처받고 뒤에서 욕하는 재미로 직장을 다닌다. 스스로 음악을 때려 친 주제에 친구들 음악회에 가서는 여전히 아쉽다며 눈물을 흘리고, 언젠가 집을 넓혀 친정에 둔 그랜드 피아노를 가져오리라는 작은 소망을 갖고 있다.

음악을 사랑하는
대한민국 관료

내가 지금 일하고 있는 분야는 음악이나 예술과는 전혀 관련이 없다. 예고 졸업 후에 음대에 입학은 했는데, 그 뒤에 여러 가지 변화를 겪고 보니 행정고시를 통해 산업통상자원부에 들어와 14년째 근무 중이다. 예고 졸업생으로는 매우 이질적인 직업임이 분명하다. 어릴 적 피아노는 내 인생의 전부였는데 이제는 까마득한 추억이 되어 버렸다. 대신 매일 아침부터 저녁까지 사무실에 앉아 상사로부터 지시 사항을 받고 보고서를 작성하며 정책 방향을 논의한다. 미분·적분이나 3차 함수 문제를 보면 이제 낯설게 느껴지듯 브람스의 〈파가니니 주제에 의한 변주곡〉이나 라흐마니노프의 「회화적 연습곡」 악보를 보면 내가 어떻게 이런 곡들을 연주했을까 싶기도 하다.

♪ 예고 출신 쌍둥이 엄마가 경제 부처에서 일하는 이야기

산업통상자원부는 정부의 산업, 통상, 에너지 정책을 총괄하고 있고 중앙 정부 조직 중에서 가장 업무 범위가 넓다. 일례로 미국의 경우 산업 및 비즈니스 육성을 담당하는 상무부, 에너지 정책을 담당하는 에너지부, 그리고 외국과의 통상 협상을 담당하는 무역대표부 3개 조직으로 나뉘어 있는데, 우리나라는 이 세 가지 업무를 한 개 부처에서 모두 맡고 있는 셈이다. 그만큼 한 조직에 근무하면서도 매우 다양한 업무를 접할 기회가 있고 특정 분야에 매몰되기보다는 넓은 시각에서 정부 정책을 바라볼 수 있다는 장점이 있다.

지금 맡고 있는 에너지 정책 업무

내가 지금 현재 소속되어 있는 '에너지자원실'은 국가의 중장기 에너지 정책 방향을 수립하고 이행하는 곳이다. 석유, 천연가스, 석탄, 광물 등 1차 에너지뿐 아니라 실제 국민들의 삶에서 소비되는 전력, 가스 등의 생산과 도입, 공급과 관련하여 중요한 의사 결정을 내리고 에너지 공기업과 공공 기관을 관리한다. 여기에는 태양광, 풍력 등 고갈되지 않고 탄소 배출이 없는 재생 에너지를 보급하고 관련 산업을 육성하는 기능도 포함된다.

 에너지 정책이라고 하면 일반 국민의 삶에 와 닿지 않는 조금 어려운 화제라고 생각할 수도 있는데, 사실 에너지는 기후 변화 대응의 차원에서도 매우 중요하다. 스웨덴의 10대 운동가 그레타 툰베리Greta Thunberg의 외침이 사람들의 심금을 울리고, 2018년 UN 기후 변화에 관한 정부간 협의체IPCC, Intergovernmental Panel on Climate Change에서 발간한 '1.5℃ 특별보고서(지구의 온도 상승을 산업화 이전 대비 1.5도 이하로 제한하자는 것)'가 주목을 받고 있다. 이제 기후 변화는 우리 모두가 삶 속에서 다 같이 풀어 가야만 하는 중요한 과제가 된 것이다.

우리나라의 경우 온실가스 배출의 80% 이상이 에너지를 통해 배출되고 있다. 따라서 지구의 과도한 온도 상승을 막고 미래 세대에게 삶을 영위할 수 있는 지구를 물려주기 위해서는 전 세계 국가들의 에너지 정책이 획기적으로 변화되어야 한다. 예를 들면 석탄을 활용해 전기를 생산하는 발전소 대신 태양광, 풍력과 같은 청정에너지를 사용하는 발전소를 많이 지어야 한다. 그러나 모든 이슈에는 찬성하는 입장과 반대하는 입장, 이득을 보는 집단과 피해를 보는 집단이 존재한다. 옳고 그른 가치 판단의 차원을 넘어 정치적·사회적 신념이 다른 집단들이 제각기 목소리를 낸다. 나와 같이 중앙 정부에서 일하는 관료들은 다양한 의견에 귀를 기울이고 전문가들의 조언을 받으며 정치권과 협의하여 결정을 내리고 정책을 이행해야 한다.

2020년에는 기후 변화에 적극 대응하면서도 경제 성장과 일자리 창출을 함께 모색하기 위한 '그린뉴딜 종합계획'을 발표했다. 노후화된 건축물, 오래된 산업 단지 등을 녹색 친화적 공간으로 전환하면서 친환경 자동차와 깨끗한 에너지를 보급하는 프로젝트에 2025년까지 총 73.4조 원을 투자하는 계획이다. 기획재정부, 환경부 등 다른 부처 공무원들과 함께 이를 준비하면서 마지막 며칠 밤은 거의 자지 못하고 사무실에서 밤을 새웠다. 일하다 보면 분기별 혹은 반기별로 이렇게 큰 프로젝트를 맡게 된다. 그리고 하나를 무사히 마칠 때마다 엄마인 나는 며칠 동안 얼굴을 보지 못했던 아이들 목소리가 가장 먼저 생각난다. 오랜만에 칼퇴근하는 발걸음은, 처음 새로운 일을 맡을 때의 기대감보다 더 즐겁다.

행정고시 합격 이후 지나온 길

스물일곱, 나는 특별히 빠르지 않게 남들과 비슷한 나이에 행정고시를 통과하고 이듬해 산업통상자원부에 첫발을 내딛었다. 발령 초기에는 주로 국내 산업 육성을 담당하는 부서에 근무했는데, 주된 업무는 자동차, 기계, 반도체 등 우리나라 성장을 이끄는 주력 제조업을 육성하면서 기술 혁신을 촉진하고 규제와 제도를 개선하는 것이었다. 산업 기술 R&D를 총괄하는 부서에서 근무하기도 하고 국내 항공 산업의 육성 업무를 전담하기도 했다. 중고등학교 때 음악을 공부하고 대학에서 인문학을 전공한 배경을 갖고 있는 나는 과학, 기술 분야나 실물 경제, 경영에 관한 지식이 상대적으로 부족했는데 업무를 통해 많은 것을 배울 수 있었다. 어떠한 기술이 우리 산업의 미래를 이끌 것인지에 대해 논의를 하고, 제조업 산업 현장과 IT 기술 연구소도 직접 찾아가 보면서 말이다.

큰 어려움 없이 직장 생활을 시작하고 업무를 손에 익혀갈 무렵 결혼이라는 선택을 했다. 그리고 당연한 순서인 것처럼 몇 년 뒤 쌍둥이 아이들이 태어났다. 일 년간의 육아 휴직을 거쳐 다시 사무실에 돌아와 맡은 업무는 통상 교섭 분야였다. 우리나라는 국내총생산GDP에서 외국과의 무역 거래가 큰 비중을 차지하고 있고, 수출과 수입은 우리 경제를 뒷받침하고 있는 가장 큰 부분 중의 하나이다. 통상은 자동차, 핸드폰과 같이 손에 잡히는 재화의 거래를 넘어서 관광, 의료, 컨설팅 등 서비스 거래는 물론 해외 생산 공장이나 판매 법인 설립을 통한 해외 직접 투자까지 다양한 형태의 국경 간 거래를 모두 포함한다. 그리고 이러한 거래와 관련하여 국가 간 지켜야 할 법칙과 약속을 정하는 것이 통상 협상을 통한 협정 체결이나 이와 유사한 합의들이다. 최근에는 직접적인 무역 관련 사안뿐 아니라 노동, 환경, 지식재산권 등과 같이 국가 간 교역 조건에 영향을 미치는 간접적인 사안들도 강력하게 규율해 가는 추세이다.

세계무역기구WTO와 같이 모든 국가가 다 같이 참여하여 협상을 벌이는 장도 있고, 지리적으로 인접하거나 경제 및 정치적 유사성이 높은 몇몇 국가들끼리 협상을 진행하기도 한다. 한미 자유무역협정과 같이 오직 두 국가 간 거래의 규칙을 정하는 양자 간의 무역 협정도 있다. 우리 정부는 우리나라 자동차나 철강 제품이 최대한 유리한 조건으로 수출되도록 상대국이 수입 관세를 낮추어 줄 것을 요구한다. 반면 상대국은 자국의 땅에서 키운 오렌지, 체리와 같은 농산품을 우리나라에 최대한 많이 수출하고자 한다. 그래서 통상 협상의 줄다리기 과정은 긴장감이 넘친다. 때로는 양국 간 무역 분쟁이 발생하여 세계무역기구의 중재를 받기도 하는데, 예를 들면 지난 2019년 우리나라가 일본에 승소한 일본 후쿠시마 수산물 분쟁(국민 건강과 안전의 이유로 일본 수산물 수입을 금지한 조치에 대한 분쟁)이 그러한 경우이다.

통상 업무는 외교 안보의 성격도 있는 만큼 정부의 기능 중에서 반드시 유지되어야 하는 것이며 다른 조직이 대신해 줄 수 없는 업무이다. 기본적인 외국어 능력과 통상법에 대한 이해, 통상 협정의 구조와 규범에 대한 폭넓은 지식이 요구된다. 지금은 코로나19로 인해 영상 회의로 많은 부분이 대체되고 있지만 잦은 해외 출장, 외국 대표단과의 미팅은 빠질 수 없는 부분이다. 때로는 장시간의 비행으로 인해 체력적인 어려움이 있기도 하지만 그만큼 국제 감각을 익힐 수 있는 좋은 기회이기도 하다.

워킹 맘이라는 단어가 고단함을 지칭하지 않기를

아직 걸음마도 떼지 못한 아이들을 두고 복직하여 워킹 맘이라는 새로운 타이틀을 갖게 되면서 나의 직장 생활은 이전과는 전혀 다른 새로운 도전으로 다가왔다. 아이를 키우며 경력도 쌓아 가는 것, 두 가지를 모두 완벽히 할 수는 없기에 초반에는 억울한 감정이 더 컸던 것 같다. 똑같이 열심히 살아온 다른 남성 동료들은 왜 나만큼 힘들이지 않고도 일과 가정을 쉽게 병행하는지 화가 나기도 했다. 야근할 때도 발을 동동거리며 시간을 조율할 필요가 없고 저녁 회식 자리도 자주 만들면서 '형-동생'의 끈끈한 사회생활을 해 나가는 그들을 보면서 종종 싫은 소리가 나왔던 것 같다.

그러나 아이들이 커 가는 성장의 과정을 바라보는 기쁨이 커지면서 일과 가정 사이의 균형을 맞추며 살아가는 내 자신의 삶에 대한 자부심이 느껴지기 시작했다. 결혼과 출산, 육아의 길은 행정고시라는 진로를 선택한 것과 같이 나 스스로의 결정인 것이다. 내가 선택한 길로 인해 겪는 힘든 상황을 남을 향한 분노의 방식으로 표출하는 것은 결코 내 삶에 도움이 되지 않는다. 대신 나에게 주어진 기회를 잘 살리면서 내가 가진 능력과 한계를 명확하게 자각하고, 내가 바라는 것들을 최대한 충족할 수 있는 현실적 방법을 찾아내는 것이 중요하다고 생각하게 되었다

쌍둥이 아기 둘을 데리고 미국에서 유학하기

몇 년 전에는 아이들을 데리고 정부의 지원을 받아 미국 유학을 다녀왔다. 인사혁신처에서 공무원들을 대상으로 해외에서 석사 학위를 딸 수 있는 기회를 주는데 정원이 한정되어 있어 영어 성적뿐 아니라 업무 능력, 조직에의 기여도 등을 평가하여 각 부처별 인원을 선발하게 된다. 사실 나 같은 워킹 맘들은 대부분 아이가 어리고 배

우자가 동행하기 어려워 해외 유학을 지원하는 것조차 쉽지 않은 것이 사실이다.

그렇지만 나에게 주어진 기회를 쉽게 포기하고 싶지는 않았다. 퇴근 후나 주말에는 육아 외에 다른 것을 할 시간이 전혀 없기에 출근을 30분 일찍 하고 점심시간을 30분 줄여 공부할 수 있는 자투리 시간을 확보했다. 선발이 된 뒤에도 혼자 아이를 키우면서 학위를 따는 건 불가능하니 다시 생각해 보라는 조언을 많이 들었다. 그러나 내 아이들은 내가 가장 잘 알고 있는 만큼 남들의 말에 크게 휘둘리지는 말자고 마음을 단단히 먹었다.

미취학 아동 둘을 데리고 멀리 날아간 곳은 미국 노스캐롤라이나주에 있는 듀크 대학교였다. 우리는 남편의 여름휴가 기간에 맞추어 일요일에 출국하여 월요일부터 금요일까지 5일간 함께 머물다가 토요일에 남편이 한국으로 돌아가는 계획을 세웠다. 즉 어린 아이 둘이 있는 상황을 전제로 정착에 꼭 필요한 일들을 5일 안에 끝내자며 세운 계획이었다. 우리가 살 집은 미리 인터넷을 통해 알아보고 전자 메일을 통하여 계약까지 완료해 두었다. 중고차 거래와 필수 가구들도 한국에서 모두 구매하고 그 외에 수도, 인터넷, 전기 등도 서비스가 가능하도록 미리 신청해 놓았다. 출국하여 월요일에서 금요일까지는 계획해 둔 일정을 일사불란하게 처리했다. 월요일은 차량 인수와 비자 등록, 화요일은 은행 계좌 개설과 각종 유틸리티 점검 등 이사 준비, 수요일은 이사와 기본적인 생활 시설

확인, 목요일은 운전면허시험 응시와 (반드시) 합격, 금요일은 차량 번호판 등록 및 소유권 이전 등. 집이나 가구, 차량 등의 선택에 큰 선호나 까다로움이 없는 내 성격도 빠른 정착 준비에 큰 도움이 되었다.

이렇게 쌍둥이 아이들과 함께하는 유학 생활이 시작되었다. 내가 대학을 선택한 기준은 아주 단순했는데 혼자 가사와 육아를 오롯이 떠맡아야 하는 상황에서 아침 10시에서 오후 4시 사이 수업 선택권이 충분해 저녁 수업을 듣지 않고도 학위 취득이 가능한 곳을 고르는 것이었다. 듀크 대학은 미국에서 드물게 이러한 나의 조건에 딱 맞는 곳이었지만 학교의 명성도 높은 만큼 과제가 많았고 특히 젊고 열정 넘치는 학생들과 토론을 해야 하는 조별 프로젝트가 많기로 유명한 곳이었다. 무엇보다 시간과의 싸움이 가장 컸다. 다행히 미국에 보편화되어 있는 식기세척기와 빨래 건조기가 큰 역할을 하긴 했지만 말이다. 따로 베이비시터를 구하기엔 아는 사람도 없고 어떠한 기준과 방식으로 사람을 구해야 할지 확신이 없어 시도하지 못했던 것 같다. 체제비와 학비가 지급되기는 했지만 미국의 어린이집은 1인당 월 1000불(한화 110-120만 원)이 넘는 비용을 부담해야만 하기에 당장 생활해야 할 예산도 빠듯했다.

아이들이 어린이집에 있는 시간에는 학교 수업뿐 아니라 장보기, 자동차 관리, 우체국 방문 등 각종 업무들을 처리해야 했다. 처음에는 아이들이 잠든 뒤에 다시 일어나서 과제를 하는 방법을 택했으나, 나중에는 아이들을 재우며 같이 자고 매일 아침 5시에 일어나 맑은 정신으로 수업을 준비하는 방법을 택했다. 아침 7시부터는 아이들을 깨우고 아침을 준비하고 등원을 시켜야 하는 바쁜 일정이 이어지기 때문이다.

그렇지만 집과 학교를 오가며 유학 기간 내내 육아 전쟁을 치른 것은 아니다. 두려움보다 용기를 내면 생각보다 많은 것을 시도할 수 있다. 주말이나 방학 기간에는 다른 지역으로 종종 여행을 가곤 했는데, 처음 비행기를 탈 때에는 혹시나 아이들을 잃어버릴까 봐 걱정도 많이 했다. 공항의 보안 검색 통과하기, 비행기 이·착륙 시 멀미가 날 때 대처하기, 비행기 좌석이 2개씩 이어진 경우 한 아이는 혼자 앉거나 다른 사람 옆에 조용히 앉아 있게 하기 등 모든 것이 미취학 어린아이들에게는 쉽지 않은 일이었다.

우리 세 모녀는 시카고로, 워싱턴 DC로, 마이애미로, 올랜도 디즈니월드로, 멕시코 칸쿤으로, 캐나다 토론토로 큰 어려움 없이 씩씩하게 여행을 다녔다. 렌터카에 필요한 카 시트 하나는 등에 메고 다른 하나는 큰 트렁크 가방 위에 올리고 아이들도 각자 작은 배낭을 하나씩 메고선 다 같이 트렁크 가방을 밀며 공항 수속을 하곤 했다. 우리 나이로 5-6살밖에 되지 않던 아이들이 군말 없이 잘 따라주었던 것을 떠올리면 지금도 너무 기특하다. 생각해 보면 내가 아이들을 믿기 때문에 여유 있고 자신 있는 태도로 행동하니 아이들도 편안하게 나를 따라 주었던 것 같다. 귀국 전 학위 수여식에 내 양손을 하나씩 잡고 따라와 사진을 찍고 축하해 주는 든든한 나의 '학부모'가 되어 준 것은 물론이다.

어린아이 둘을 데리고 타국에 가서 다른 사람 도움 없이 혼자 육아와 가사를 떠맡으며 학위도 땄다는 이야기를 들으면 많은 사람이 놀랍게 생각한다. 그렇지만 내가 반드시 하고 싶은 일을 정하고 가능한 방안을 찾아간다면 아이들의 존재가 생각보다 그렇게 큰 부담은 아닐지도 모른다. 이렇게 천사 같은 아이들이 나를 전적으로 신뢰하고 사랑해 주는 데서 오는 행복이 오히려 내 삶을 앞으로 더 나아가게 해 주는 원동력이 아닐까 싶다.

♪ 최선의 선택을 통해 삶의 균형을 찾아가기

예고에서 우리는 모두 무대 위에 서는 연주자가 될 것이라는 미래를 꿈꿨다. 적어도 내가 예원, 예고에서 음악을 배웠던 90년대에는 그랬다. 특히 그 시기는 우리나라가 급속한 경제 성장을 통해 선진국 반열에 들어서면서 문화와 예술에 대한 갈망이 높아지던 시기였다. 때마침 정 트리오 Chung Trio의 이야기를 담은 책 『너의 꿈을 펼쳐라』가 인기를 끌면서 많은 부모가 예술 교육에 큰 관심을 가졌다.

서울예고 우등생이 겪은 절망

나는 어릴 때부터 피아노를 접했고 초등 고학년 때부터 예원 입시를 준비하는 수많은 아이 중 하나가 되었다. 그중에서도 나는 운이 좋게도 꽤나 유연한 손가락 근육을 갖고 태어났고 연습에 요령도 있는 편이었다. 테크닉이 좋으면 다수와의 경쟁에서 우위를 차지하기가 쉽다. 예원, 예고 시절 한 학년이 끝나고 실기 우수상과 성적 우수상을 동시에 쥘 때마다 기분이 순간 우쭐해졌던 것도 사실이다.

음악을 하는 친구들 사이에서 우등생이었던 나는 스무 살이 되어서 큰 심리적 충격을 겪었다. 당연히 합격할 줄 알았을 뿐 아니라 수석이나 차석을 할 것이라고 하는 말들에 익숙해져 만만하게만 생각해 온 대학 입시에 실패한 것이다. 당시의 나에게 가장 큰 괴로움은 구겨져 버린 자존심이었는데 어느 정도 충격의 시간이 지나자 조금 더 냉정하게 내가 앞으로 갈 길에 대한 고민을 하게 되었다.

나에게는 세 가지 선택권이 있었다. 희망하던 곳은 아니지만 일단 합격한 다른 학교의 음대에 다니는 것, 재수를 해서 당초 가려던 대학의 음대에 다시 지원하는 것, 그리고 마지막으로는 피아노를 그만두고 공부를 시작하는 것. 어릴 때부터 피아노를 치는 친구들 사이에서 경쟁하느라 이 길이 당연히 나의 길인 줄로만 알았는데 과연 음악 전공자로서 평생을 즐거워하며 살 만큼 재능이 있고 좋아하는지에 대해 곰곰이 생각하기 시작했다. 나는 실기 성적이 상위권이었지만 사실 음악에 미쳐 있는 다른 친구들과 비교할 때 음악성이 부족했고 테크닉으로 이를 대신하려 한 것은 내 마음 한구석에 자리 잡고 있던 콤플렉스였다. 이는 예원 시절보다 예고에서 음악적 깊이가 요구될수록 점점 더 크게 느껴졌던 것도 사실이다. 학과 공부는 크게 힘들이지 않고도 상대적으로 수월했던 것에 비하면 말이다.

결국 음대에 입학을 해 놓고서 다시 학과 공부를 시작했다. 예체능에서 인문계열로 바꾸기 위해서는 수학과 사회 영역에서 한 과목씩을 더 공부해야만 했다. 그리고 그해 가을 다시 수학능력시험에 응시했다. 당시에 대학 입시 원서를 세 군데에 내면서 각각 전공을 인문대, 법대, 의대로 나누어 지원했는데, 나중에는 셋 중 한 곳을 골라야 하는 선택의 시간이 왔다. 나는 미래의 길이 더 불확실하고 불투명해질 테지만 그만큼 더 많은 길이 열려 있을 것만 같은 인문대를 선택했다. 피아노를 그만두고 새로이 대학 원서를 내고 다른 전공을 선택한 것은 내 삶에서 부모님이 아닌 나 자신이 혼자 결정한 첫 번째 선택이었다.

내 자신을 믿을 때 펼쳐지는 다양한 기회

세상을 살아가는 방법은 정답이 없다. 어떤 이들은 어릴 때부터 특정한 인생의 목표를 세우고 이를 이루기 위한 과정을 차근차근 밟아 가는 삶을 살아 내기도 한다. 음악을 전공한 친구들 사이에서 '예원→예고→음대 졸업→해외 유학→귀국 후 연주자→대학 교수나 강사'는 하나의 정형화된 루트이다. (물론 초등학교 때부터 각종 콩쿠르 입상 경력을 쌓아 놓고 말이다.) 반면에 내가 매일 만나는 행정고시 출신 동료들의 경우는 중고등학교 때 소위 전교 1등을 도맡아 하다가 '명문대 경제·경영학과 졸업→행정고시→중앙 부처에 입부→열심히 조직에 기여하여 1급 이상의 고위 공무원이 되는 것'을 당연히 가야 할 길로 생각하는 경우가 많다. 그런데 나 같은 사람은 꼭 무엇을 하고 싶다는 열망이 아주 크지는 않고 다양한 분야에 관심이 분산되어 있는 편이다. 자신이 무엇을 제일 좋아하는지 찾는 게 어렵다면 굳이 미리 꼭 결정해야 할 필요는 없을지도 모른다.

대학에서 역사학을 함께 전공한 친구들도 지금 보면 살아가는 모습이 다양하다. 역사학이라는 것은 공공이나 민간 부문 취직에 하나도 도움이 되지 않는 학문이다. 행정고시 출신 중에서도 소위 역사·철학 계열을 전공한 사람은 예고를 나온 사람만큼이나 찾기 힘들다. 대학 1학년 전공 필수 교재였던 에드워드 기번Edward Gibbon의 『로마제국 쇠망사』와 에릭 홉스봄Eric Hobsbawm의 『혁명의 시대』, 이 책들이 지금의 나의 일상과 과연 어떠한 관련이 있을지 생각하면 입가에 미소가 흘러나온다. (물론, 우리의 삶에서 하부 구조(경제)가 상부 구조(정치, 사회)를 얼마나 규정하는지, 사람들의 망딸리떼(집단 정신)가 역사의 흐름을 좌우하는지, 결국 중요한 건 지배 계급의 변화가 아닌 기록되지 않은 수많은 민중의 생활 모습은 아닌지 등 역사학이 고민하는 주제들은 지금 내가 사회생활을 해 나가며 여전히 궁금한 부분이긴 하다.)

　대학 동기들을 보면 언론사에 취직해 기자가 된 친구가 많고, 학교 선생님이나 금융계, 대기업, 공기업에 다니는 친구와 변호사 친구도 있다. 나처럼 공무원을 하는 친구도 있다. 특별히 취업 시장에서 내세울 만한 재주는 없고 외국어가 원어민 수준도 아니고 세상 이치나 돈 버는 데에 밝은 머리도 아닌 나에게 행정고시라는 선택은 그럭저럭 나쁘진 않았던 것 같다.

　모든 것을 목표와 과정으로만 생각하면 그간 내가 지나온 삶의 궤적이 나의 직업에 큰 도움이 되지는 않았을지도 모른다. 예원, 예고에서 피아노를 전공하고 대학에서는 서양사학을 전공하고 대학원에서 국제학을 전공하며 행정고시를 국제 통상 직렬로 합격했는데, 지금은 한 번도 생각해 보지 않은 에너지 정책 실무를 총괄하는 서기관 자리에 있으니 말이다. 그러나 내가 경험하고 배운 모든 것이 그 자체로 내 삶을 풍요롭게 하고 내면을 채웠으며 나의 정체성을 형성해 왔다고 생각한다.

　지금의 나도 가끔씩은 피아노를 두드려 본다. 이제 테크닉이 화려한 곡은 엄두가 안 나지만 너무나 잔잔하여 콩쿠르나 입시 곡으로 채택되지 못했던 작품들을 쳐 보면 전공하던 때와는 달리 마음이 평온해지는 느낌이 든다. 예고에서 피아노를 전공했던 친구들 중에 베토벤 소나타를 편안한 마음으로 감상할 수 있는 사람이 얼마나 될까? 얼마 전 퇴근길 우연히 라디오를 통해 듣게 된 브루흐〈바이올린 협주곡 1번〉이 준 전율이란! 예원 1학년 향상 음악회부터 듣고 또 들었던 그 첫 소절을, 방정식을 풀 듯 혹시 계산에 실수가 있을까 봐 조마조마함이 우선이었던 그 음악들을 한 걸음 떨어져 감상할 수 있게 된 것은 참으로 기쁜 일이 아닐 수 없다.

질주하기보다는 균형 잡기

이제는 마흔을 넘어 인생의 절반이 지나가고 있다. 내가 직장을 다니게 될 날들도 이제 절반 이상을 지나가는 것 같다. 앞으로 나는 가정과 내 삶에 충실하면서 직장에서도 최선을 다하고 좋은 사람들과 좋은 관계를 유지하며 균형을 찾아가고 싶다.

지금까지 여성 직장인들은 미혼이든 기혼이든 '남자보다 더 독하게' 일하는, 흔히 말하는 성공한 여성 타입과 시간이 지나면서 많은 것을 내려놓고 조용한 부서로 빠져 조직의 생리와는 거리를 두는 타입, 이 두 가지 유형으로 대부분 설명되어 온 것이 사실이다. 사실 나보다 10년 아니 5년 위 선배들만 해도 행정고시 합격자 중 여성의 비율이 극히 소수였는데 지금보다 훨씬 더 경직된 조직 분위기에서 얼마나 많은 불합리함을 감당해 왔을지는 감히 내가 함부로 말할 수 있는 성격의 이야기는 아닐 것이다.

독하게 질주하고 싶지 않은데 직장에 대한 애정을 모두 버리고 싶지도 않다. 큰 권력을 누리고 싶지는 않은데 한직으로 물러나는 모습을 보이고 싶지도 않다. 여전히 간부들 대다수가 남성들로 가득한 조직 생활이 쉽지는 않지만 이제 조금씩 변해 가는 사회 분위기 속에서 하루의 대부분을 보내고 있는 공간이 되도록이면 즐겁게 웃으며 지낼 수 있는 곳이면 좋겠다.

행복한 직장 생활을 위해서는 우선 내가 좋아하는 일을 맡는 것이 가장 중요하다고 본다. 어느 조직이나 그렇듯 직장에는 소위 '잘나가는 코스'라는 게 있는데 몇 군데 특정 과에서 근무를 하면서 보직 경로를 쌓고 윗분들에게 좋은 인상을 남기려고 하는 이들이 있다. 지금까지는 이러한 엘리트 코스를 밟는 사람들이 권력을 쥐거나 높은 위치를 차지해 온 것도 사실이다. 그러나 조직에서 인정받기 위한 일을 찾기보다는 내가 즐겁고 잘할 수 있는 일을 찾는 것이 삶의 행복을 위해서는 더 좋은 선택이 될 수 있다. 권력만을 쫓다 보면 나중에 원하는 대가를 받지 못할 때 오히려 조직에 대한 배신감과 회의감을 강하게 느끼는 경우들을 많이 보았다.

나는 깊이 파고드는 업무보다는 속도가 빠르더라도 생동감이 있는 업무를 선호한다. 또한 윗사람의 의사 결정 권한이 크고 정치적인 흐름에 휘둘릴 수 있는 환경보다는 조직 차원에서 큰 관심을 받지 못하더라도 실무선에서 합리적인 방향을 찾아갈 수 있는 상향식 업무를 선호한다. 획일적인 방법으로 사람의 능력이 평가되는 시대는 저물어 가고 있다. 개개인의 다양한 능력이 인정받고 다양한 방식의 업무 스타일이 존중받을 때 쓸데없는 충성 경쟁을 하거나 줄을 서는 관행도 점차 줄어들 것이라 생각한다.

그다음으로 중요한 것은 조직 내 구성원과의 관계이다. 공무원 조직은 동질적일 것 같지만 사실 매우 다양한 경로를 통해 충원이 된다. 나처럼 5급 행정고시를 보고 들어온 사람은 오히려 소수일 수도 있는데, 7급 공채, 9급 공채, 이공계 박사, 변호사·회계사 등 전문직 특채, 민간에서 일정 기간 경력을 쌓은 경력직 특채 등 서로의 배경이 다르다. 초임 시절에는 이러한 조직에 적응하는 게 어려웠는데 나보다 훨씬 오래 일한 분들이 직급은 낮은 경우가 많았기 때문이다. 그렇지만 이제는 좀 더 여유를 갖고 많은 부분을 포용할 수 있을 것 같다. 조직에서 각 구성원의 능력은 한 줄로 서열화될 수 없다. 남을 깎아내리기보다는 배울 점들을 먼저 찾고 마음이 맞는 사람에게는 조금 더 가까이 다가가고 싶다.

나는 앞으로도 워킹 맘으로 일과 가정 사이의 수많은 갈등과 어려움을 겪겠지만 즐거운 직장 생활을 해 나가기 위해 노력할 것이다. 소위 알파걸(자신감과 성취욕이 넘치는 여성을 가리키는 말) 시대에 학창 시절을 보낸 똑똑한 90년대생 후배들과 학업과 자기 계발에 매진하며 새로운 시대를 이끌어 갈 준비를 하고 있는 2000년대생 젊은 청춘들이 직장을 다니면서 크게 어려움 없이 가정을 꾸려도 되고 삶의 여유를 갖고도 마음껏 커리어를 추구할 수 있다는 것을 느끼게 해 주고 싶다. 이제는 더 이상 『82년생 김지영』의 내용이 현실의 모습이 아닌 지나간 과거가 되기를 바란다.

♪ 젊은 음악가들에게 주는 가벼운 조언

매일 새로운 도전을 시작하는 젊은 예술가들에게 우선 그동안 모두들 참 잘해 왔다는 얘기를 하고 싶다. 어제도 오늘도 그러했고 내일도 그럴 것이다. 음악을 그만둔 지 20년도 더 지났지만 아직도 기억이 생생하다. 말 한마디 한마디가 예민했던 사춘기 시절에 실기 레슨을 다녀올 때마다 얼마나 많이 울었는지. 나는 일주일 내내 하루 종일 연습했는데, 선생님 앞에만 가면 또 틀리더라. 그렇게 열심히 했는데도 자꾸 연습이 부족하다는 말을 들었다.

그런데 말이다, 음악을 배운 것은 참 행운이라는 말도 하고 싶다. 최선을 다해서 성취감을 느껴 보거나 반대로 절망을 느껴 보는 것 모두 누구에게나 필요하고 값진 일이다. 나는 10대 시절에 콩쿠르에 나가 자꾸만 떨어지는 게 가장 힘들었는데 지금에 와서 생각해 보니 누구나 그런 힘든 경험을 할 수밖에 없는데 우리가 이를 예술을 통해 겪은 건 하나의 특권일지도 모른다는 생각이 들었다. 적어도 우리는 '객관식 문제 하나를 더 맞고 덜 맞고'라는, 어쩌면 너무나 유치하고 단순한 이유로 내 자신의 능력을 온전히 평가받지는 않고 살아왔으니까. 경쟁에서 1등을 하지 못했다고 내 음악이 1등의 음악보다 절대적으로 부족한 건 아니니까. 음악을 그만두고 보니, 소위 전교 1등 출신들이 가득한 직장에서 일하다 보니, 내가 자라 온 환경에 감사함을 느낄 때도 많다. 세상에는 고상해 보이고 싶어 일부러 클래식 음악을 주워듣고 외워서 젠체하는 인물들도 있다. 우리는 적어도 그러한 우스운 수고를 할 필요는 없지 않은가?

그럼에도 절망을 느낄 때가 많은 것을 안다. 예술의 세계에는 보통의 사람들이 범접하기 어려운 진짜 천재들이 존재하는 것도 사실이다. 다만 무언가 목표로 한 것을 달성하지 못했을 때 너무 좌절하지 않았으면 좋겠다. 나는 대학 입시에 떨어졌을 때 이 세상이 무너지는 것 같았다. 하지만 그 후로 살면서는 그보다 훨씬 더 괴롭고 힘들고 어려운 일들을 많이 겪었다. 마치 모든 걸 다 갖춘 것만 같은 엄친아, 엄친딸은 항상 존재하는데 알고 보면 겉으로 드러나지 않는 내가 모르는 삶의 무게를 짊어지고 있을 때가 많더라. 나중에 스무 살이 넘으면 남자·여자 친구는 누구를 사귀고 결혼은 누구와 하고 어떤 집에 살고 등을 갖고 또 서로 비교하기도 하는데, 서른이 넘으면서 조금씩 둔감해지고 마흔이 되니 남과의 비교는 정말 아무것도 아닌 게 되어 버렸다.

음악을 하는 친구라면 나와 내가 사랑하는 사람들의 귀에 좋은 음악을 하고 있다는 것으로 가장 큰 행복을 느낄 수 있기 바란다는 말을 감히 해 본다. 음악을 하다가 지치면 그냥 좀 내려놓았다가 다시 해도 되고 나처럼 다른 길을 찾아봐도 된다. 반드시 성공하지는 않을 수도 있겠지만 꼭 크게 성공해야 잘 사는 인생은 아니다. 그 다른 길도 쉬운 건 아니고 좌절과 고통은 분명히 종종 찾아오게 될 것이다. 그렇지만 내가 가기 힘든 길을 억지로 노력해서 그 노력이 자기 학대가 될 때까지 힘들게 살 필요는 없는 것 같다.

　마지막으로 꼰대력(?)을 발휘하여 딱 한 가지 충고 아닌 조언을 하자면 최대한 다양성을 존중하고 남을 이해해 보려는 습관을 기르기를 바란다. 예고는 정말 멋진 집단이지만 그만큼 또 세상을 보는 시야가 제한될 수도 있다. 우리는 우리들의 삶이 보통이고 보편적이라고 믿어 버리는 과오를 저지르기 쉽기 때문이다. 예고를 벗어나 보니 내가 당연하게 여긴 보통의 사고와 문화가 사실 서울의 중산층 이상 가정에서 자라난, 어떤 다른 이들의 눈에는 이미 많은 특권을 가진 집단의 그것으로 보일 수 있다는 것을 깨달을 수 있었다. 작은 실수와 잘못에 대해서는 조금 더 너그러운 마음을, 내가 정한 보편적 기준과 다수의 범주에 속하지 않는 소수에 대해서는 상대를 조금 더 이해해 보려는 마음을 가지길 바란다.

♪ 각종 필기시험을 효율적으로 준비하는 방법

꼭 남들처럼 살 필요는 없지만 적어도 한국 사회에서 내가 원하는 일을 찾고 큰 어려움 없이 벌이를 하기 위해서는 몇 가지 자질이 필요한 것은 분명하다. 예를 들어 권력을 쥐고 있는 의사 결정자의 성향과 의도를 잘 파악하고 이행하는 '참모' 유형, 주변 사람들을 잘 통솔하고 이끌어가면서 마음을 사는 '종교 지도자' 유형, 그렇지 않더라도 발이 넓어 아는 사람이 많으며 소소한 도움을 주고받는 데 익숙한 '만인의 연인' 유형 등을 들 수 있을 것이다. 그런데 낯을 많이 가리고 내 자신에 대해 소개하는 것 자체가 쑥스럽고 민망한 성격의 나 같은 사람은 안타깝게도 그 어떤 유형에도 해당되지 않는다. 특별한 사회적 재능이 없다면 무엇이라도 잘하는 기술이 있어야 한다. 그런 의미에서 시험을 잘 보는 기술은 나의 부족한 점을 채우는 데에 큰 도움이 되어 온 것이 사실이다.

시험을 잘 보는 것은 왜 여전히 중요한가

나는 시험 자체가 그 사람이 가진 능력과 아주 큰 관련성은 없다고 생각한다. 오히려 시험을 준비하는 방식에 따라 결과의 차이가 크게 난다고 본다. 나는 공부를 꽤 잘하는 편에 속하지만(아니 상당히 잘하는 편일 수도 있지만) 크게 영리하거나 학구적이라는 소리를 듣는 공부 체질은 아니다. 대학을 다닐 때나 지금의 직장에서도 유사한 학력과 배경을 지닌 동료들과 비교할 때 상대적으로 아는 게 많은 편도 아니다. 단기적으로 급하게 암기는 잘하는 편인데 하루 이틀 지나면 금방 잘 잊어버리고 특히 1년 이상 지난 지식들은 거의 기억하지 못한다.

　그렇지만 악기와 학과 공부 둘 다 경험해 본 결과, 타고난 테크닉과 음악성이 크게 좌우하는 예체능에 비해 학과 시험 성적은 꽤나 정직하게 나오는 편이라고 생각한다. 음악을 할 때는 당일의 컨디션과 긴장도에 따라 너무 큰 차이가 발생하곤 했는데 학과 시험의 경우는 대부분의 경우 준비한 만큼 예상한 만큼 결과가 나왔다. 행정고시와 같이 일생일대 중요한 시험일지라도 그 긴장감은 내가 경험한 실기 시험이나 콩쿠르에 나갔을 때 느꼈던 떨림과 비교하면 결국 반의반도 되지 않았다. 그만큼 당일의 상황과 컨디션에 따른 변동성은 매우 낮다고 볼 수 있다.

중고등학교 때는 수능 한 방이면 모든 시험이 끝날 것이라 생각하지만 우리 삶의 과정은 결코 그렇지 않다. 직장 생활을 하면서도 계속해서 무언가 좁은 기회의 문을 통과하기 위해 경쟁을 벌인다. 그 경쟁에서 객관적으로 선발을 하기 위한 잣대 중 가장 손쉽고 명확한 것이 점수화가 가능한 시험이다. 그만큼 시험은 불가피한 영역이다. 지금까지 내가 한국 사회에서 경험한 시험의 유형은 3가지 정도로 분류가 가능하다고 본다.

· **범위가 넓은 시험 준비하기**

첫 번째는 기본적인 시험 범위가 넓어서 제 아무리 머리가 좋은 사람일지라도 하루나 이틀 준비로는 불가능한 시험이다. 즉 일정 시간과 노력이 필요한 시험이다. 대표적으로 대학수학능력시험이나 각종 취업 시험이 이에 해당한다. (내가 선택한 행정고시뿐 아니라 각종 공기업, 대기업 시험들도 마찬가지이다.)

나의 경우 요약본보다는 교과서라고 불리는 기본 저서들을 우선 여러 번 보는 편이었다. 유사한 요약본이나 참고서는 굳이 여러 권 아깝게 구입할 필요는 없다고 생각한다. 우리가 어릴 때 읽은 동화책이나 소설책들 내용은 거의 다 기억이 나는데 암기식으로 외운 것들은 대부분 기억이 나지 않는 걸 생각해 보자. 아무리 딱딱한 교과서라도 책을 쓰기 위해 문장과 문단을 다듬고 스토리 라인과 구성을 고민한 글과 주요 핵심만 요약본으로 압축하여 만든 교재는 아주 큰 차이가 있다. 보통은 교과서가 길고 지루하여 읽을 엄두가 안 난다는 이유로 요약서를 외우는 식으로 공부하는데 본인이 컴퓨터와 같은 암기 능력을 갖고 있지 않는 한 쉽지 않다고 본다.

시험을 준비할 때 나는 두꺼운 교과서를 우선 빨리 처음부터 끝까지 한 번 읽는다. 물론 대부분의 내용은 기억하지 못하고 어렴풋이 내용의 전개만 머리에 남아 있을 뿐이다. 주변 친구들을 보면 교과서를 처음 읽을 때도 공을 들여 각 단원을 이해하고 대부분을 암기하고 난 후에야 그다음 단원으로 넘어가는 성격의 완벽주의 기질을 지닌 모범생들이 많다. 나는 처음 읽는 교과서는 쉽게 소설책을 읽듯 훑어보고 이해할 수 없더라도 굳이 따지지 않고 넘긴다. 그다음 두세 번 더 읽으면서 조금씩 정보를 넓혀 나가고, 이쯤 되면 요약서로 다시 한 번 확인하고 특별히 암기가 필요한 부분을 찾아 암기한다. 전체적인 그림을 보지 못하면 어느 파트에 집중해야 하는지 강약을 조율하기 어렵고 크게 의미 없는 부분에서 시간을 낭비하기도 하기 때문에 흐름을 익히는 게 매우 중요하다.

그다음 노트 정리와 관련한 부분이다. 나는 글씨도 잘 쓰지 못하는 편이고 오래 펜을 잡고 있으면 손마디가 아려 와서 많은 글을 쓰는 것을 싫어한다. 그래서인지 깔끔하고 예쁘게 정돈된 노트 정리에 대해 상당히 회의적이다. 여러 가지 색깔로 중요도를 표시하고 깔끔한 표와 수식을 정리한 노트를 보면 기분이 좋아질 수 있다. 또한 빠짐없는 정리를 통해 나만의 방식으로 완벽히 이해하고 암기할 수 있을지도 모른다. 그러나 시간이 부족하고 그만한 노력을 들이는 것이 힘든 경우에는 굳이 노트 정리를 할 필요가 없다고 본다. 차라리 노트 정리를 할 시간에 암기할 부분을 이면지나 연습장에 써 가며 암기하는 것이 효율적이다.

노트 정리는 어느 정도 공부가 진행되고 나서 시작할 수도 있다. 이 경우는 노트 정리라기보다는 오답 노트의 성격이 더 크다고 볼 수 있는데, 교과서나 요약서를 여러 번 봤음에도 자신이 없거나 헷갈리는 부분만 적어 보는 것이다. 즉 굳이 모든 목차에 맞춰 핵심 내용을 자세히 꼼꼼히 적을 필요는 없을 것이다. 이렇게 하면 일반적인 노트 필기의 10분의 1 정도의 분량으로도 상당한 효과를 볼 수 있다. 시험 보기 직전에 그 내용을 한 번씩 훑어보면 헷갈리는 부분만 단기간 암기하는 데 매우 효과적이다. 같은 과목, 같은 범위일지라도 각자가 자신 없거나 암기가 잘 안 되는 영역이 다르다. 그러므로 남이 만들어 준 요점 정리나 서점에서 파는 요약서에 의존하는 것은 시간과 비용 대비 비효율적일 수 있다.

· 외국어 시험 준비하기

시험의 두 번째 유형은 외국어 시험이다. 어릴 때부터 그렇게 영어를 배워 왔건만 영어는 여전히 우리에게 큰 장벽이다. 그런데 영어 성적은 대학에 갈 때뿐 아니라 그 뒤에도 계속해서 요구된다. 외국 사람을 만날 일이 없고 외국어를 사용하지 않는 일을 하더라도 말이다. 나 같은 경우는 대학에 입학하여 처음 영어 수업 반을 나눌 때 텝스TEPS 성적이 필요했고 그 뒤에 잠시 인턴이나 아르바이트 일을 지원하거나 대학원 입시를 준비할 때 그리고 행정고시를 보기 위한 자격으로도 토익TOEIC이나 텝스 점수가 필요했다. 행정고시 2차 시험에서는 영어와 제2 외국어(독일어)의 번역과 작문 시험도 치러야만 했다. 직장에 들어와서 드디어 외국어에서 해방되나 싶었는데 해외 연수를 지원하면서 또 텝스 성적이 필요했고 선발이 되어 미국 대학을 지원할 때는 토플TOEFL 성적이 필요했다. 아마 앞으로도 해외 파견 근무를 지원하기 위해서는 또다시 외국어 성적이 필요할 것이다.

한국에서 태어나 한국에서만 자라고 예원, 예고를 졸업한 나는 당연히 10대 때 원어민 교사로부터 수업을 받아 온 외국어 고등학교나 다른 특수 고등학교 모범생 출신들에 비해 외국어 학습량이 많지 않았다. 당연히 외국어를 유창하게 하지 못했다. 어린 시절을 외국에서 살아 보지 않고서 외국어에 대한 어려움을 극복하기는 거의 불가능하다. 그러나 외국어 시험은 다르다. 언어를 유창하게 하는 것과는 별개로 외국어 시험의 장벽은 아주 높지 않다.

　외국어 시험 준비는 첫째도 둘째도 모두 암기가 중요하다. 즉 오랜 기간 동안 깊이 있게 공부할 필요가 없다. 단기간(3개월 내) 집중해서 준비하자. 요즈음에는 많은 시험에 회화 영역이 들어가긴 하지만 지속적으로 대화를 이끌어 가는 능력보다는 짧은 시간에 주어진 지시를 '얼마나 잘, 그리고 다 수행하느냐.'에 중점을 두고 있는 경우가 많다. 영어 회화가 아주 유창하지 않다면 질문의 유형을 암기해서 익히는 것이 완벽하지는 않으나 점수를 최대한 딸 수 있는 방법이다. 독해와 작문, 어휘와 관련된 영역은 무조건 암기해야만 한다. 여기서 암기라 함은 단어의 암기만을 말하는 것이 아니다. 문장의 유형을 통째로 써 보면서 암기하는 것이 외국어 시험에는 가장 효과적이다. 콩글리시(?)를 암기하는 것은 아닐까 걱정할 필요는 전혀 없다. 어차피 한국 사람은 한국식 영어를 할 수밖에 없고 한국식 언어 흐름에 맞춰 독해와 작문을 하더라도 틀리지 않으면 좋은 점수를 받게 된다.

　그리고 외국어 시험 준비는 시간과 장소의 구애를 가장 적게 받는다. 학원이나 동영상 강의를 꾸준히 듣는 것보다는 본인의 진도에 맞게 효율적으로 공부하는 것이 중요하다고 본다. 내가 잘 아는 내용을 다른 사람과 맞추기 위하여 굳이 같은 진도로 반복할 필요가 없다. 제일 유명한 교재를 사서 내가 약한 부분만 집중적으로 훈련하고, 듣기 영역은 계속해서 들으면서 일상생활 속에서 연습해야 한다. 학원을 다닐 필요 없이 하루 일과 중 짬짬이 커피숍에 들러 30분씩만 스스로 훈련해도 큰 변화를 볼 수 있다. 지하철에서 이어폰을 꽂고 들어 보기만 해도 특정 시험 유형의 듣기는 익숙해진다.

· 대학 및 대학원 학과 시험 준비하기

시험의 세 번째 유형은 대학에서의 학과 시험일 것이다. 요새는 조금 달라졌겠지만 중고등학교 때의 객관식 시험이 아닌 논술형이 대부분을 차지한다. 나는 여러 가지 전공(학부에서 서양사학과 외교학을 복수 전공했으며 석사 학위만 서로 다른 전공 3개를 갖고 있다.)을 경험하면서 인문학, 사회과학, 경제학, 법학 등 많은 학문을 접해 봤다. 이른바 문과의 영역에서 시험은 사고와 지식의 깊이를 측정하는 논술 시험이거나 경제학, 통계, 계량 분석 등 데이터 활용 또는 모형을 통한 문제 풀이 능력을 측정하는 시험으로 나뉘는 것 같다. 그중 전자의 경우는 불행히도 단기간에 쉽게 점수를 올릴 수 없는 분야이다. 평소에 책을 많이 읽고 인문·사회 분야에 대한 관심을 많이 가져야 한다. 그러나 후자의 경우는 충분히 단기간에 대비할 수 있다. 이 분야에서도 가끔 너무 학구적이고 모범생인 친구들이 빠지는 함정은 모든 이론과 공식을 이해하려고 하는 것이다. 나보다 훨씬 머리가 좋고 뛰어난 친구들도 시간이 부족할 때 효율적으로 시험 준비를 못해서 점수를 잘 받지 못하는 경우를 많이 보았다.

공부의 목적이 시험 통과이고 내가 세계적 경제학자, 통계학자가 될 것이 아니라면 논리와 구조에 큰 의미 부여를 하지는 말자. 일단은 고득점과 합격이 목적이다. 점수를 매기기 위해 내는 시험은 정확한 답이 있고 빨리 채점할 수 있는 유형들이 출제된다. 보통 시험 범위 내에서 외워야 할 경제학 모형이나 통계적 기법이 많지는 않다. 단지 문제마다 조금씩 다른 가정들로 인해 공식이 헷갈릴 수는 있다. 이 경우 필요한 공식만 따로 떼서 정리를 해 두자. 길게 적을 필요도 없다. 각 상황별로 적용되는 조건, 가정들을 비교하고 헷갈리지 않게 정리하는 것이 중요하다. 그리고 유형별로 유사한 문제를 여러 번 반복해서 익히고 빨리 푸는 훈련을 하는 것이 필요하다.

지름길만을 찾고 다른 사람을 이용해 반칙을 일삼는 삶은 결코 바람직하지 않다. 그렇지만 꼭 모든 것을 정도正道만 걸으며 소위 '에프엠FM 스타일'로만 살아갈 필요는 없다. 시험 통과라는 명확한 목적이 있는 공부는 꾸준히 오래 하는 것보다 요령을 찾아 효율적으로 잘하는 것이 훨씬 중요할 수 있다.

STARTUP WORKER

윤성원

20년간 바이올린을 연주하다가 공연 기획자를 거쳐 IT 스타트업에서 일하고 있는 다재다능인. 흔히 그러듯이 미취학 때부터 악기를 배우기 시작하여 자연스럽게 전공자의 길을 걸었다. 당시로서는 좀 달랐던 선택이라면 예술중학교 대신 한국예술종합학교 음악원 예비학교를 1기로 입학했다는 것이다. 덕분에 예고 생활이 귀한 줄 알고 행복하게 10대를 보냈다. 이화경향 콩쿠르, 한국일보 콩쿠르에서 우승하고 중앙 음악 콩쿠르, 동아 음악 콩쿠르, 독일 이프라니만 국제 콩쿠르에서 2위를 수상했다. 협연도 하고 독주회도 했다. 사계절이 멀다 하고 비행기를 타면서 좋은 선생님과 멋진 음악가들도 많이 만나고 아름다운

SUNGWON YOON

무대에도 여러 번 섰다. 그래서 미련 없이 악기 연주를 그만두었다. 예술을 사랑해서 예술 곁에서 일하면 될 줄 알았는데 인생이 생각과는 다르게 풀렸고 해 보고 싶은 게 자꾸 생겼다.

지금은 뉴욕 생활과 뉴욕 대학교NYU의 추억을 뒤로 하고 어쩌다 보니 개발자들이 팀 절반 이상을 차지하고 해마다 투자를 받으며 성장하고 있는 스타트업 기업의 직장인으로 살고 있다. 당장 다음 달의 운명조차 알 수 없는 변화무쌍한 날들을 보내고 있는데, 이를 즐길 수 있는 맷집과 회복 탄력성은 음악을 하던 시절 덕분이라고 믿고 있다.

스타트업 직장인이 된
바이올리니스트

다른 연주자들도 처음 악기를 만났던 순간을 기억하고 있을까? 일곱 살 봄 유치원에서 친구가 바이올린을 배우는 모습을 우연히 보게 된 나는 엄마를 조르고 졸라 바이올린을 시작했다. 겉으로 보이는 모습에 마음이 끌렸던 첫 만남이었지만 두고두고 바이올린이 매력적이라 생각한 것은 감정을 진득하게 뽑아 낼 수 있는 그 특유의 소리 때문이었다. 바이올린과의 애증의 인연은 스물일곱 살이 되는 해 여름까지 이어졌다. 바이올린과 함께 보낸 마지막 시간들이 지금도 기억에 또렷한 건 떠나보낼 결심을 했던 스물여섯 가을부터는 다가오는 남은 일정이 마치 '이별 여행' 같았기 때문이다. 마지막 오케스트라 연주, 마지막 투어, 마지막 독주회, 마지막 음악 캠프…. 하나하나가 헤어지는 연인과의 일기처럼 또렷이 가슴에 남았다. 2006년 8월 여름 캠프를 끝으로 나는 바이올린 케이스의 뚜껑을 닫았다.

나는 지금 스타트업(설립한 지 오래되지 않은 신생 벤처 기업) 직장인이다. 매일 천여 명의 창업가와 동료들이 모여 있는 공유 사무실로 출근을 한다. 악기 연주를 그만둔 후 미국으로 떠나 예술 경영으로 유학을 마치고 귀국한 지도 10년이 훌쩍 넘었다. 그동안 공연장, 기획사, 유통 회사, 정부 교육 기관, 그리고 엔터테인먼트 회사를 거쳐 여기까지 왔다. 잠시 프리랜서이던 때에는 인문학 강사로 프로젝트를 진행하거나 강의를 했고, 지금도 주말에는 간간히 교육 활동을 이어 가고 있다. 그동안 예상보다 행복하고 짜릿했던 순간들도 있었고 기대에 부응하기는커녕 나락으로 떨어졌던 순간들도 무수히 많았다. 지금은 언뜻 예술과 무척이나 멀어진 듯 보이는 나의 일상이지만 사실 내가 음악을 한 덕분에 지금의 일터에서 자리를 잡을 수 있었다고 매일 생각하곤 한다.

나를 포함한 음악학도들은 일찌감치 진로의 방향을 정하기 때문에 평범한 또래들과 조금 다른 시간을 살고 다른 사람들의 보편적 성장 발달 순서와는 조금 다르게 크는 것 같다. 그로 인해 삶을 대하는 태도가 달라지고 귀중한 자원을 많이 축적했다는 것을 직장 생활을 한 지 한참이 지나서야 알게 되었다. 여전히 내 생각과 행동 구석구석에는 음악학도 시절의 습관이 고스란히 남아 있다. 한때 나의 독특한 성향에 불과한 줄 알았던 특징들이 알고 보니 이른 나이에 한 분야에 몰입해 본 사람들에게 나타날 수 있는 것임을 발견할 때면 무척 반갑고 감사하다. 더불어 나 아닌 다른 연주자들에게도 그 특별함은 얼마든지 내재되어 있어 스스로 원한다면 언제든 우리에게 더 넓은 기회를 열어 주는 힘이 될 거라고 믿는다.

♪ 직진만 하던 바이올리니스트 인생이 커브를 그리다

함께 배우던 피아노를 그만두고 바이올린에 집중하기 시작한 8살 이후의 삶은 사실 그리 특별할 것이 없었다. 1993년 개원한 한국예술종합학교 음악원 예비학교 1기 입학생이 되기 전까지는 그랬다. 미국 뉴욕의 줄리아드스쿨The Julliard School 예비학교pre-collage와 같은 이름으로 불리던 이곳은 2008년 한국예술영재교육원으로 개편되면서 짧은 역사를 마감했지만, 현재 왕성한 활동을 하고 있는 우리나라 연주자들 대부분을 배출한 국내 최초이자 최고의 영재 음악 교육의 산실이었다. 물론 이와 같은 맥락을 전혀 모른 채 동네 중학교를 다니다 엉겁결에 급류에 올라탄 나는 생존을 위해 전력 질주 노선에 뛰어들었다. 따라잡기 위해 최선을 다하는 것 외에는 달리 방법이 없었다.

1년 정도 지나면서 이런저런 좋은 성적을 내기 시작했다. 결과가 좋을수록 압박의 고통과 성취의 기쁨이 번갈아 찾아왔고 차츰 타인의 시선에 민감해지면서 나의 솔직한 모습들은 내면으로 숨어들었다. 그러던 중 예고에 진학하여 만난 환경은 중학교에서 겉돌 수밖에 없었던 나의 결핍을 채워 주고도 남았다. 실기 시험도 기말고사도 똑같이 찾아오고 연습실에서 매일같이 악보를 마주해야 하는 운명조차 비슷한 친구들이 마냥 좋았다. 외롭게만 느껴졌던 악기와 나의 관계였는데 그 모든 것이 친구들과의 공통분모가 된다는 사실에 행복했다. 예비학교에서 일종의 월반이라고 할 수 있는 음악원 영재 입학에 대한 제안이 몇 번 오고 갔음에도 나는 꿋꿋하게 고등학교 3년의 시간을 채웠다.

이후의 진로는 자연스럽게 한국예술종합학교 음악원 입학으로 이어졌다. 대학생이 되었지만 열세 살부터 이미 다니고 있던 학교의 대학생이 된다는 것은 인생의 다음 단계로 넘어가는 것이 아니라 끝나지 않은 1장에 머물러 계속 연장 경기를 치르고 있는 기분이라는 것을 오래 지나지 않아 깨달았다. 눈앞에 주어진 길만 바라보며 연주자의 삶 외에 다른 미래를 상상하지 않았는데 생각보다 무대에 오르는 것을 업으로 삼는 사람은 많지 않음을 알게 되었고 음악계의 힘든 현실도 점차 눈에 들어왔다. 어릴 때 꿈꾸던 모습에 내가 도달할 수 없을 거라는 좌절감만 쌓여 갔다. 가벼운 매너리즘인 줄 알았던 무기력감은 꽤 긴 시간 나를 슬럼프에 빠뜨렸고 어떤 성과도 기쁨도 얻기 힘든 날들의 연속이었다.

새로운 에너지는 뜻밖의 장소에서 스며들었다. 학부(예술사) 4년을 마치고 대학원(전문사) 3년을 이어가는 동안 더 많이 더 자주 해외 콩쿠르와 음악 축제에 참가했다. 해외 공연장이나 학교도 여럿 가

보게 되고 좋든 싫든 돌아다니면서 한국과 현저하게 다른 환경을 경험할 기회가 늘어났으며 다양한 스태프들도 만날 수 있었다. 예민한 예술가들이 가득한 현장을 무탈하게 돌아가도록 지키는 자원봉사자들도 가는 곳마다 넘쳐났다. 그들 모두가 1등 능력자로 보이지는 않았지만 맡은 일을 충실하게 수행하며 만족해하는 모습, 게다가 한 명도 빠짐없이 모두가 예술을 사랑하는 모습이 무척이나 인상적이었다. 어떤 교육과 조건이 그러한 역동을 만드는지 알고 싶어졌고 실제 업무와 행사를 구현하는 과정도 궁금해졌다. 이러한 생각이 커지며 나 또한 누군가에게 그와 같은 역할로 기여하고 싶었다.

가끔 이런 관심을 친한 음악 동료들에게 말해 보면 의외라는 반응이 돌아왔다. 내게는 음악가로서의 목표가 아닌 다른 어떤 것이 싹트고 있다는 사실을 인정해야 했다. 누군가 내게 그런 일이 잘 어울리겠다며 조언했던 것은 아니었다. 외려 내가 자꾸 눈을 돌릴 때마다 모두가 "지금 하는 일에나 집중해."라고 잔소리하던 때였다. 하지만 어느새 자리 잡은 내면의 소리는 쉽게 수그러들지 않았다. 그렇다고 십수 년 달려온 길을 버리고 한 번에 다른 트랙으로 갈아탈 만큼 용감하지 못했다. 대학원 마지막 학기에 지친 상태로 남은 학점을 마무리하던 그날 저녁에도 부모님과 흔하게 거론하던 나의 몇 가지 진로에 관해 이야기하고 있었다. 유학 갈 준비를 해야 할지, 누구의 추천을 받을지, 한국에 남는 것은 어떨지…. 그때 먼저 입을 열어 신중하게 질문을 던지시던 부모님의 말씀을 지금도 잊지 못한다.

"이제부터 내리는 결정은 너의 직업으로 이어질 것이다. 직업이라는 것은 매일 아침 눈을 떴을 때 몸은 힘들더라도 열심히 해 보자는 마음으로 기분 좋게 하루를 시작할 수 있는 것이어야 한다. 아침마다 지긋지긋하다 생각되는 일을 업으로 삼게 된다면 얼마나 불행한 일이냐? 그런 마음이 들지 않도록 몸이 힘들어도 마음이 신나서 할 수 있는 일이 무엇이 있겠니? 생각의 방향을 한번 바꾸어 봐라. 네가 하고 싶은 일을 해 보라고 한다면 너는 무엇을 하고 싶니?"

긴 시간 애써 외면해 온 질문을 직면하자 그 순간 아무 말도 나오지 않다가 이내 연주자를 돕고 공연을 만드는 일을 하고 싶다고 대답을 하면서 그렇게 나의 다음 진로를 결정해 버렸다. 이튿날은 떨리는 마음으로 선생님께 찾아가 바이올린이 아니라 매니지먼트 일을 배워서 연주자들 곁에 있는 사람이 되고 싶다고 말씀을 드렸다. 주변의 모두가 나의 결정을 알게 되기까지 긴 시간이 걸리지는 않았다. 마지막 독주회 날까지도 몇몇 분들은 나에게 '결국 무대로 돌아오게 될 것'이라고 장담했지만 나는 졸업과 동시에 홀가분한 마음으로 새로운 미래를 향해 방향을 잡았다.

♪ 넓은 세상이 주는 더 넓은 기회, 어떤 경험도 두렵지 않다

공식적으로 바이올린과의 관계 종료를 결정하자마자 가장 먼저 했던 일은 영어 학원 등록이었다. 내게는 세 가지 옵션이 있었다. 하나는 한국예술종합학교 협동과정으로 개설되어 있는 예술경영과에 입학하는 것이었다. 지금은 훨씬 더 많은 학교에서 다양한 학과명으로 문화 예술 행정과 기획을 접할 수 있게 되었지만 당시 국내에서 현업 강사진과 취업 네트워크를 제대로 갖춘 곳은 한국예술종합학교 예술경영과가 유일했다. 다른 하나는 졸업하면 바로 공연 기획사에 들어가 실무를 배우는 것이었는데 기획사의 선배들은 진심으로 이 선택지를 추천했다. 나 역시 지금 누군가 예술 경영으로 학업이나 경력을 이어가고 싶다고 한다면 망설임 없이 두 번째 길을 조언할 것이다. (실제로 이렇게 조언해 왔다.) 현장 경험이야말로 이 분야에서 가장 값진 공부이기 때문이다. 하지만 그때 나에게는 실무의 감각을 얻는 것만큼이나 '더 멀리' 떠나는 것이 중요했다.

    마지막 하나의 옵션은 예술경영학과가 있는 해외 대학으로 유학을 떠나는 것이었다. 나는 짧은 몇 달의 시간이었지만 토플TOEFL과 GRE를 준비하여 미국 대학원에 지원했다. 학력의 마지막을 예술 '경영'으로 매듭짓고 싶은 욕심도 있었고 무엇보다 더 넓은 세상을 만나고 싶었다. 추운 겨울 추천서와 지원서를 우편으로 보냈고 봄이 올 무렵 전화 인터뷰와 합격 통지를 받았다. 여름이 되기 전 뉴욕으로 건너가 학교 가까운 곳에 집을 구했으며 악기를 손에서 놓은 지 갓 1년이 지난 9월 뉴욕 대학교 교육대학Steinhardt, New York University 대학원에서 '예술'을 '상업'과 '경영'으로 바라보는 새로운 세상에 뛰어들어 공부하기 시작했다.

　어째서 뉴욕 대학교였는지 지금도 질문을 받을 때가 많다. 당시 예술 경영을 생각했을 때, 그리고 유럽 지역은 고려하지 않는다고 했을 때, 예술 경영 실무를 학위 과정으로 배울 수 있는 미국 내 대학 중 한국 학생들이 가장 많이 찾는 곳은 컬럼비아 대학교 사범대학Teachers' Collage, Columbia University, 뉴욕 대학교 교육대학, 카네기 멜론 대학교Carnegie Mellon University 등이었다. 문화 행정 연구를 위해서는 종종 오하이오 대학교Ohio University로 진학하기도 한다. 전시 기획과 공연 기획을 구분하는 학교도 있고 상업 예술과 비영리 예술을 구분하는 학교도 있어 자신이 원하는 분야를 구체적으로 좁히는 것도 중요하다. 나의 경우는 음반이나 대중 예술 산업이 아니었으므로 비영리 공연 예술 경영을 선택하게 되었다. 더불어 어학 점수보다 더 유효했던 것은 공연 현장 경험이 담긴 포트폴리오였다. 내게는 직장 경력은 아니었지만 클래스(한 선생님의 지도를 받는 문하의 학생들 커뮤니티)에서 크고 작은 음악 행사 운영을 해 온 이력이 이미 5년여 쌓인 상태였다. 바이올린 연주와 온갖 잡무를 병행하느라 고되기만 했던 그 시간들이 오히려 입학을 돕는 실무 경력이 되어 주었다.

　첫 학기부터 취업을 바라보고 열심히 수업에 참여하는 미국 친구들과 퇴근 후 강의를 하러 오는 열정적인 현업 강사진 사이에서 나는 그 어느 때보다 예술을 사랑하고 이해하고 누리며 뉴욕에서의 시간을 보냈다. 학과 게시판은 늘 인턴십 채용 공고로 넘쳐났고 시간

표만 잘 짜면 주 5일 풀타임 근무와 대학원 수업을 충분히 병행할 수 있었다. 예술 경영이라는 단어가 아직 우리나라에서 낯설던 시절부터 소수의 선배들은 위 학교들을 졸업하고 일부는 현지에 남아, 일부는 한국으로 귀국하여 예술과 예술 교육과 콘텐츠 비즈니스의 현장에서 꿈을 펼치고 있었다.

나 또한 카네기홀에서, 링컨 센터에서, 미국 오케스트라 연맹 League of American Orchestras에서 미국의 예술 교육과 공연 제작 과정의 현장을 매일 만나며 졸업 후 하고 싶은 일들을 계획했다. 첫 직장 생활이기도 한 인턴 기간 내내 만나는 사수마다 현명하고 좋은 분들이었기에 나도 언젠가 연차가 쌓이면 그들과 같은 매니저가 되리라 결심도 했다. 대학원 졸업을 앞두고 OPT 비자(졸업 후 1년간 임시 취업이 가능한 허가 제도) 절차를 밟아 현지에서 직장을 잡을 때까지 시간을 벌고자 했지만, 안타깝게도 당시 월가의 상황(2008년 세계 금융 위기)과 가족 내 사정이 겹쳐 학교 앞 워싱턴 스퀘어 파크에서 졸업식이 열린 그 주에 바로 비행기를 타고 한국으로 돌아왔다.

다행히 뉴욕에 있을 때 소소한 통번역 등 아르바이트를 통해 맺은 인연으로 귀국 전 이미 프로젝트 참여 제안을 받았고, 한국 땅을 밟자마자 출근을 하기 시작했다. 그런데 내 마음과 달리 미국과 한국의 업무 처리 방식이 많이 달라 매번 당황의 연속이었다. 당시 참여했던 영재 발굴 신사업 프로젝트를 마무리하고 민간 오케스트라를 운영하는 기획사로 옮긴 후에야 나는 국내 공연 기획의 현실에 한 발자국 더 다가설 수 있었다. 한 사람이 일당백을 감당해야 하는 작은 기획사에서 나는 법인 회계부터 오케스트라 해외 투어까지 넓은 범위의 업무를 학습하고 경험하고 경력을 쌓았다. 작은 회사에서만 누릴 수 있는 특권이자 조직 내 어떤 분들과 함께 일하느냐에 따라 경험의 폭이 천차만별이 될 수 있는 기회였다.

이때 함께 일했던 대표님으로부터 정말 많은 격려와 배움을 얻었다. 주저함 없이 아이디어와 의견을 쏟아 낼 수 있었으며 이를 직접 구현하는 과정에서 전혀 배제되지 않고 모든 업무에 참여할 수 있었다. 한국의 경직된 조직 문화를 생각한다면 이것이 얼마나 흔치 않은 경험인지 알 수 있을 것이다. 배우자를 만나 결혼을 하며 다른 사업을 이어 가기 위해 부득이 회사를 떠났지만 이때의 경험은 이후 어떤 업무를 만나도 겁내지 않을 수 있는 자신감의 근간이 되어 주었다. 앞서 예술 경영으로 진로를 고민하는 분들께 '현장 경력 쌓기'를 권유할 때마다 이때의 이야기를 꼭 들려드리곤 한다. 작은 조직에서 모든 일을 직접 해 보는 것이 엄청나게 빠른 성장을 도울 수 있는데, 단 좋은 대표 또는 사수가 반드시 있어야 한다고 말한다.

♪ 두 번째 커리어 피봇, 스타트업에서 만나는 예술가 기질

생각보다 많은 일들은 계획대로 되지 않는다. 배우자의 사업이 한창 성장하던 시절 아이가 태어나고 나는 직장을 옮겼다. 그리고 또 시간이 흘러 결국 출퇴근을 중단하고 가정을 돌보게 되었는데, 우연한 기회로 몇몇 새로운 서비스를 이용하게 되었다. 그러면서 게임 벤처 기업들과는 전혀 다르게 새로운 기술이나 시스템을 도입하여 작고 빠르게 움직이는 스타트업들이 존재한다는 사실을 알게 되었다. 마침 애용하던 서비스에 작은 불만족 사항이 있어 해당 회사에 민원을 넣었는데 고객 센터의 기계적인 응대 대신 대표가 직접 쓴 장문의 이메일 회신을 받는 놀라운 경험을 했다. 얼떨결에 회사 분들과 안면을 트고 종종 고객 입장을 전하기도 하다가 '기획 운영 경력'으로 실제 그 팀에 합류하게 되었다. 내가 회사에 들어온 사례는 소비자가 의도하지 않게 팀원이 된 경우라서 종종 바람직한 채용으로 언급이 되곤 한다. 기왕 새로운 분야로 들어왔으니 잘 배우겠다는 자세로 출발했는데, 생각보다 나는 이미 꽤 다양한 범위의 업무를 소화할 수 있는 사람이었다. 생소한 전문 용어들을 바로 따라잡지 못해도 점차 하는 일에 자신감이 붙었다.

    스타트업은 변화가 많고 하루하루 예측 불가능한 일들이 수없이 벌어진다. 적은 인원이 모여서 최대의 효율을 내기 위해 끊임없이 새로운 시도를 하고 AI(인공 지능)처럼 앞다퉈 쏟아지는 수많은 신기술과 데이터를 포괄적으로 살펴보며 계속 새로운 의사 결정을 내리는 것이 일상이다. 해결하고자 하는 문제가 있고 미션(꿈)과 비전(목표)을 앞세워 나아간다. 하지만 그 방향이 과연 맞는 방향인지 알 수 없어 마치 망망대해에서 나침반도 없이 파도를 헤쳐 나가는 것 같다. 신기하게도 나는 이와 유사한 과정을 어디서 많이 겪어 봤다. 새 악보를 받아 막 첫 장을 넘기는 순간의 기분을 기억하는가? 스타트업에서의 매일은 한 번도 읽어 보지 않은 작품을 매일 새로 읽는 것과 무척 흡사하다.

분야가 너무 많이 달라졌기 때문에 당연히 전문 용어나 비즈니스 구조 등 꽤 많은 지식을 공부해야 했다. 나는 스타트업 환경에 익숙해지기 위해 데모데이Demo-Day(스타트업 대표자들이 투자자들 앞에서 투자를 유치하는 행사)의 청중으로 참여하는 방법을 가장 많이 활용했다. 창업가들의 발표 무대를 보고 투자자들의 질문을 들으며 시장의 경향과 주요 용어들을 빠르게 익힐 수 있었다. 재미있는 건 음악가들이 상당히 '용어'에 강한 사람들이라는 것이다. 악보에 나오는 수많은 부호들과 약어들, 우리말도 아닌 그 많은 표기들을 우리는 대부분 기억하고 표현하며 상상하고 만들어 낸다. 그래서인지 모르는 말들이 많아도 그다지 두렵지 않았고 맥락을 읽으며 따라갈 수 있었다. 3개월 정도 지났을 때 회의 중에 광고 용어와 코딩 용어를 섞어 말하며 "제법인데!"라고 팀원들과 함께 웃었던 기억이 난다.

더 힘이 되었던 것은 '모르면 물어보면 되지.', 아니 '모르면 검색해 보면 되지.'라는 쉽고 흔하면서도 용기가 나는 조언이었다. 스타트업의 세계는 다양한 정보를 확인하기에 아주 좋은 환경이다. 모든 걸 다 알 것만 같은 10년차 20년차 개발자분들도 각종 검색 엔진과 정말 친하다. 업무 진행의 속도가 빠른 것도 스타트업 환경의 특징 중 하나여서 서비스나 제품을 간단하게만 만든 상태에서도 이를 시장에 일단 출시하고 고객의 반응을 보며 시험해 보고 개선해 나간다. 한 땀 한 땀 쌓아서 완전체가 된 후에야 무대에 내놓고 단 한 번 빛을 볼 수 있는 것과는 전혀 다른 이 문화. 빠르게 질문하고 신속하게 문제를 파헤치고 서로의 의견을 명확하게 교환하고 조금이라도 더 나은 방향으로 최대한 움직인다는 원칙들 덕분에 업무 처리를 할 때 정말 속이 시원할 때가 많다. 스타트업에서는 이를 '애자일agile'이라 부르기도 한다.

지금의 회사에서 나는 주로 상품 기획, 서비스 운영, 경영 지원 등 고객의 경험을 개선하거나 팀 구성원의 경험을 개선하는 일을 하고 있다. 쉽게 말하면 온라인에서 판매를 하기 위해 서비스를 상품처럼 포장하고 실제 서비스를 받는 고객들의 입장에서 모든 과정이 매끄럽게 진행될 수 있도록 관리하며 회사의 구성원들이 불편함 없이 일할 수 있는 환경을 챙기는 일들이다. 우리 회사가 제공하는 서비스는 온라인과 오프라인을 연결하는 O2O Online to Offline 서비스이면서 공급자와 수요자를 연결하는 매칭 플랫폼이다 보니, 나는 IT 기술과 실제 현장에서 실현되는 과정을 한꺼번에 조망하는 법을 익히게 되었다. 요즘은 꼭 우리 서비스가 아니어도 새로 출시되는 앱이나 아이템을 발견할 때마다 그 이면에서 진행되고 있을 기술 개발과 그것을 실현시키려는 노고에 저절로 응원의 마음이 샘솟는다.

스타트업 생태계는 음악학도 시절 단련된 나의 업무 능력과 계속 새로움을 추구하는 내 욕구가 적절하게 조화를 이룰 수 있는 환경이다. 일을 하면 할수록 스타트업에서 늘 부르짖는 '개선'과 '고도화'는 연주자들에게 정말 어울리는 단어라는 생각을 많이 했다. 음악을 하는 우리들은 평생 내가 만들어 내는 소리와 무대에 올리는 작품을 개선하고 고도화하기 위해 매진한다. 어제보다 더 나은 오늘이 되기 위해 반복하고 시도하고 변경하고 끝까지 해낼 것, 이 정도면 되겠지 하는 지점에서 만족하지 않고 완성도를 높이기 위해 계속 나아가는 것, 연습실의 숨 쉬는 공기와도 같은 그 원칙들이 스타트업의 동맥에도 항상 흐르고 있다. 게다가 최근에는 직장 업무뿐 아니라 회사 밖 커뮤니티 활동이나 스터디 모임들이 활발하게 열리는 것이 트렌드이다. 음악학도일 때와 가장 다른 것은 이러한 '딴짓'조차 차곡차곡 쌓여 나의 경력을 이루는 유의미한 포트폴리오가 된다는 점이다.

물론 처음 기술 분야에 들어와 한동안은 예체능에 속하는 나의 과거가 다 부질없다 느끼던 순간들이 분명히 있었다. 하지만 하루하루가 쌓일수록 주어진 과업들을 잘 견뎌 낸 과거의 나에게 고마운 마음이 든다. 규모도 이유도 다른 사건 사고들을 겪으면서 문득 나는 옆 자리 동료들보다 조금 더 인내심이 강하고 반복적 시도에 익숙하며 오류를 발견하면 재빨리 개선하려고 안달하는 사람이라는 것을 알았다. 이 모든 것은 어디에서부터 왔을까? 아마도 난이도 높은 에튀드étude로 왼손과 오른손의 테크닉을 연마하던 시절 고통스럽게 체득한 내공일 것이다. 실패에 굴하지 않고 더 나은 방법을 찾아 재시도하며 결국은 달성하는 것. 기회가 주어지면 물러서지 않는 용기와 아무리 떨려도 단상 위에 올라서는 담대함은 오래 전 연습실에서 애를 쓰던 그 시간으로부터 빚어졌다는 사실을 매일 실감한다.

♪ 당신을 채용해야 하는 이유, 이력서 작성 방법

인생은 계획대로 진행되지 않는다. 그저 어떤 상황이 닥쳤을 때 이전까지의 경험과 나의 직관에 의지하여 최선을 선택하고 실행할 따름이다. 이 사실을 인정하고 나면 이루지 못한 계획에 대해 한탄하거나 스스로를 비난하는 마음도 많이 줄어들게 된다. 다만 스스로를 수용하려면 내가 속한 사회와 문화도 참 중요해서 여전히 많은 음악학도가 놓인 환경을 생각하지 않을 수가 없다. 진짜 자신을 찾는 데 조금이라도 보탬이 되었으면 하는 바람으로, 시대가 원하는 다양한 능력 중에서 음악에 매진하는 시간을 가졌던 사람들의 몇 가지 키워드를 전하고자 한다. 혹시 낯선 사회에 뛰어들었다 하더라도 낙담하거나 놀라는 대신 이미 가지고 있는 많은 것을 상기하고 발휘하면서 용기 있게 걸음을 내딛기 바란다. 그 힘으로 이전보다 더 나은 지금, 어제보다 더 행복한 오늘을 만나고 내일을 기대할 수 있으면 좋겠다.

자기 객관화와 문제 인식, 그리고 개선

자기 객관화는 음악가들이 가지는 최고의 장점이자 강점이다. 스스로를 연주자라 부르는 우리 모두는 자신의 소리를 제대로 들을 줄 알아야 하며 자기 소리를 정확하고 객관적으로 들을 수 없다면 어떤 발전도 이루기 어렵다. 그래서 학생 때에는 레슨을 녹음하여 다시 듣기도 하고 연주가 있는 날이면 리허설을 들어 줄 사람을 초대하기도 하면서 스스로를 항상 점검한다. 이것은 한편 조직에서 좋은 리더가 되기 위한 중요한 덕목이다. 언행일치가 되지 않거나 스스로를 거울처럼 돌아보지 못하는 리더는 반드시 조직을 망가뜨리기 때문이다.

건강한 자기 객관화의 뒤를 자연스럽게 따라오는 것은 문제 인식이다. 연주자라면 자신이 어느 부분에서 자주 실수를 하고 어느 부분의 음정이 이상한지 악보에서 짚어 낼 수 있다. 관계와 조직에서도 마찬가지여서 누구도 완벽할 수 없기 때문에 스스로의 부족함을 계속해서 발견해야 한다. 그리고 이를 개선하기 위한 노력은 필수다. 본인이 특정 소절에서 계속 틀린다는 사실을 알면서도 방치해 두거나 그대로 무대에 오르는 연주자는 아마 없을 것이다. 어떻게든 이를 만회하거나 고쳐 보려 수없이 연습한다. 이 과정은 음악학도들에게 물 흐르듯 자연스러운 과정인지 모른다. 하지만 평범한 사람이라면 어린이에서 학생으로, 학생에서 새내기로 자라는 동안 이토록 많은 지적을 받고 끝없이 성찰하며 빈틈을 메우려고 애쓰는 경험을 쌓기는 쉽지 않을 것이다. 이력서의 첫 부분에 이렇게 적어 보면 어떨까. '문제를 정확하게 파악하고 빠르게 개선하는 프로젝트 매니저 윤성원입니다.'

경청과 협업

나의 소리만큼 타인의 소리를 듣는 것이 중요하다. 중창과 합창을 할 때, 3-5명이 모여 실내악 연주를 할 때, 백여 명의 단원들이 지휘자의 지휘봉에 맞추어 웅장한 관현악곡을 함께 만들어야 할 때, 옆 사람의 소리를 잘 듣고 나의 소리를 조율하는 것은 연주자들에게 당연한 일이다. 타인의 소리와 나의 소리가 공존하도록 조절하는 법을 익히지 못하면 작품의 기본 요소인 음정과 박자에도 문제가 생기고 음색의 어울림을 이루지 못해 무대에 함께 오를 수 없게 되기도 한다. 이것이 얼마나 큰 자산인지는 조직 생활을 하면서 실감했다. 서로의 경계선을 적정하게 타협하고 시너지를 내어 하나의 큰 그림을 완성하는 경험은 주로 경영자 단계에 올라서야 비로소 얻게 되거나 그 이전에 중간 관리자가 되기 위해 혹독하게 교육받는 영역이다. 그런데 연주자들은 꼭 특정 단체의 리더가 아니더라도 크고 작은 합주를 통해 균형 감각을 익히고 하나의 화음을 위해 동료와 협업하며 전체 음악의 기승전결에서 내가 어떤 역할을 할 것인가 고민한다. 자신의 목소리를 유지하면서도 서로 토론하고 조율하고 하나의 완성체를 만들 줄 아는 연주자들은 경청과 협업의 힘을 이미 내재하고 있는 탁월한 공동체의 구성원인 셈이다. 관점을 조금만 바꾸면 음악뿐 아니라 사람들의 의도와 맥락도 충분히 읽어 낼 수 있는 섬세하고 민감한 사람들이다. 자, 이번에는 이력서에 이렇게 적어 보자. '유연한 의사소통 능력으로 개인의 성장과 팀의 성과를 함께 이끌어 내는 매니저 윤성원입니다.'

끈기, 반복 학습, 그리고 완결성
연주자들은 단거리 달리기로 끝장을 보는 것이 아니라 언제 끝날지 모르는 마라톤을 한 번, 두 번, 세 번 이어나가듯이 새로운 작품을 몸에 익히고 능숙하게 연출하기 위해 끊임없이 연습을 한다. 흥미와 관심만으로 유지할 수 없는, 길고 지루하며 인내심으로 견뎌야 하는 컴컴한 터널을 지나는 것과 같은 과정이다. 이 노력은 선택적으로 할 수 있을까? 그렇지 않다. 제 아무리 천재적인 예술가들도 반드시 거치는 과정이다. 우리는 음악을 시작한 첫 순간부터 목표로 세운 어느 지점까지 완결을 이루고자 이 과정을 멈추지 않고 이어 간다. 첫 마디를 시작한 작품을 끝까지 완주하기 위해서, 무대가 아니라 이번 학기 실기 시험, 아니 다가오는 레슨 시간을 무사히 끝내기 위해서라도 끝없이 완성도를 높이고 연단한다. 어느 한 부분에서 자주 실수한다고 포기하는 것이 아니라 시도하고 반복하면서 마지막 순간을 향해 나아간다. 전반부에서 몇 마디 실수했다고 연주를 중단하는 것이 아니라 마지막 음까지 완전히 마무리하고 무대를 내려간다.

스스로 세운 완성 지점을 향하고 있기 때문에 모두의 잣대 100점을 위해 매달리는 것과는 조금 다르다. 목적지에 도달하면 우리는 완성된 음악, 작품, 기술을 얻게 되며 이 성취를 이룬 경험이 쌓이면서 다시 노력할 동기가 싹튼다. 누가 나에게 요구해서가 아니라 스스로 완전하다고 생각하는 상태에 도달해 본 경험, 도달하지 못했더라도 자신을 연마하며 나아가 본 경험은 서비스나 제품을 만드는 데 아주 중요한 밑거름이 된다. 프로세스를 촘촘하게 관찰하며 최종 결과물의 완성도를 전혀 다르게 만들어 낼 수 있다. 이것은 검증을 거듭하며 사용자 경험ux을 끌어올리는 일의 핵심 역량이다. 이력서의 헤드라인에 이렇게 적어 보는 건 어떨까. '사용자의 완전한 경험을 위해 집요하게 노력하는 디자이너 윤성원입니다.'

예측 불가능성에 대한 도전

그렇게 공을 들였음에도 불구하고 무대는 예측 불가능하다. 그동안의 노력을 하나의 결실로 집대성하는 자리이면서 순간의 몰입에 모든 것을 맡기고 운명적인 우연을 만들어 내는 순간이기도 하다. 횟수를 거듭할수록 노력은 다만 '예상대로 잘 되지 않을 확률'을 줄이는 일일 뿐, 모든 것을 내려놓고 지금 이 순간에 최선을 다해 몰입해야 함을 배우게 된다. 실은 인생이라는 것이 원래 그렇게 생겨서 마치 리허설 때까지는 매끄러운 연주였지만 알 수 없는 이유로 엉망진창이 되기도 하는 무대와 흡사하다. 모든 경우에 대비하려고 지나치게 따질 때도 있고 제대로 대처하지 못한 스스로를 탓하는 자학의 길로 잠시 들어설 수도 있지만, 우리는 대부분 무수히 많은 준비와 성공과 실패의 순간들을 맛보면서 '노력은 노력이고 무대는 무대'라는 지혜를 터득한다. 어차피 예측 불가능하니 연습이 필요 없다는 이야기가 아니다. 내가 할 수 있는 최선의 것을 하고 무대에서는 무대에서의 순간에 맡겨야 한다는 뜻이다. 이것이 조직 생활과 어떤 부분에서 연결고리가 있을까?

실제로 경쟁 입찰 설명회에서 말하는 것만이 발표가 아니다. 나의 일상적인 업무들을 누군가에게 설명하는 것, 이력서 한 줄을 작성하고 면접을 보는 것, 새로 기획한 프로젝트를 상사에게 보고하는 것들 모두 백스테이지(준비)와 무대(노출)의 관계로 이루어져 있다. 해 보지 않은 과업은 긴장을 불러오고 상대의 반응은 언제나 예측하기 어려우며 가끔은 기대와 다른 결과에 실망할 수도 있다. 이럴 때는 우리가 늘 해 왔던 무대 위로 발걸음을 옮기는 힘, 전주가 흘러 오면 하얗게 나를 비우며 그대로 음악으로 걸어 들어가는 힘이 놀라운 영향력을 발휘한다. 더 좋은 소식이 있다. 용기의 에너지는 전염성이 있어서 나의 역동적인 에너지 덕분에 동료들의 능력도 함께 성장하고 팀의 성과도 같이 자라는 효과가 있다. 나도 모르게 선한 영향력의 주체가 되는 것이다. 이번에는 이력서에 이렇게 적어 보자. '도전을 두려워하지 않고 항상 강점 극대화를 목표로 하는 사업 개발 매니저 윤성원입니다.'

신체와 정신을 통제하는 힘

앞서의 모든 이야기가 가능한 이유는 결국 스스로 자신의 몸과 마음을 통제하는 연습을 꾸준히 해 온 덕분이다. 대단한 정신력 훈련을 따로 하지 않아도 엄청난 체력 훈련을 하지 않아도 우리는 우리의 손가락과 팔이 어떻게 움직이는지 다리가 나를 어떻게 지탱하고 있는지 지금 내가 어떤 호흡을 하고 있는지 알아차릴 수 있다. 그리고 최상의 상태를 유지하기 위해 감각과 마음을 달래는 일도 오랫동안 고민하고 시도해 왔다. 시험을 앞두고 컨디션을 조절한다거나 신체 부위가 다치지 않도록 조심하는 '스스로 돌봄'에 아주 익숙하다. 물리적으로 정신적으로 자기 관리에 탁월한 것이다. 과도한 업무를 수행하는 것이 아니라는 전제하에 조직에서 컨디션 조절에 실패하는 것은 일종의 자기 관리 실패로 여겨지기도 한다. 냉정한 말이지만 그만큼 평소 자기 상태를 잘 인지하고 있어야 하며 방전되기 전에 충전하고 과열되기 전에 식힐 줄 아는 자기 관리 능력이 공동체의 구성원으로서 가져야 할 얼마나 중요한 책임인지를 나타내는 말이기도 하다.

스스로에 대한 균형감과 통제감은 업무 능력의 근간이다. 사람을 좋아하고 흥이 많다고 해서 밤새 술을 마시고 다음날 숙취로 지각을 하는 것은 물리적으로 자신과 타인에게 폐를 끼치는 일이다. 무리한 업무로 병원 신세를 지게 되거나 번아웃을 겪는다면 프로젝트나 소속 팀뿐만 아니라 자기 자신에게도 결코 바람직하지 않다. 나의 상태를 파악하고 이를 잘 구현할 수 있는 환경적 요소들을 제어하는 것은 최선의 결과 창출을 위한 중요한 관리 능력이다. 관리의 범위를 넓혀 팀의 구성원에게도 관심을 기울일 수 있다면 관리자의 핵심 자질을 갖춘 사람으로서 분야와 장르를 불문하고 어떤 프로젝트 리더가 되더라도 손색이 없을 것이다. 이제 이력서의 헤드라인에 이렇게 써 보자. '탁월한 자기 관리과 꼼꼼한 팀 관리로 업무 향상을 돕는 HR Human Resources(인적 자원) 매니저 윤성원입니다.'

혹시 진로 변경을 고민하고 있다면, 그리고 스타트업도 고려하고 있다면, 일반 직장과 다른 채용 채널을 활용하기 바란다. 스타트업 채용 포털은 원티드(wanted.co.kr), 로켓펀치(rocketpunch.com), 더팀스(theteams.kr), 데모데이(demoday.co.kr) 등이 있다. 그 외 잡플래닛 JobPlanet, 리멤버 Remember, 블라인드 하이어 Blind Hire도 스타트업 업계의 활발한 구인구직 및 헤드헌팅 서비스를 제공하고 있다. 익숙한 무대가 아닌 새로운 무대로 뛰어들어 도전하는 그대들을 진심으로 응원한다.

PASTOR

김대경

서울예술고등학교와 연세대학교에서 피아노를 전공하며 한때는 피아니스트가 되기를 꿈꿨지만, 음대 졸업 후 감리교 신학대학교 신학대학원에서 신학을 공부하고 기독교 대한감리회에서 목사 안수를 받았다. 신학대학원 재학 중 학부 전공을 목회에 접목시켜 보라는 한 교수의 조언을 들은 후 음악은 그의 목회에서 중요한 자리를 차지하게 되었다. 2014년에 미국으로 건너와 세인트폴 신학교 Saint Paul School of Theology에 입학하면서 사회 정의 social justice에 대해 공부할 기회를 더 많이 가졌다.

DAEKYUNG KIM

더구나 외국인으로서의 삶을 통해 불편함과 불의함을 경험하면서 그동안 머리로만 이해했던 사회적 약자들의 고통을 피부로 느꼈다. 음악은 이제 목회 현장을 넘어서 그들을 위한 목소리를 내는 도구가 되었다.
현재는 연합감리교회United Methodist Church 소속으로 미국 캔자스주에 있는 벌링턴 연합감리교회Burlington UMC를 섬기면서 음악으로 사람들을 위로하고 음악으로 고통받는 사람들과 연대하고자 노력하는 피아노를 치는 목사로 살고 있다.

피아노 치는
목사

오늘도 피아노 앞에서 실시간 방송을 준비하고 있다. 피아노 위에는 초 한 개, 나무 십자가 하나. 방송을 시작하기 직전 기도하는 마음으로 초를 켠다. 전문적인 음향 기기나 조명 기구들이 있는 것은 아니다. 방송 장비라고는 스마트폰과 삼각대가 전부다. 지난해 3월 미국의 코로나19 상황이 심각해지면서 내가 섬기는 교회 역시 대면 예배를 드릴 수 없게 되었고, 나도 자연스럽게 재택근무를 시작하게 되었다. 그때부터 쭉 매주 월요일과 수요일 아침 10시에 약 10분 동안 실시간 방송을 하며 사람들에게 위로가 되는 글과 음악을 나누고 있다. 처음 몇 주 동안은 방송이 끊긴다든지 소리가 너무 작다든지 하는 크고 작은 문제들이 있었다. 지금도 여전히 전문가의 손길을 거친 양질의 음향을 제공하지는 못하지만 그럼에도 불구하고 어려운 시기에 내가 가진 재능을 사람들의 마음을 어루만지는 도구로 사용할 수 있어서 감사하다. 물론 개인적으로는 실시간 방송을 하는 것 자체가 재미있기도 하고, 요즘에는 꾸준히 방송을 들으며 댓글을 남기는 사람들도 여럿 있어 소통의 기쁨도 있다.

나는 현재 미국 캔자스주에 있는 작은 백인 시골 마을인 벌링턴에서 연합감리교회를 섬기는 목사이다. 한때는 피아노가 전부였고 피아니스트가 꿈이었던 사람이 지금은 전혀 다른 직업인 목사가 되어 외국인들에게 영어로 설교를 하고 있다. 하지만 음악은 여전히 목회에 있어 중요한 부분을 차지하고 있다.

♪ 음악과 목회 사역

나는 음악대학을 졸업한 후에 계속해서 피아니스트로서의 길을 걷는 대신 목사가 되고자 신학대학원에 들어갔다.

계속되는 음악

제일 처음 전도사로 사역한 교회에서 음악 목회라는 것을 접했고 작곡과 편곡 능력을 폭넓게 사용할 기회를 얻었다. 대표적 예로 찬양대가 예배 중 세 번의 기도 후에 부르는 노래들(입례송, 기도송, 축도송)을 교회력church calendar의 중심축을 이루는 네 가지 기념일인 사순절(예수의 고난을 기억하는 부활절 전 40일 간의 기간), 부활절, 강림절(예수의 탄생을 기념하기 위한 성탄절 전 4주 간의 기간), 그리고 성탄절의 분위기에 맞춰 작곡했다. 내가 만든 곡들이 50여 명의 찬양대원에 의해 처음 불릴 때 느꼈던 그 감동과 희열은 아직도 잊히지 않는다. 재미난 점은 찬양대원들은 음악을 전공하지 않은 사람들이고 반주자들은 음악 전공자들이었기 때문에 노래 부분은 상대적으로 쉽게, 피아노 부분은 마음 편히 어렵게 만들었다는 것이다. 그래서 한 반주자는 에튀드étude를 치고 있는 느낌이라고 말하기도 했다.

또 다른 예로 우리가 알고 있는 찬송가들을 예배 시간에 조금은 새로운 마음으로 부를 수 있도록 약 2년 동안 매주 찬송가 두 곡을 편곡했다. 현대적인 화성을 가미하는 것이 주된 목표였다. 쉬운 일은 아니었지만 독특한 변화들을 알아보고 좋아해 주는 사람들이 있었기에 즐겁게 작업했던 기억이 난다.

미국에 와서 처음으로 미국인 목회를 시작하면서 음악은 나와 문화가 다른 마을 사람들을 섬기고 그들에게 다가가는 도구가 되었다. 첫 번째 교회는 인구가 약 400여 명 정도밖에 안 되는 작은 시골 마을에 위치해 있었다. 이 마을 사람들이 문화생활을 즐길 일이 많지 않다는 것을 알고 난 뒤 내가 가진 음악적 재능을 어떻게 하면 활용할 수 있을까 생각하던 중에 마을 음악회라는 아이디어가 떠올랐다. 그런데 이런 생각을 실천 가능하게 한 중요한 계기가 있었다. 바로 캘리포니아에서 살던 예고 후배가 캔자스로 이사를 오게 된 것이었다. 이 친구는 클라리넷을 했고 친구 부인은 비올라를 했다. 그들과 마을 음악회에 대한 나의 의견을 나눴는데 흔쾌히 같이 하자고 했다. 그래서 모두가 알 만한 유명한 곡들을 중심으로 프로그램을 짜고 교회에서 첫 마을 음악회를 열었다. 100여 명이 왔다. 마을 사람의 4분의 1이 음악회를 찾은 것이다. 반응은 정말 폭발적이었고 같이 연주한 후배 부부도 나도 그런 반응에 보람을 느꼈다. 더욱이 예술의전당이나 카우프만 센터 Kauffman Center(캔자스시티에 위치한 대표적 예술 공연장)와 같은 대형 연주회장이 아닌 한 시골 마을 사람들의 삶의 자리에 깊숙이 들어간 음악회였기에 감동은 더욱 컸다. 후배 부부의 도움이 없이는 마을 음악회를 시작할 수 없었을 것이다. 우리는 그 뒤로도 매년 연주회를 이어오고 있고, 금년은 코로나19 때문에 가상 음악회 virtual concert를 준비하고 있으며 곧 녹음 예정이다.

마지막으로 현재 섬기고 있는 벌링턴 연합감리교회에서는 음악이 설교의 한 부분이 되었다. 설교 후에 그 설교의 주제와 관련된 찬송가를 자주 연주하곤 한다. 또한 동네 요양원에서 매달 한 번씩 예배를 인도하는데 거기서도 말씀을 나눈 뒤 꼭 피아노를 연주한다. 설교와 음악이 한데 어우러져 사람들 마음에 더 깊은 울림을 준다는 것을 알기에 연주는 나의 사역에 있어서 빼놓을 수 없는 중요한 요소이다. 피아노를 칠 때마다 사람들 얼굴에 번지는 환한 미소를 보고 있노라면 어릴 적 음악을 공부한 것이 다 이유가 있었구나 하는 생각이 든다. 어느덧 음대를 졸업하고 목회의 길을 걸어온 지가 15년이 지나가지만 돌아보니 음악은 늘 내 삶의 일부였다.

갑작스런 위기

서울예고 재학 시 나도 여느 예고 학생들처럼 유학을 가고 국제 콩쿠르에 입상하고 세계를 돌아다니며 연주를 하고 교수가 되겠다는 보통의 꿈을 꾸고 있었다. 그런 꿈을 안고 진로에 대한 아무런 의심 없이 자연스럽게 음악대학에 진학했고 모든 것이 순조롭게 되어가는 듯 보였다. 그런데 대학교 3학년 때 갑작스러운 위기가 찾아왔다. 오른손 손가락이 마음대로 움직이지 않는 것이었다. 피아니스트에게 손에 문제가 생겼다는 것이 얼마나 큰일이었는지는 상상하기 어렵지 않을 것이다. 처음에는 금방 괜찮아질 줄 알았다. 그러나 시간이 가도 전혀 회복될 기미가 보이지 않았다. 군대에 가서 피아노와 한동안 떨어져 있으면 자연스럽게 나아질 수도 있을 거라고 생각했지만 제대 후에도 문제는 사라지지 않았다.

한 교수님과 우연히 손의 문제에 대해서 이야기를 나눌 기회가 있었는데 그 교수님도 유학을 갓 마치고 돌아오자마자 손에 이상이 있다는 것을 발견하고는 연주보다는 가르치는 일에 더 전념하고 있다고 했다. 의사에게 가 보라고 권유를 받았지만 내가 원하는 대로 손이 움직여지지 않았던 것일 뿐 손에 통증이 있는 것이 아니었기에 병원에 갈 생각을 심각하게 하지 못했다. 결국 손의 문제는 점점 더 악화되었고, 급속도로 피아노에 대한 흥미도 자신감도 사라지게 되었다. 내 의지와 상관없이 손에 문제가 생겨서 꿈을 접게 될 수 있다는 것은 전혀 생각해 본 적이 없었기에 충격은 더 클 수밖에 없었다. 인간이 유한하다는 것이 무슨 뜻인가? 그것은 누구에게나 예상치 못한 어려움이 찾아올 수 있다는 것이다. 예고에만 들어가면, 음대만 졸업하면 피아니스트로서의 탄탄대로가 열리는 줄 알았던 나에게 참으로 낯설고 가혹한 현실이었다.

앞으로 더 힘들 거라는 것이 불 보듯 뻔했지만 평생 해 왔던 음악을 포기하는 것이 쉽지 않았기에 다시 한번 힘을 내어 유학길에 나섰다. 석박사를 목표로 뉴욕으로 날아가 어학원부터 다니기 시작했다. 얼마 안 되어 말로만 듣던 카네기홀에서 합창 연주회 반주를 하는 특별한 기회를 얻었는데 이를 계기로 마음가짐이 새로워지며 어려움을 잘 이겨낼 수 있을 것 같았다. 하지만 또 한번 생각지 못한 위기가 찾아왔다. 건강이 급격히 나빠진 것이다. 학교를 다닐 수 없을 정도로 몸살기와 피로감이 지속되었는데 병원에 가 봐도 이상하게 아무런 문제가 없다고 했다. 그렇게 몇 주 정도 아프다가 부모님께 말씀드렸더니, 나를 걱정하시며 일단 빨리 한국으로 돌아오라고 하셨다. 더 이상 버틸 힘이 없었기에 부모님 말씀을 따르기로 하고 비행기 표를 구매했다. 이때 돌아오는 비행기 안에서 하염없이 눈물을 흘렸던 생각이 난다. 힘겹게 마음먹고 한 번 더 도전한 건데 결국 또 막다른 골목에 내몰린 느낌이었다. 아마도 그렇게 한국으로 돌아가면 다시 뉴욕으로 돌아오지 않을 거란 사실을 어렴풋이 알고 있었는지도 모르겠다. 한국에 오자마자 병원에 갔더니 급성 A형 간염이라는 진단을 받았고, 조금만 늦었어도 큰일 날 뻔했다는 이야기를 들었다. 처음으로 며칠간 병원 신세를 졌고 치료는 2-3개월간 지속되었다.

피아니스트에서 목사로

치료를 받으면서 나의 삶을 객관적으로 돌아봤다. '내가 정말 전문 음악인의 길을 계속 갈 수 있을까?' 고민 끝에 나온 결론은 분명했다. 그럴 수도 없고 그럴 마음도 들지 않았다. 그러면 전문 음악인을 제외하고 나에게 어떤 길이 남아 있는가 생각해 보았다. 그때 고등학생 때부터 종종 생각해 왔던 꿈이 생각났다. 바로 선교사였다. 십대 시절 교회에서 예배를 드리는데 목사님이 해외 선교에 대한 설교를 했고 그날 나는 막연하게나마 해외에 가서 어려운 사람을 도우며 가르치고 싶다는 마음이 들었다. 그때부터 음악을 전공한 후에 언젠가 신학을 공부해 목사가 되어 선교를 하러 나가야겠다는 생각을 가끔씩 한 것 같다. 병원을 향하는 버스 안에서 길을 걸으면서 밥을 먹으면서 해외에서 선교 활동을 하고 있는 내 모습을 계속해서 마음 속에 그리다 보니 어느새 두렵지만 다른 길을 걸어 보는 것도 재미 있을 거라는 생각이 들었다. 그렇게 음악대학 졸업 후 1년의 어두운 터널을 지나서 나는 목사가 되기 위해 신학대학원에 들어갔고 새로운 꿈이 시작되었다.

    신학을 공부하게 되면서 내 인생은 더 이상 음악과는 상관이 없을 거라고 생각했다. 하지만 전문 음악인이 되지는 않더라도 계속해서 음악과 같이 가기로 결심한 계기가 있었다. 나처럼 학부에서는 다른 전공을 하고 신학을 하기 위해 대학원에 온 사람들에게 한 교수님이 이런 이야기를 했다. "여러분이 학부 때 공부했던 것을 지금 공부하는 신학과 계속해서 접목해 보도록 노력해 보세요." 그 말은 내 마음을 따뜻하게 감싸 줬다. 평생 해 왔던 음악을 그만두기로 결심하면서 몹시도 아팠던 그 마음을 말이다. 그래서 결국 나는 그렇게 힘겹게 떠나보냈던 음악을 다시 끌어안기로 결심했다. 그때부터 음악과 신학 모두가 내 삶의 여정을 함께 걷는 친구가 되었다.

3년간의 목회자 수련 과정을 마치고 나는 2014년에 기독교 대한감리회에서 목사 안수를 받았다. 음대를 졸업한 지 9년 만의 일이었다. 목사 안수를 받기 전 내 자신에게 묻고 또 물었던 질문이 '나는 정말 목사가 되길 원하는가.'였다. 더 이상 전문 연주자에 대한 미련은 남아 있지 않았다. 오히려 목사가 되어 말씀을 전하고 성찬식을 집례하고 세례를 베풀 생각에 가슴이 뛰었다. 물론 전문 음악인이 되지 않기로 결심했을 때 그동안 뒷바라지해 주신 부모님께 죄송스러웠지만, 새로운 길을 가기로 결심한 데에는 목사였던 어머니의 영향도 컸기에 목사 안수를 받는 날 기뻐하는 부모님을 보면서 한결 마음이 놓였다. 그렇게 목사 안수를 받음으로써 피아니스트가 되고 싶었던 인생의 1막은 내리고 목사로서의 2막이 올랐다.

음악으로 신학하기

음악을 전공한 목사로서 앞으로의 꿈은 음악으로 신학을 하는 것이다. 신학을 한다는 것은 간단히 말해 우리가 가진 신앙을 책임감 있게 반성적인 사고를 거쳐 체계적으로 서술하는 것이다. 예를 들어 신God을 어떻게 이해할 것인가, 교회란 무엇인가 등에 대해 논하는 것을 말한다. 이러한 과정에서 언어는 서술의 대표적 도구 중 하나인데 음악으로 신학을 한다는 것은 바로 그 도구가 음악이 된다는 것이다.

무엇보다도 음악 관련 용어들이 신학적 개념들을 서술하는데 비유적으로 사용될 수 있다. 한국에서 처음 신학을 공부하던 중 도날드 윈슬로Donald F. Winslow라는 신학자가 쓴 『구원의 역동성The Dynamics of Salvation』이라는 책을 읽을 기회가 있었다. 윈슬로는 그 책에서 나지안주스의 그레고리Gregory of Nazianzus라는 기원 후 300년대 신학자의 신학을 논하고 있는데, 특별히 신화divinization(인간이 하나님을 닮아감) 교리와 기독론Christology(예수는 누구이며 무엇을 했는가에 대한 논의)의 관계를 설명하면서 숫자 저음figured bass과 대위법counterpoint이라는 용어를 사용한다. 윈슬로에 의하면 그레고리에게 있어서 신화의 개념은 숫자 저음이고 기독론은 그 숫자 저음에 의해 생기는 상성부 음이라는 것이다. 이 부분을 읽을 때 나는 큰 충격을 받았는데, 그 이유는 내게는 너무 익숙한 음악 용어들이 신학적 개념들을 아름다우면서도 효과적으로 표현할 수 있다는 것을 처음으로 발견했기 때문이었다. 그 당시 나는 그 책을 함께 읽던 다른 친구들에게 윈슬로가 말하는 게 무슨 의미인지 정확히 설명해 줄 수 있었고, 우리의 신학적 이해는 더 깊고 풍성해졌다. 또한 최근에 접하게 된 피터 헬츨Peter Goodwin Heltzel의 『부활의 도시Resurrection City』란 책에서는 예수가 재즈 연주자로 묘사된다. 마치 재즈 피아니스트가 기존의 멜로디를 갖고 즉흥적으로 변주를 하듯 예수가 구약 성서의 주된 메시지인 하나님 사랑과 이웃 사랑을 즉흥적으로 변주하여 새롭게 선포하고 있다는 것이다. 이러한 책들을 통해 나는 음악 용어로 신학을 서술하는 것에 대한 가능성을 발견하게 되었다.

더 나아가 음音 그 자체로 신학을 할 수도 있다. 실제로 많은 클래식 작곡가들이 신학자였다. 바흐의 〈마태 수난곡〉, 하이든의 오라토리오 〈천지 창조〉 등이 음악가들의 신학적 결과물이다. 현대 작곡가 중에서는 올리비에 메시앙Olivier Messiaen이 대표적이며 메시앙이야말로 음악으로 신학을 하는 것에 대한 매력을 제대로 느끼게 해 준 작곡가 중 하나이다.

메시앙을 처음 알게 된 것은 예고 시절 한 피아니스트의 음악회에서였다. 그 당시 그 독특한 분위기와 신비스러운 소리가 인상 깊었다. 그 뒤로 관심을 가질 기회가 별로 없다가 몇 달 전부터 〈세상의 종말을 위한 사중주Quatuor pour la fin du temps〉, 〈아기 예수를 바라보는 스무 개의 시선Vingt Regards sur l'enfant-Jésus〉, 〈피아노를 위한 8개의 전주곡Préludes pour piano〉 등을 들으며 그 독특함에 다시 매료되고 있다. 그러던 중 최근 벌링턴 교회 예배 시간에 특별 연주자가 제안한 〈세상의 종말을 위한 사중주〉 중 제5악장 〈예수의 영원성에 대한 찬가Louange à l'Éternité de Jésus〉를 함께 연주하면서 메시앙의 다른 곡도 연주해 보고 싶다는 마음이 샘솟았다. 그리고 결국 〈아기 예수를 바라보는 스무 개의 시선〉 악보를 구입하게 되었다. 이 곡에서 메시앙은 아기 예수를 바라보는 다양한 시선들을 상상하고 그것을 '음'으로 묘사하고 있다. 그중에서도 난 메시앙이 성탄절Noël을 적절하면서도 탁월하게 표현했다고 생각한다. 그것은 우리가 흔히 크리스마스 기간에 듣는 기분 좋은 캐럴이 아니다. 시작과 동시에 마치 전쟁을 연상시키듯 폭발적인 불협화음들이 쏟아져 나온다. 성탄절에 대한 이러한 메시앙의 해석은 나에게 아기 예수가 태어난 그날은 로마제국의 억압과 폭정으로 이스라엘이 신음하던 시기의 한복판이었다는 것을 상기시켜 준다.

마치 신학 서적을 곱씹으며 읽듯 한 곡 한 곡을 천천히 조금씩 연습하고 있는데, 수년 안에 전곡을 신학적으로 해석하면서 연주하는 것이 커다란 꿈 중 하나이다. 또한 메시앙이 〈성삼위일체의 신비에 관한 명상Méditations sur le mystère de la Sainte Trinité〉이라든지 〈성령강림절의 미사Messe de la Pentecôte〉와 같은 곡에서 단 한 줄의 가사도 없이 오로지 음으로만 자신의 신학적 사고를 표현하고 있는 것처럼, 나도 메시앙의 곡을 연주하는 것을 넘어서 내가 해석하는 창조, 부활, 종말 등을 곡으로 만들고 싶다는 꿈이 있다.

♪ 세상을 어루만지는 음악

내가 신학을 하면서 얻은 가장 큰 유익은 비록 우리가 인식하지 못할 때가 많을지라도 이 세상에는 고통 가운데 신음하는 사람들이 많다는 깊은 깨달음이었다. 수많은 이유에 의해 셀 수 없는 사람들이 억압받고 차별받고 있다. '이들에게 무관심한 채 살 것인가, 아니면 이들과 연대할 것인가.'는 내가 신학을 하면서 묻게 된 가장 중요한 질문이다. 세상을 아름답게 하는 것은 결국 소외받고 무시당하는 사람들에게 내미는 적극적인 연대와 환대의 손길이기 때문이다.

예술가의 존재

그렇다면 예술가는 어떻게 고통받는 이들과 연대하고 그들을 환대할 수 있을까? 슬라보예 지젝Slavoj Žižek이라는 철학자의 글을 읽으며 든 생각인데, 무엇보다도 예술가의 존재 자체가 중요하다는 것을 말해 주고 싶다. 피아노를 치든 노래를 부르든 바이올린을 켜든 작곡을 하든 예술가의 존재 자체가 엄청난 의미를 가진다. 왜냐하면 예술가는 사람들에게 아름다움을 상기시켜 주는 사람들이기 때문이다. 예술가는 우리 삶에 슬픔과 추함만 있는 것이 아니라, 비록 그것을 느끼지 못할 때에도 아름다움이 존재한다는 것을 끊임없이 말해 준다. 그리고 이 세상에 아름다움이 존재한다는 바로 그 사실 때문에 고통당하는 사람들, 그리고 그들과 연대하는 사람들이 포기하지 않고 계속해서 더 나은 세상을 만들고자 노력할 수 있는 것이다. 이렇게 예술가의 존재가 그 자체로 의미가 있다는 사실이 음악가들에게 위로가 되었으면 좋겠다.

예술이 그 자체로 아름다움에도 불구하고 어쩔 수 없이 현실은 예술가들로 하여금 서로를 비교하게 하고 좌절하게 만들 때가 있다. 전문 음악가의 길을 떠난 후 가장 좋았던 점은 내 스스로 즐기면서 음악을 할 수 있고 또 다른 음악가들의 연주 역시 평가하지 않고 즐길 수 있다는 것이었다. 인터넷 영상 콘텐츠를 통해 음악을 듣다가 마음이 울적해질 때가 있는데, 그것은 바로 한 연주자의 영상 아래에서 다른 연주자와 비교하는 댓글들을 볼 때이다. 음악은 음악 그 자체로 아름다운데 어느 순간 어떤 예술가는 다른 예술가보다 더 낫거나 못한 예술가가 되어 있다. 전문 예술가들은 분명히 이러한 부담감 속에 살고 있다. 하지만 지금 이 글을 읽는 당신이 예술가라면, 당신의 연주가 완벽하다고 칭찬받는 연주였든 기술적으로 조금 미흡한 연주였든 당신이 예술가라는 그 자체가 의미 있다는 것을 꼭 기억하길 바란다.

예술가의 힘

예술가가 그 존재 자체로 의미를 갖는다면 그들이 하는 예술은 세상을 치유하는 도구가 된다. 전문 음악인의 길을 떠난 후에 비예술가 친구들이 솔직하게 한 말들은 '클래식 음악가들은 일반인들과는 다른 세상에 살고 있는 것 같다.'라는 것이다. 이러한 지적은 클래식 음악 자체에 대한 비판이 아니라 음악가들의 화려한 조명 속 연주가 세상의 아픔과는 상관없어 보인다는 말이었다.

어느 날 평소 좋아하는 음악인 카푸스틴Nikolai Kapustin의 색소폰 협주곡을 듣고 있었다. 그 곡은 아름다운 멜로디와 화성이 구비구비 흐르는 곡이다. 그런데 그날따라 다른 감정이 솟아올랐다. 물론 음악은 여전히 아름다웠지만 내가 살고 있는 세상은 그렇게 아름다워 보이지 않았다. 차별이 존재하고 미움과 다툼이 가득 차 있었다. 순간 그 아름다운 음악과 아름답지 않은 세상이 서로 아무런 관련이 없는 것처럼 느껴졌고 나는 더 이상 그 음악에서 어떠한 감동도 느낄 수 없게 되었다. 연주회장 밖은 여전히 가난과 차별, 학대와 멸시에 지친 사람들로 가득하다. 이것을 인식하는 것이 음악으로 세상을 치유하는 첫 걸음이다.

피카소는 끊임없이 자신의 작품을 통해 고통이 가득한 이 세상을 보여 주었다. 그리고 그 그림은 관람자로 하여금 세상을 다시 보게 하고 고통받는 이들에게 눈을 돌리게 했다. 나는 음악도 똑같은 역할을 할 수 있다고 믿는다. 1960년대 미국의 흑인 인권 운동 기간 동안 사람들의 정의감을 고취시키고 그들을 하나로 묶어 더 나은 삶을 위해 행진해 나갈 수 있게 했던 것이 음악이었다. 유명한 복음 성가인 〈We Shall Overcome〉이나 커티스 메이필드Curtis Mayfield의 곡 〈People Get Ready〉 등이 대표적인 예이다.

김대경, 목사

예술가들에게는 힘이 있다. 그것은 말의 힘이 아니다. 말은 사람들을 설득하려 한다. 예술가들의 힘은 물리적 힘도 아니다. 폭력은 사람들을 두렵게 한다. 예술가는 어루만짐의 힘을 가진다. 그들은 사람들의 마음을 어루만진다. 사람들을 위로한다. 사람들을 감동시킨다. 사람들에게 기쁨을 준다. 사람들의 마음을 고양시킨다. 사람들에게 새로운 꿈을 꾸게 한다. 비록 사람마다 선호하는 음악이 다르지만 우리 모두는 각자가 좋아하는 음악을 듣고 마음의 힘을 얻는다. 당신이 연주하는 음악이 그런 힘이 있다는 것을 기억했으면 좋겠다. 비록 콩쿠르에도 나가야 하고 실기 시험도 쳐야 하고 연주회도 계속 해야 하지만, 그 가운데서도 음악이 경쟁의 도구가 아닌 위로의 도구가 될 수 있음을 잊지 않기 바란다. 우리가 연주하는 쇼팽이나 차이코프스키의 음악은 누가 더 잘 연주하냐를 가리기 위한 음악이 아니라 그 연주를 듣는 단 한 명의 사람에게라도 위로를 주고 기쁨을 줄 수 있는 그런 음악이다.

♪ 음악인으로 살다 힘들 때 마음 관리하는 방법

음악인으로 살다 보면 기쁘고 행복한 순간도 있겠지만, 연습이 잘 안 된다든지 만족스럽게 연주를 하지 못했다든지 다양한 이유로 속상하고 힘들 때가 있다. 또 동료들이나 지도 교수, 혹은 공연 기획사와도 갈등을 겪을 때가 있는데 이러한 관계의 문제는 좌절감이나 분노로 발전되기 십상이다. 이런 상처 난 마음들을 방치하면 더 큰 위기에 직면할 수 있기에 마음 관리의 중요성은 아무리 강조해도 지나치지 않다. 마음의 문제가 심각할 때는 꼭 전문 상담사를 만나길 추천한다. 이 글에서는 일상에서 어떻게 하면 자신의 마음을 돌볼 수 있을지에 대해 생각해 보고자 한다.

마음의 필요를 채우는 방법들

나는 최근 '과정적 의사소통 모델Process Communication Model(좀 더 자세한 정보를 원한다면 홈페이지를 방문해 보길 바란다. processcommunication.com)' 세미나를 통해 마음 관리와 관련해 많은 유익을 얻었다. 스트레스 상황에서 사람마다 마음을 돌보는 방법이 다양한데, 각자의 성격에 맞는 적절한 방법을 안다면 훨씬 더 효과적으로 마음의 필요를 채울 수 있을 것이다.

　논리를 중요시하는 사람들은 성취한 것에 대해 칭찬이나 상을 받거나 구체적인 시간 계획이 손에 쥐어져 있을 때 마음의 필요가 채워진다. 가치를 우선시하는 사람들도 역시 자신의 신념에 따라 일한 것에 대해 인정을 받거나 다른 이들이 그 신념에 귀 기울일 때 심리적 욕구가 충족된다. 자신이 어떻게 느끼고 있는지에 좀 더 예민한 사람들이라면 이들은 앞의 두 그룹의 사람들과는 달리 일이 아닌 자신의 존재 자체를 인정받을 때 안정감을 느낀다. 또한 감각적인 것이 중요하기 때문에 음악을 듣거나 자연을 만끽하며 지친 마음을 충전할 수 있다. 언제나 충분히 생각할 시간이 필요한 사람들은 심리적 욕구를 채우기 위해서 주로 혼자만의 시간을 갖고 자신을 돌아보고 사색하곤 한다. 반면 자신만의 호불호에 따라 사람이나 환경에 반응하는 사람들은 바로 앞 그룹의 사람들과는 달리 생동감 있고 재미있는 사람들과 함께 있어야 하고 그들의 이목을 끌고 그들 사이에서 중심이 될 때 마음의 필요가 채워진다. 마지막으로 경험을 중시하며 일을 진행시키는 것에 능한 이들은 짧은 순간에 경험할 수 있는 신나는 일들을 통해 정신적 욕구를 채우곤 한다.

당신은 어떤 성향을 가지고 있고 어떻게 할 때 심리적 욕구가 채워지는 걸 느끼는가? 위에서 언급한 성향에 따라 사람들을 대략 세 그룹으로 분류할 수 있다.

1. 계획대로 진행되어야 심리적 안정을 느끼는 그룹
2. 새롭고 재미있는 일에 도전해야 마음에 충전이 되는 그룹
3. 자기 자신이나 자기가 한 일을 인정받을 때 혹은 오감이 충족될 때 정신적 필요가 채워지는 그룹

각각의 그룹을 위한 구체적인 마음 돌보기 방법은 무엇일까?

· 계획대로 진행되어야 하는 이들을 위한 마음 돌보기

먼저 삶의 계획들이 잘 잡혀 있고 그대로 진행될 때 마음의 평안을 얻는 사람들을 위한 전략은 다음과 같다. 때로는 가까운 사람들의 갑작스러운 부탁이나 요구 등에 의해 계획한 것을 실천하지 못할 수도 있다. 그렇기 때문에 하루, 일주일, 한 달, 일 년 단위의 계획이 이미 세워져 있다면 그중에서도 특별히 중요한 계획들은 가족이나 친구, 동료 등 자신의 시간을 사용하는 데에 영향을 줄 만한 이들과 공유하고 그 계획을 성공적으로 실행할 수 있도록 협조를 요청할 수 있다.

또한 계획대로 모든 것이 착착 진행되어야 마음이 편안한 사람일수록 자기 자신을 위해서 '기꺼이 버릴 수 있는 시간'도 계획하면 좋다. 의도적으로라도 마음의 여유를 찾기 위해서이다. 물론 여전히 계획대로 되지 않을 때가 있을 것이다. 우리가 겪어 온 팬데믹 상황에서는 더 그렇다. 그럴 때 인생은 여행과 같다는 것을 기억했으면 좋겠다. 여행 계획을 철저히 세웠지만 막상 여행지에서 우리가 계획하지 않았던 곳을 가거나 새로운 음식을 먹거나 의도치 않게 친구를 사귀었던 경험이 한번쯤은 있을 것이다. 아이러니하게도 그런 경험들이 오히려 잊지 못할 추억으로 남아 있지 않은가? 내가 계획한 길로 가지 못하더라도 또 다른 길에서 만날 놀라움을 기대해 보자.

· 도전해야 하는 이들을 위한 마음 돌보기

다음으로 새로운 것에 도전함으로써 심리적 욕구가 채워지는 사람들을 위한 전략에 대해 생각해 보자. 사실 팬데믹 기간만 아니라면 새로운 것에 도전하는 게 무슨 어려운 일이겠는가? 그러나 반대로 생각해 보면 바로 그러한 상황이라서 더 창의적일 수 있다. 나의 경우를 이야기해 보자면 제일 처음 언급한 실시간 방송은 코로나19라는 예상치 못한 악재 속에서 나온 아이디어로 당분간 교회에서 모일 수도 없고 사람도 쉽게 만날 수 없어 외롭고 우울해질 수 있는 환경 속에서 어떻게 하면 교인들과 연결의 끈을 계속 이어 갈 수 있을까 생각하다 시작하게 된 것이다.

여전히 도전할 수 있는 것은 많다. 해외 대학 수업을 무료로 들어 보는 건 어떤가? 포털 사이트에서 'university free online courses'라고 치면 무수한 결과를 얻을 수 있을 것이다. 시나 소설을 써 볼 수도 있다. 나도 지금 이렇게 글을 쓰는 것에 도전하고 있다. 그동안 연락이 뜸했던 친구들이나 친척들에게 연락해 보는 것도 좋다. 누군가에게 마음을 쓰고 다가가는 것도 커다란 도전 중 하나이기 때문이다. 물론 지난 수개월간 계속해서 창의적으로 무언가에 도전하고 생산해 내려고 노력한 결과 지금 지쳐 있는 사람들이 있다면, 그들에게 해 주고 싶은 말이 있다. 조금 쉬어도 괜찮다고… 덜 창의적이어도 괜찮다고….

· 칭찬이나 감각적 자극이 필요한 이들을 위한 마음 돌보기

마지막으로 사람들의 인정을 받을 때 심리적 안정을 느끼는 사람들을 위한 전략을 나의 경험을 바탕으로 좀 더 길게 나누려고 한다.

첫째, 나는 나를 격려하고 소중하게 생각하는 가족들이나 친구들과 종종 의미 있는 시간을 보내려고 한다.(만나서 밥을 먹고 이야기를 나눌 수 있으면 더 없이 좋겠지만 만날 수 없을 때에는 전화를 하거나 화상 통화를 한다.) 나는 어떤 그룹에서 나의 존재 자체가 중요하다고 여겨질 때 마음이 편안하다. 물론 내가 이뤄 낸 성과들이 인정받을 때도 좋지만, 내가 무엇을 잘했는지 못했는지에 상관없이 그 모임에 내가 있다는 것에 기뻐하고 고마워하는 사람들과 함께 있을 때 정서적으로 충전이 된다. 그래서 힘이 들 땐 이런 이야기를 해 줄 수 있는 사람들과 연락한다. "네가 있어서 좋아.", "너는 중요해.", "네가 없으면 안 돼." 목사로서 이런 말을 다른 사람에게 해 주기만 했지 정작 잘 듣지는 못하다 보니 이러한 격려에 항상 목말라 있나 보다. 마음을 터놓고 얘기할 수 있는 친구들로부터 응원의 말을 들으면 어김없이 마음이 따뜻해진다.

둘째, 내가 나를 격려하려고 한다. 나에게 응원의 말을 해 주는 사람이 늘 주변에 있다면 더없이 좋겠지만 안타깝게도 현실은 그렇지 않을 때가 많다. 한국에 있을 때는 힘든 일이 있을 때마다 언제든 연락해서 만나는 친구들이 있었는데 미국에 온 이후로는 그런 친구들의 부재가 늘 아쉬웠다. 물론 여전히 좋은 친구들이 여기에도 있

지만 그 친구들도 자신들의 문제로 정신없는 것은 똑같기에 항상 나를 격려해 줄 수는 없다는 것을 안다. 그런 와중에 아무도 나를 격려하지 못해도 나를 격려할 수 있는 단 한 사람이 언제나 있다는 것을 깨달았다. 바로 나 자신이다. 그동안 나는 스스로에게 무척이나 엄격했던 것 같다. 다른 사람에게는 자신을 있는 모습 그대로 사랑하라고 설교하면서도 정작 나 자신에 대해선 왜 그리도 혹독하게 채찍질만 했는지! 그래서 이제는 나 자신에게 괜찮다고, 완벽하거나 성공하지 못해도 괜찮다고 늘 일깨워 준다. "실수해도 괜찮아.", "슬퍼해도 괜찮아.", "무서워해도 괜찮아."

셋째, 다 잘 될 거라 생각하고 힘을 뺀다. 어떤 때는 내가 물에 빠지는 것 같은 기분이 들 때도 있다. 그런데 살려고 발버둥 칠수록 더욱 물속으로 빠져들어 갈 뿐이다. 오히려 힘을 빼고 물에 몸을 맡기면 어느새 인생이라는 바다에 둥둥 떠서 잘만 가고 있는 자신을 보게 된다. 고통을 있는 그대로 받아들인다. 그리고 나 자신의 회복력을 신뢰한다. 그러면서 다시 한번 다짐한다. 나 자신이 되자. 다른 사람 말고, 있는 모습 그대로의 나.

넷째, 마음속 고요한 음성에 귀 기울인다. 나는 주로 무엇을 달라고 하는 기도보다는 듣는 기도를 많이 한다. 미국에서는 한두 시간씩 고속도로를 운전할 일이 많은데 운전을 하면서도 계속 기도를 한다. 자신감이 떨어지고 외롭거나 울적할 때 가만히 침묵 가운데 있다 보면 마음속 깊은 곳에서부터 들려오는 음성이 있다. "잘 하고 있어.", "나는 네 모습 그대로를 사랑해.", "다 잘 될 거야." 고요한 중에 이렇게 마음속 깊은 곳에서 들려오는 소리에 귀 기울이다 보면 다시금 계속해서 앞으로 나갈 수 있는 힘이 생긴다.

다섯째, 감각적인 것으로 나의 정서적 필요를 채운다. 특히 음악을 굉장히 많이 듣는다. 일하거나 운전하면서 듣는 것이 아니라 오롯이 음악만 집중해서 듣는 시간이 매일 한 시간 이상은 되는 것 같다. 인터넷에서 어떤 음악을 찾아 듣고 꼬리에 꼬리를 물고 또 다른 음악을 찾아 듣는다. 그러다 보면 독특하고 새로운 음악들을 많이 접하게 되고 그러한 시간을 통해 마음이 치유된다. 여행도 나에게는 마음을 돌보는 중요한 방법들 중 하나이다. 자주는 못 하지만 일 년에 한 번은 꼭 지금 사는 캔자스와는 다른 풍경을 가진 미국의 다른 주로 여행을 가곤 한다. 푸른 산, 넓은 바다 등의 새로운 환경이 지친 마음을 회복시키기 때문이다. 외롭고 힘든 해외 생활을 잘 견딜 수 있었던 이유 중 하나는 바로 여행이었다.

전문 음악인이 되겠다는 큰 꿈을 안고 가다 보면 이런저런 힘든 일을 만나게 될 것이고, 그래서 좌절하거나 포기하고 싶을 때도 많을 것이다. 그럴 때 마음을 잘 관리하길 바란다. 그래야 위기를 극복하고 더 오랫동안 행복하게 음악을 할 수 있지 않겠는가!

서울예고 졸업 그 후
인생을 연주하는 음악가의 기록

초판 1쇄 발행 2021년 3월 4일

지은이
백선기, 조정민, 김민경, 이승희, 이수란, 조원진, 황인수, 이주영, 윤성원, 김대경

펴낸이 김기중	**펴낸곳** (주)키출판사	**등록** 1980년 3월 19일(제16-32호)
전화 1644-8808	**팩스** 02)733-1595	**주소** (06258) 서울시 강남구 강남대로 292, 5층
가격 16,000원	**ISBN** 979-11-6526-075-0 (03670)	

잘못 만들어진 책은 구입처에서 바꿔 드립니다. 이 책의 무단 복제, 복사, 전재는 저작권법에 저촉됩니다.

원고 투고

> 키출판사는 저자와 함께 성장하길 원합니다. 사회에 유익하고 독자에게 도움되는 원고기 준비되신 분은 망설이지 말고 Key의 문을 두드려 보세요. Key와 함께 성장할 수 있습니다.
> company@keymedia.co.kr